文明寻思录

第二辑

秦朔◎著

中国新商道与
商业新未来

浙江大学出版社
ZHEJIANG UNIVERSITY PRESS

十年一诺，这场文明探索也是自我的探索

两年前，2015 年 6 月 7 日的早上，晓波在他的自媒体平台"吴晓波频道"上发表了《最后一个"看门狗"也走了》，当天刷屏。我是要走，但原来没打算那么快，也还在选择和考虑，有点拖泥带水的。晚上，我不得不通过微博发声：

【告白】谢谢晓波对财经媒体的关心。在新闻一线奋斗了 25 年后，我的内心有种强烈的驱使，希望转向以人为中心的商业文明研究，推动中国商业文明的进步，并进行自媒体的新尝试。感谢 SMG 领导和马云先生的理解支持。祝愿第一财经在与阿里巴巴战略合作后，谱写数据时代的财经媒体新篇章。殊途同归，明天更好。

从 2015 年 6 月到 10 月"秦朔朋友圈"上线，是我有生以来最纠结和痛苦的几个月。道理以前说过，我在《南风窗》做了 14 年，在第一财经做了 11 年，从 1997 年开始做总编辑，这个岗位一共做了 18 年，虽然笔耕

不辍,读书不断,但早已习惯了当管理者和指挥者。一旦回到家中,无一兵一卒,与外界逐渐失联,还是有巨大的不适应感。

既然不愿去别的互联网和媒体平台打工,也不希望去融资,给商业文明这一客观中立的研究方向染上某某系或某某资本的痕迹,而想到大学校园教书,"土博士"也不受待见。做投资呢,那场惨烈的股灾让我深感在一个结构扭曲的市场,保持平常心很不容易,也很难可持续发展……

有一天去杭州拍大头频道的预告片,浑身无力地应付完,打车到火车站,因暴雨而塞车,竟然到晚了,赶不上火车。可是,在上海还有一个和小伙伴的会等着开。我拿出记者证找车站工作人员通融,先上车再补票,进去了,看到一辆南昌到上海虹桥的车,就上了。等车开,一问,才发现下一站是义乌——方向反了。

我在义乌下车,没出站,找到一个有车去虹桥的站台,上去补票。那是南昌铁路局的车,一个叫肖鹏飞的80后列车长帮了我。我一直记得他。这个小小的细节,足以反映出当日的焦灼与仓皇。

创业不是只有一种理由和姿态。有信心满满面朝大海的,有坚定不移去探索的,也有懵里懵懂去尝试的,还有走投无路只能跳下去的。

我最后选择了大部分舞文弄墨的人都可以选择的起点,就是开一个微信公众号,同时在爱奇艺和喜马拉雅FM做一档脱口秀。读书,采访,思考,写作,交流。每年我所写的文章会结成一个集子,大的题目就是《文明寻思录》,一年一集。

很多朋友问我写作的酸甜苦辣,问我还能写多久。坦率地说,我也经常会焦虑。而克服焦虑的办法有两个:一个就是坐在那里去写,有时候甚至写什么不是第一重要的,重要的是写,不知不觉就会写出些什么来;另一个,更重要的,就是去学习,特别是在现实中学习,向更优秀、更专业、更贴近现实的人学习。这两个方法,前者算是"自强不息""不抛弃不放弃"的态度,后者则是"苟日新,日日新,又日新"的努力。只要自己的大脑还在更新，用新的东西去充实，就不会写不出新的感受。

至于说劳累，在经历了2015年那个夏天之后，我觉得今天已经够幸运，不仅找到了方向，而且在大家的关心支持下，不知不觉中，"秦朔朋友圈"公众号已经有了很多关注者，有一批忠实听友和观众，理当知足自安。

从2017年7月1日起，喜马拉雅FM上开始播出我的"中美商业文明传奇"的付费节目，6月6日是会员日，该日起正式接受预订。《美国商业文明传奇》(《美国双创400年》)2018年春节完成，《中国商业文明传奇》(《中国双创40年》)到2019年春节完成。

这个节目对我来说有着特殊的意义，标志着我将以更聚焦的态度，在商业文明领域展开总题为"文明大视野"的体系化建设。这些工作包括历史的梳理、理论的建构、案例的总结以及传播与推广，等等。按照初步的规划，少则五六年，也可能八到十年。

"五十而知天命。"这个工作，就是我未来相当长时间的天职和使命。

大家可能会问：需要花这么多时间吗？值得吗？

这要看怎么理解商业文明。如果只把它当成企业正面宣传或反思商业弊端，可能没有那么复杂，但我对文明的理解远不止于此。我们经常说，文明是人类创造的物质财富和精神财富的总和。从我的研究视野看，文明主要和以下这些方向联系在一起。

第一个方向是语言、文字、信息、知识、符号。这些东西是人与动物的根本区别之所在。动物传承东西，只能靠基因，以及一定范围内的交流，但它们无法和祖先交流，和超出自己活动范围的同类交流。而语言、文字、信息、知识、符号，类似于一种中介物、一种抽离物，被创造出来后就可以代代相传。我们可以经由它们，把浩渺无际的宇宙，几千几万年时间的文明史，把"可上九天揽月，可下五洋捉鳖"这么大空间的东西,都拿来学习,为我所用。在某种意义上,全人类的经验都可以武装在我们身上。我们在有限的生命中,通过学习,可以体验无限的经验。人是"万物之灵",灵就灵在创造语言、文字、信息、知识、符号的能力。

第二个方向是工具、能量。人类之所以能从大自然中创造出前所未有的财富,改善自己的福祉,归根结底是基于知识的创新、计算能力的提高和专业化的发明,能造出各种各样的工具,用工具去解决各种各样的问题。比如缝纫机是做衣服的工具,电话是交流的工具,汽车是交通的工具,X光和CT是检查身体的工具,盾构机是挖隧道的工具。从旧石器到新石器时代,到铁器时代,再到机械化、电气化、互联网时代,在不同的时代,人类通过制造更强大的工具,从而更好地改造自然,同时改善、延伸、加强自己的能力。2017年5月在佛罗里达的航天发射基地参观时,讲解员告诉我们,当年像一个小房子那么大的计算机,计算能力还不如今天的手机。这就是工具的力量。

生产和使用工具离不开能量。正如最早的火,不仅能抗寒,也带来了利于消化的熟食,促进了人脑的发育,人脑发育又为语言文字的出现创造了基础。在火之后,蒸汽机、煤、电力、石油、核能,每一种新的能量,都为人类发展、改造自然提供了基础条件。城市之所以有比农村更丰富的物质文明,某种意义上就是因为支撑城市的能量要远远高于农村。所以有的人类学家提出,每人每年利用能量总量增长的运动过程,就是文化的进化。从能量的角度解读文明,最早是依靠人类自身躯体能量、自身体力的阶段,如狩猎、采集等初民的经济活动,这是原始社会;后来人类栽培谷物和驯养家畜,是把太阳能转化为人类可以利用的能量资源,这是古代文明;再后来是动力革命,人类把煤炭、石油、天然气等地下资源作为能源,这是现代化工业化阶段;再往后是核能阶段,以及新能源的阶段。

第三个方向是和野蛮、蒙昧对应的文明。一部人类史,既是不断争取解放、自由、平等与发展的历史,也是充满了战争、歧视、冲突、血腥与压迫的历史。所以《联合国宪章》序言中说:各国人民"同兹决心",要免除战祸;"重申基本人权,人格尊严与价值,以及男女与大小各国平等权利之信念";维持正义,尊重契约与义务;促成"大自由中之社会进步及较善之民生"。而《世界人权宣言》的 30 条条款,则是将"人人生而自由,在尊严和权利上一律平等"这些原则进行了详细的阐释。从这个角度看,文明代表了一种普世的价值观和方法论。人类学家莱斯利·怀特有一个文明指数公式:文明＝能量×技术(culture＝energy×technology),我觉得若在等号右边加一个"绝对值",应该更为准确。"绝对值"代表了和平、平等、自由、尊严等价值,能量与技术循此而用,才是创造而不是毁灭。

　　第四个方向,文明是人类积聚、连接、交流的结果。文明(civilization)的拉丁词源就是 civitas(城市)。城市和农村相比的最大特征,就是人口的高度聚集、多种行业的分工并存与互动。人与人的交流、分工、合作构成了生产力大发展的基础。城市因此不仅是文明的特征,而且是其载体。刘易斯·芒福德的《城市发展史》指出:"城市从其起源时代开始便是一种特殊的结构,它专门用来贮存并流传人类文明的成果;这种结构致密而紧凑,足以用最小的空间容纳最多的设施;同时又能扩大自身的结构,以适应不断变化的需求和社会发展更加繁复的形式,从而保存不断积累起来的社会遗产。文字记载一类的发明创造,如图书馆、档案保存处、学校、大学等,就属于城市最典型的和最古老的成就之一。"他还说:"知识体系的重要性超过了所研究的具体事务,大学使得文化贮存、文化传播和交流,以及文化创造和发展——这大约正是城市的三项最基本功能——这些功能得以充分发挥。"伊恩·莫里斯在《文明的度量》中更将"社会组织"作为文明的四个指标之一,并以社会中最大永久定居地的人口规模作为对社会组织的大致的间接度量。我们今天讲互联网的网络效应,讲高科技公司的簇群效应(cluster),讲中心城市和城市群的集聚辐射效应,本质上都是在说，文明始于交流、交汇、交融。

第五个方向，从社会进步和人民福祉的角度看，文明意味着预期寿命、成人识字率、人均收入等一系列指标的提高。联合国人类发展指数（HDI）的三个指标就是这些。从 HDI 看，人类文明的进步主要是过去 200 年。安格斯·麦迪森的《世界经济千年史》指出，在公元 1000—1820 年间，世界人均收入只提高了 50%，同期世界人口增长了 4 倍。而在 1820 年之后，世界人均收入提高了 8 倍以上，同期世界人口增长 5 倍以上。公元 1000 年，一个婴儿平均可以活到 24 岁，1/3 的婴儿在 1 岁之内死去，剩下的 2/3 为饥饿和流行病所困。重要的改善发生在 1820 年之后。布拉德福德·德隆的研究证实，从旧石器时代到公元 2000 年的 250 万年间，人类 97% 的财富是过去 250 年，也就是最后万分之一的时间创造的。今天的单个人可能没有历史上的先哲聪明，但每个人福祉的改善则是天壤之别。

如果在上面这样一个大的视野里进行观察，可以很清楚地看到，人类文明的发展，最快就是最近的两三百年，从远古到近代发展得非常迟缓，直到 18 世纪工业革命后才突然加速。

什么力量推动了这两三百年生产力和文明的迅猛发展？从微观看，就是商业的力量，是企业家、发明家、金融家和无数劳动者、创造者释放的力量。企业和企业家是商业文明创造的微观主体和核心力量。当然，在整个现代化的进程中，三百六十行，行行都是文明的建构者，但是，商业无疑扮演了更加重要的角色。

那么，什么是商业文明呢？一言以蔽之，商业文明是通过商业方式对人的权利、价值、力量和福祉的实现。何谓商业方式呢？就是通过市场进行和平的交换，不是用暴力去抢，也不是按照身份等级进行计划配给。英国古典经济学家伯纳德·曼德维尔曾经说，人类是残暴、贪婪和有野心的，但是这三种"会把人类从地球上毁灭的大恶"，可以被善加利用，成就国防、商业和政治，由此带来国家的强大，以及财富和智慧。他说有一种"天意的存在",通过智慧的律令,那些专心致力于追求私利的人们的欲望会被转化为公共秩序。

在我看来,商业就是以和平交换的方法,将人类贪婪的欲望导入文明的轨道,让商业成为促进人的本质力量发展的阶梯。所以,我是这样给商业文明下定义的:商业文明是人类在商业实践中,在不断满足人的不断增长的物质文化需要、提升人的本质力量、实现人的自由全面发展的过程中,积淀下来的具有创新性、扩展性、延续性的观念、制度、规范、模式、生活方式等。

在2004年11月15日《第一财经日报》创刊的时候,我写了一篇发刊词,其中的逻辑是四句话:商业改变世界。商业改变中国。中国改变世界。世界改变商业。

前三句话是不难理解的。在我们筹备报纸的时候,我在《参考消息》上看到了一句话并用到了发刊词里——"中国或许是19世纪欧洲工业革命以来最重要的经济新闻产生地"——今天来看,不是"或许",而是现实。

在多年的研究与观察中,我也清楚地看到,人类贪婪的欲望是不会消失的,而是给经济和社会带来一轮又一轮的冲击、压力乃至危机。一部商业文明史,也是不断从危机中汲取教训的进化史,但教训永远不会止息。商业和金钱的扩张,如果没有"绝对值"的限制,必将一次次出轨,如同我们在历史和现实中看到的那样。"商业是一种责任。负责任的商业,就是一种文明。没有文明的商业,就没有文明和谐的社会。"这些13年前写的话,仍在我心中。

商业改变世界,也被世界改变。一个国家或地区的体制结构、治理水平、社会文化、价值伦理,对商业有着巨大的影响。如果没有对创造者权利的尊重与保护,没有清廉高效的公共服务,没有可依赖的法治体系,没有开放兼容的文化理性……如果没有这些配合,中国商业的未来很可能被机会主义的阴影所威胁,被既得利益的固化所侵蚀,被社会鸿沟的扩大所影响,被粗放增长的压力所制约。这都是多年前的观点,至今也不变。

亚当·斯密最早说出了"无形的手"这一创造财富的基因,英国的历史学家汤因比也说过:"工业革命的实质既不是发生在煤炭、钢铁、纺织工业中引人注目的变革,也不是蒸汽机的发展,而是以竞争代替了先前主宰着财富的生产与分配的规章条例。……比技术革新影响更深刻的,是经济社会运行规则的变化。"

过去的40年,中国幸运地选择了现代化和开放,选择睁开眼向世界、向最先进的经济体看齐,选择走商品经济、市场经济之路。这种"经济社会运行规则的变化",调动了中国人的创业、创新、创造、创富的热忱。在我研究美国商业文明的过程中,类似通过政策和制度创新而激发民众创造力的案例也比比皆是。1862年,林肯签署的《宅地法》规定:"凡一家之长或年满21岁、从未参加叛乱之合众国公民,在宣誓获得土地是为了垦殖目的,并缴纳10美元费用后,均可登记领取总数不超过160英亩的宅地,登记人在宅地上居住并耕种满5年后,就可获得土地执照而成为该项宅地的所有者。"美国西部大开发,在相当程度上受惠于《宅地法》。

以大跨度的时空对比研究中美商业文明,有很多相通与可以互相借鉴的地方。这种研究是艰苦的,但也充满了发现的喜悦。而我最深的体会是,每一种商业文明都深植于民族的文化中,就此而言,商业文明的发展有早有晚,有快有慢,但并没有天然的优劣之分。差异并不等于差距。只要中国坚持开放的胸襟和眼光,勇于竞争,勇于创新,终有一日,中国的商业文明不仅令国人感到骄傲,也会成为世界商业文明的宝贵财富。

值此商业文明的系统研究开始之时,特作此文。十年一诺,道路漫漫,同道相期,上下求索!

目 录 | CONTENTS

重建中国的新商道 1

时代的焦虑与现实的反思 91

未来在哪里 195

重建中国的新商道

姚振华应该向王卫学习什么？
——中国富豪商道辨析（一）

　　2017 年 2 月 24 日，周五。这一天的深圳，在上午和下午，中国商界分别迎来了一个辉煌时刻和一个悲催时刻，见证了一个人的幸福和一个人的悲哀。

　　当 1971 年出生的王卫凭借顺丰控股在深交所重组更名上市，个人财富直逼 1500 亿元，如果股价继续上涨，他有可能和市值 2000 亿元以上的王健林和马云一争高下时，2016 年最显眼的"黑马富豪"、1970 年出生的前海人寿董事长姚振华，因为编制提供虚假材料、违规运用保险资金等问题，被中国保监会给予撤销任职资格并禁入保险业 10 年的处罚。

　　而就在 4 个多月前，2016 年胡润百富榜发布时，姚振华还以"财富平均一周上涨 20 个亿"的速度从上年的 200 多名疯狂上升到第 4 名，仅次于王健林、马云、马化腾。当时胡润把他作为一个亮点，说："中国企业家的创富模式经历了五个阶段：从贸易到制造业、房地产、IT，再到现在的资本运作，姚振华是现在这个资本时代的代表人物。"

青山遮不住,毕竟东流去。当王卫在深交所敲钟的时候,姚振华则在北京金融街忙着疏通。没想到,一上一下的时间是如此之短。

姚振华和王卫有很多相似之处

虽然,姚振华和王卫今天的境遇迥异,但其实两人有不少相似之处,都是平民创业、艰苦奋斗的典型。

姚振华和王卫一样也做物流。他大学毕业后第一份短暂的工作就是在国有物流公司工作。到今天,物流也是姚振华旗下五大产业之一。

姚振华和王卫一样勤奋、奋斗。他周六、周日常在办公室加班,书不离手,天天读报学习。他手下曾说,姚振华干保险前,安排人去书店把所有关于保险的书全买回来,花了三个月时间看了一遍,然后决定进军保险业。

姚振华和王卫一样低调。王卫自不必说,只在2011年接受过一次《人民日报》采访,也避谈个人。我联系过几次,得到的回复是"总裁不接受采访的初心不变,实在为难"。网上流传着一些王卫的讲话,我问是否为真,得到的反馈是:"我们内部没有听总裁说过。"对姚振华的低调,他手下说:"这辈子如果不到逼不得已,他绝不会走到前台。"

最重要的相似是,他们对商业机会都有强烈的敏感。奥地利学派的著名代表人物伊斯雷尔·柯兹纳曾把企业家精神理解为"警觉"(alertness)。他说,警觉是一种"认知的品质",企业家是这样的人——他看到面前有10块钱,警觉于钱的存在,就过去一把捡起它。而较不警觉的人需要更长的时间才能发现并利用这个机会。

在关于柯兹纳的研究中,有评论家举过一个例子来说明什么是企业家功能。故事出自英国小说家毛姆的短篇小说《司事》（*The Verger*），写伦敦一座教堂的文盲司事因为不能读和写而被解雇，走在大街上，想找根烟安慰一下自己。他发现附近找不到一家烟草店，于是决定将他的遣散费投资开一间烟草商店。这很接近于柯兹纳所说的"认知的品质"，就是对市场提供的服务的不足有所警觉。

在创业之初，王卫和姚振华都显示了发现机会的认知品质，但从中也可以看出一些微妙的差异，这些差异最后决定了他们不同的命运。

王卫的第一桶金是怎么挣来的？

先说王卫。1978年改革开放时，王卫7岁，随家人从内地移居香港。由于当时内地学历不被承认，父母只好去做简单的工种，收入很少。王卫遍尝贫困和被歧视的滋味，高中毕业就不再读书，当过清洁工、搬运工，后来在顺德干印染。由于家住香港，王卫常受朋友之托，在顺德和香港之间传递文件和货物，事后朋友往往给他红包，他由此嗅到了快递的商机。

为什么顺德有快递的商机？因为香港有很多顺德人，顺德有很多港资企业和合资企业，双方需要传递银行文件、运输单证等，而国有邮政不支持这样的业务。信件往来只能带在身上，当时往返的船票大约是100多港币。1993年，22岁的王卫向父亲借了10万元钱，注册了顺丰公司。那时公司一共有6个人。一位港商回忆说："顺丰早期在顺德的容奇港有两艘船，分别叫顺峰和顺德，除了载人外，就帮忙托运信件，早期每天两班，后来逐渐增多，一个航班只需要2个多小时，所以上午的信件通过下午2点的船只，当天下午就可以达到香港。抵港后再找人搬运过关。早期一份信件收费100元港币，后来业务量大了，几十元的都有。但当时的顺丰并不负责派送，船抵香港后,收信方得亲自去收取,顺丰在香港九龙太子有一个固定的收件点,现场只有一两个工作人员,放了几个筐,工作人员嚷着,'顺德的放这边',可能叫嚷的人中就有一个是王卫。"

王卫发现了市场的机会和痛点,从此就只干这一件事,就是让自己公司的服务能力和服务价值越来越强、越来越高,最后成为行业典范,至于资本化只是服务于主业发展的附属手段。

王卫一向不喜欢被资本所左右,他很早就说过:"上市的好处无非是圈钱,获得发展企业所需的资金。顺丰也缺钱,但是顺丰不能为了钱而上市。上市后,企业就变成一个赚钱的机器,每天股价的变动都牵动着企业的神经,这对企业管理层的管理是不利的。""作为企业的老板,你一定要知道你为了什么而上市,顺丰在短期内不可能上市,未来也不会为了上市而上市,为了圈钱而上市。"2013 年 8 月,中信资本、苏州工业园区元禾控股、招商局等旗下的投资基金入股顺丰 80 亿元,王卫接受入股的前提也是不能对公司管理有任何干预。

2011 年王卫接受《人民日报》采访,记者问:中国民营快递企业要想有朝一日赶上国际快递大企业,需要做些什么? 王卫说,首先不是规模,而应该是服务质量和声誉,追求像他们一样受到消费者的认可和社会尊重。其次,是要评估好自己有没有实力去实现这个目标。基础不稳的话,你在上面盖房子很容易变危楼,如果塌方影响更大。我们要对自己有一个清楚的评估,要脚踏实地一步步走。至于能走多快、走多远,并不需要苛求。第三是要看国家的产业政策能不能持续稳定。"其实民营快递企业想要的并不多,2007 年政企分开以后,昔日的竞争对手变成了行业管理部门,之后行业政策一直稳定。我们并不是说非要政府给多少补贴,关键是国家大的政策环境要支持民营快递企业发展,这对我们至关重要。"最后是"希望大家能对我们多一点耐心。现在各家民营快递企业都已经认识到了提高服务质量的重要性,都在加大这方面的投入。但要看到明显效果可能还需要一段时间"。

快递行业是人的行业。王卫对顺丰快递员的关心爱护享誉业界。2016年4月17日,一名顺丰快递员在北京东城区某小区送快递,骑的三轮车与一辆小轿车发生轻微碰撞,车主下车连抽快递员耳光,并辱骂快递员。当晚7点顺丰官方微博做出回应:"我们的快递小哥大多是二十几岁的孩子,他们不论风雨寒暑穿梭在大街小巷,再苦再累也要做到微笑服务,真心希望发生意外时大家能互相理解,首先是尊重。我们已找到这个受委屈的小哥,顺丰会照顾好这个孩子,请大家放心。"而王卫则在朋友圈发声——"如果这事不追究到底,我不再配做顺丰总裁。"后来这个小哥和王卫一起在深交所上台敲钟,也和40万顺丰员工及用户代表一起领受了王卫以个人名义发出的14亿元红包。这份红包2017年1月31日前入职且2月24日在职的顺丰全日制长期合同制员工人人有份,工作一年以内的员工发放1888元,一到三年2888元,三年以上3888元,并按贡献标准累计增加。

姚振华的第一桶金是怎么挣来的?

再看姚振华。他1992年从华南理工大学毕业,还读了双学位,多修了很多学分。时值邓小平南方谈话,神州大地涌动着新一轮创业热潮,姚振华也不甘于在国企的平淡日子,自主创业了。

当时深圳市政府正在搞"为民办实事"的菜篮子工程,姚振华兄弟成立了新宝康蔬菜公司,通过一个当领导的同村老乡帮忙,以菜篮子工程用地的名义拿到两块地:一块是位于现在的福田区福强路的中港城小区地块,另一块是位于现在的南山区后海的宝能太古城地块。由于蔬菜超市赚钱少,发展慢,他很快就转型了,公司更名为深圳市新保康实业有限公司,要做房地产。

有人梳理了姚振华运作中港城小区地块的历史,大致如下:第一步,缴纳地价款170余万元,取得3.2万多平方米"菜篮子工程"的用地红线图;第二步,和一家要建住宅楼的银行合作,在该地块为银行建两栋住宅楼,银行出资7500万元,合同签订之日起3日内付一半即3750万元,项目封顶之日起3日内付另一半;第三步,银行资金到位后,疏通关系,将菜篮子工程用地变更为住宅用地,缴纳地价款3400余万元;第四步,两栋住宅楼建筑超出地面后,新保康公司将整个3.2万多平方米地块和在建工程作为抵押物,找银行贷款,由此启动另外3栋高层和6层商业裙楼的建设。银行住宅楼2000年完工交付,其余项目2001年完工开售。

姚振华善于发现市场机会,用170余万元撬动一个几亿元的项目,堪称妙手。他由此走上了以"杠杆化金融"作为驱动力和放大器的"金融+"道路。从宝能系的历史看,前后涉及的大行业超过10个,姚振华对所谓的"朝阳行业"都想试试,不放弃任何一种可能。但由于产业发展慢,他更为喜欢的还是类似安邦这样的资产规模增长模式。他在内部讲话中说:"金融是第一位的,地产未来的作用可能更多的就是加大资产估值。未来上市和融资的话,毕竟手里有土地储备,还有项目,还有经营性自持物业,外界对企业资产规模估值有好处。"

姚振华的管理风格务实而强势,最看重赚钱的实效。他从大公司挖了不少职业经理人,但能干久的不多。2015年7月宝能系旗下的钜盛华公司和前海人寿开始举牌万科,"万宝之争"拉开帷幕后,多家财经媒体开始关注姚振华。第一波质疑声浪中就包括对前海人寿三年换了三任总经理、高管频繁换血的质疑。自2012年3月前海人寿正式挂牌,第一任总经理孙伟光任职不到一年;第二任总经理傅杰原来是泰康人寿副总裁,2013年11月赴任前海人寿,一同加盟的还有董秘、审计责任人、财会负责人等,一年后也离开了;总经理职位空缺大半年之后,2015 年 7 月,深圳工商银行副行长兼前海分行行长刘宇峰才来填空。《21 世纪经济报道》2015 年 12 月的报道称,前海人寿 12 位高管,2012 年开业任职至今的仅剩 4 位。"董事长姚振华并不尊重职业经理人的专业性,不尊重保险业的运营规律","过去两任总经理(刘宇峰之前)在前海人寿体系内并无真正的话语权可言,包括大额报销权限的审批、业务拓展进度厘定等事项,均由姚振华拍板定夺","姚老板只要在一天,基本上不用设总经理或者总裁,管理风格强势,所有东西都要管"。

挖人不惜血本,一旦发现赚钱能力不行就迅速弃用,这使得姚振华在金融圈内留下了很难伺候的口碑,职业经理人在强势的"老板文化"下的生存周期基本上都是半年到一年。这里讲的不是专业能力,而是快速赚钱的能力。

王卫和姚振华的不同在哪里?

君子爱财,取之有道,道不同,命运不同。从宏观上看,王卫走的是价值优先、价值驱动型的道路;姚振华走的是财富优先、财富驱动型的道路。

王卫专心做一事,以内生发展为主,注重服务质量和声誉胜过追求规模,注重脚踏实地打基础胜过追求"走得快",注重员工行为的长期性胜过把他们当成追求短期利益的工具,注重行为的合法合规胜过对"逾矩"和"擦边"的偏爱。在深交所上市仪式上,王卫讲了几分钟话,他提醒的第一个人是自己,要符合证监会的所有要求,"从今天开始,话不能随便说,地方不能随便去",还提醒朋友"有些问题也不要问","我不能随便答复,那会害了大家,会被关联起来(指关联交易)"。他提醒顺丰员工也要更加谨慎,"少说话多做事",不该说的话说了会一起受到法规的制裁。他还表达了坚持发展快递物流行业的决心,说顺丰上市后将不忘初心。

姚振华一心做多事,凡能赚钱的都要试试,什么行业最赚钱做什么,什么方式最赚钱就用什么方式。透视其"财富火箭"的发射之道,他做过很多产业,但产业只是表面,核心则是房地产、杠杆化、资本运作。房地产业的最大特征:一是可以不断进行价值重估,坐地生财,变性生财(改变土地用途);二是可以用杠杆。而杠杆化(leverage)是通过负债,在不增加权益资本情况下能够膨胀投资能力的一种技术。资本运作,就是利用资本市场实现财富增值,通过买卖处置资产而赚钱,以小变大。这是姚振华的商道密码。2006 年国有的深业物流集团改制时姚振华介入,他通过改革优化了这家国企的现金流,但真正看中的是其大量的物业与土地。有报道称,姚振华为获得深业物流集团累计付出了 2 亿元的成本,但土地重估的价值和重新规划后的出租型物业的价值,加在一起超过 600 亿元(2016 年数字)。

姚振华在内部讲话中曾说,"实打实做宝能,要做到全国前列,追上万科,是很难的。即使追得上,投入产出回报也不会那么好"。所以他还是选择在杠杆化资本运作道路上奋然猛进。在负债端,他最看重的是"保费指标",所以用高成本的万能险拼命扩张负债,然后在资产端,像大象冲进瓷器店(英谚原文是 A bull in a china shop),在股市横冲直撞举牌,谁挡他的路就动议让其走人。

通过上面的比较,一言以蔽之,王卫的模式是价值创造,姚振华的模式是价值重估与转移。顺丰为千万消费者创造了以前享受不到的便利价值,增加了社会总福利,这是其模式的核心。姚振华则是资产价差的发现者和利用者,他较少创造新的社会福利,而是对现有资产(无论是土地还是上市公司)进行价值重估和价值转移。这种"重估"之所以成立,当然是依靠姚振华的判断和发现能力,但更多的是依靠关系获取廉价资源或者让资产"变性",依靠资本市场非理性的"动物精神"。拿万科来说,姚振华进入后拉高了其股价,但机构投资者开始离场,因为他们看空管理层的不确定,万科价值可能下降。但散户则一片欢呼,因为"姚大户"来了。至于公司的核心能力未来究竟如何,这就不是姚振华感兴趣的事了。他的兴趣所在,是拥有资本平台后如何注入资产,通过价值重估膨胀财富。

市场需要发现者,更需要创造者。中国资本市场的长期回报之所以如此之差,成为全球闻名的韭菜市场,是因为创造者太少而玩家太多,真实的正收益太少,零和的套利转移和"动物精神"太多。

······

但是,从更深层的意义上看,王卫和姚振华的不同可能是心智模式的不同。从坊间流传的王卫讲话看,他是一个自律、感恩、信仰佛教的人。他有过25岁赚到人生第一桶金时有点目空一切的时候,但随着事业不断迈上新台阶,个人的眼界和心胸不一样了;太太在他得意忘形的时候,不断泼冷水,让他保持清醒和冷静;最重要的是他找到了精神依托,信了佛教。他说:"在企业的发展过程中,我越来越意识到,我今天的所谓成功,其实是上辈子积下来的东西,而在这个过程中,所谓的本事不本事,只是天时地利人和集合到一起的一个福报。"因此,王卫走上了谦卑和"正知、正念、正行"的路。他说:"有人觉得有钱有权就'威',我认为这个观念是完全错误的。'威'不是建立在金钱或权力的基础之上,而是建立在道德的基础之上的。一个人可以昂首挺胸地走在路上,并且收获的都是尊敬且乐于亲近(而不是羡慕嫉妒恨)的眼神,这才叫'威'。"

我尊重姚振华的人格,如我在之前的文章中写的,姚振华投资万科、格力,也是在保监会将万能险产品利率市场化,而且在2015年股市大跳水之后放宽了险资投资蓝筹股票的监管比例之后的正常行为,姚振华显示了把握机会的眼光。问题是,杠杆太高了,心太大了,不得不违规伪造材料,以证明自己有吞下上市公司资产的大肚子。如果能加以控制和克制,并且好好和社会沟通取得理解,说清楚究竟想干什么,姚振华的命运本来不至于此。从商道的角度看,他更像一个充满贪嗔痴的永不知足的攫取者,而王卫身上,有一种自然弥散的戒定慧的气息。

过去几十年,很多富豪考虑的都是怎么把财富做大,未来该好好想想,如何把财富做正;过去考虑的都是如何膨胀估值,未来该好好想想,如何创新价值;过去考虑的都是如何获得,未来该好好想想,如何放弃。

舍得舍得,有舍才有得。大道得舍,舍去诱惑。

新型政商关系时代开始了
——中国富豪商道辨析（二）

"加快构建新型政商关系"，这句话出现在 2017 年 3 月 5 日李克强总理所做的《政府工作报告》中。此前，在全国政协十二届五次会议新闻发布会上，大会新闻发言人王国庆说，2016 年"亲""清"两字定调新型政商关系后，确实已出现了一些新气象：一是政商双方对"亲""清"二字的认同度都提高了；二是有了规矩，有的地方还出台了权力清单、责任清单、负面清单，办事进退有了边界。

一年来，关注中国经济以及企业家、富豪命运的人们大都会注意到来自两个方向的信号：对经济自由的保护逐步深化，对市场秩序的规范大大加强。

这些信号，对企业界，特别是对民营企业，有何意义？"亲""清"关系对富豪商道有何影响？这些，值得我们驻足三思。

衡量办案水平高低,要考虑是否促进经济发展

在保护经济自由方面,最近我们看到的是——

《中共中央国务院关于完善产权保护制度依法保护产权的意见》(下称《意见》)出台。这个文件坚持平等保护、全面保护、依法保护的原则,提出加快建立产权保护长效机制,激发各类经济主体的活力和创造力。

《民法总则草案》提请第十二届全国人大五次会议审议。那种按照不同类型所有制而制定的市场主体法律和行政法规都将被清理和废止,各类市场主体将被一视同仁加以保护。

囊括了中国一批重要财经官员的中国经济 50 人论坛的 2017 年年会,主题是"深化供给侧结构性改革——产权、动力、质量",把深化改革和保护产权等量齐观。

中央政法委书记孟建柱在《人民日报》发表文章,提出对改革开放以来各类企业尤其是民营企业因经营不规范引发的问题,要以历史和发展的眼光予以看待,严格遵循法不溯及既往、罪刑法定、从旧兼从轻等原则公正处理,不盲目翻旧账。对已过追诉时效的不再追究,罪与非罪不清的实行疑罪从无,等等。对孟建柱的文章,有人说是"大赦民企原罪",有人说是对民企投资意愿下降、资本外流的政策对冲。《新京报》社论说:"释放保护产权善意,从不乱翻旧账开始。"

在我看来,这篇文章释放出的最重要信号,是把"是否促进经济社会发展"也作为衡量执法办案水平高低的标志,而不仅是看是否依法查处违法犯罪行为。2016 年《国务院办公厅关于进一步做好民间投资有关工作的通知》说,非公经济创造了 60% 左右的国内生产总值、80% 左右的社会就业,民间投资已占到全社会固定资产投资的 60% 以上。显然,非公经济能否健康发展,已关系到经济增长和社会

就业的大局。

文章指出，要在严格依法办事的前提下，树立谦抑理念、审慎理念、善意理念，对通过民事、行政法律手段就能妥善处理的经济案件，不使用刑事强制手段；严防刑事执法介入经济纠纷；对涉嫌违法的企业和人员，依法慎重决定是否采取拘留、逮捕和查封、扣押、冻结等强制措施；对已经查封、扣押、冻结的涉案财产，要严格区分违法所得与合法财产，对合法财产依法尽快返还。

要让创造财富的源泉竞相涌流，就要让各类企业、企业家、建设者预期明确，心安理得，而不是整天提心吊胆。那么是谁让企业家惶惶然呢？《意见》的针对性很强，直接点出"用公权力侵害私有产权、违法查封扣押冻结民营企业财产等现象时有发生"，要求"严禁党政干部干预司法活动，介入司法纠纷，插手具体案件处理。对民营企业在生产、经营、融资活动中的经济行为，除法律、行政法规明确禁止外，不以违法犯罪对待。对涉及犯罪的民营企业投资人，在当事人服刑期间依法保障其行使财产权利等民事权利"，所以受到了民企的广泛欢迎。

如果再结合近年来政府推行的一系列简政放权、促进"双创"和民间投资、促进投融资体制改革和资本市场发展、对科研人员实行以增加知识价值为导向的分配政策等方面的努力，应该说，中国的创业、创新、创投、创富环境更好了，中国对经济自由权利的保护有望迈上善意化、法治化、制度化的新台阶。

金融整顿为何八面来风？

在保护经济自由、呼唤各类市场主体万马奔腾的另一面，我们也看到了监管的加强，尤其是金融行业监管力度突然增大。这又是什么信号呢？

当前海人寿、恒大人寿的急功近利、激进投资、集中举牌、一致行动人并购等行为被保监会视作违法违规而处罚，当保监会不断重申"保险业姓保、保监会姓监"，这对近年来那些已经习惯于把保险公司当成大股东融资平台和提款机的富豪们意味着什么？2016年2月，因举牌浦发银行、金地集团、农产品等不断引起轰动的富德保险控股董事长、生命人寿实际控制人张峻"失联"，"协助有关部门进行调查"。他在投资圈的标签是"见过凶的，没见过这么凶的""张扬凶悍，背景很深""动不动就能叫上部级干部吃饭"。从生命人寿股东构成看，股权非常分散，看似"无实际控制人"，但业内都清楚，张峻早已通过代理人代持、关联持股非关联化的方式，牢牢控制了生命人寿。

当刘士余打击"野蛮人、妖精、害人精、强盗""不允许大鳄呼风唤雨，对散户扒皮吸血""天使和魔鬼只有一步之差"等新鲜话语激起市场千重浪时，他不是在说单口相声，而是在向操纵市场、IPO欺诈发行、内幕交易、编造传播虚假信息等长期存在的一些"潜规则"宣战。"私募一哥"徐翔的神话终以犯操纵证券市场罪被判刑五年半、罚款上百亿元而落幕；靠隐蔽复杂的伞形账户、合谋以连续交易和自买自卖等方式操纵股票价格的中鑫富盈和吴峻乐，被给予违法所得"没一罚三""没一罚二"的罚款，11亿多元的额度刷新了证监会行政处罚罚没金额最高纪录；鲜言，这个先后掌控多伦股份和慧球科技、屡屡无视信息披露义务的前律师，因涉嫌信息披露违法违规及操纵股价案，被处以34亿多元的罚没款；"小燕子"赵薇的丈夫黄有龙，本想用高杠杆资金收购万家文化，却因贷款银行突然叫停融资方案，而且找不到接盘银行，最后不了了之。

郭树清刚刚就任银监会主席，就在首次新闻发布会上给出了坚决治理各种金融乱象的信号。他把"当前，部分交叉金融产品跨市场层层嵌套，底层资产看不见底，最终流向无人知晓"的现象比喻成"牛栏里关猫"，说要重点整治违规开展关联交易、花样翻新的利益输送、重大经营管理信息隐瞒不报、违法违规代持银行股份等不良行为,还说"民营银行也有助于提升金融覆盖度",但也有需要特别注意的风险,就是不能将民营银行办成少数大股东的提款机,"进行关联交易"。

金融,正在成为中国防范风险的要地。

在过去的 2016 年,国务院办公厅公布了《互联网金融风险专项整治工作实施方案》,从 2016 年 4 月开始,计划 2017 年 3 月底前完成整治工作,一批像 e 租宝、中晋系这样的案件被查处;国家外汇管理局开始对贪腐和职务犯罪类资金、走私赌博贩毒违法资金、投机套利资金的非法跨境流动进行"高压打击",一批地下钱庄被打掉;央行牵头的针对不同资产管理产品的统一监管制度正在征求意见。资管市场是一个百万亿元规模的市场,包括银行理财、信托、保险资管、券商资管、公募基金、基金子公司专户、私募基金、阳光私募等,但在刚性兑付、投资者适当性、杠杆倍数、多层嵌套层层包装、资本约束和风险准备金计提、跨市场监管真空与监管套利等方面,存在大量漏洞和缺陷,需要补课。

……

为什么金融整顿如此雷厉风行? 一是隐患严重,风险层出。二是"脱实向虚"愈演愈烈。若长此以往,"实体经济被掏空""中国制造沦陷"等说法将不是危言耸听。工信部部长苗圩撰文警示,"大量的社会资金流向股市、债市、房地产等,以钱炒钱、赚快钱现象大量存在","资金、劳动力等要素纷纷从制造业领域抽离"。三是金融整顿和反腐败相关联。金融是经济的血液,事关经济命脉。金融需要牌照,牌照就是金钱。资本天生逐利,资本市场往往一本万利。如果金融资本幕后潜伏着一个官商勾结的神秘群体,中国经济就可能患上"败血症",富者累千万而亿万中小投资者被剥夺的局面就会一次次重演。

实体原罪或"不翻旧账"，金融原罪或"连根拔起"

一方面是完善产权保护制度、依法保护产权，一方面是在整个金融领域强化监管，如何理解其中的逻辑？

在我看来，保护产权是针对所有市场主体的，自然涵盖了金融机构包括民营金融机构；强化监管也是针对所有市场主体的，比如在环保领域、知识产权领域，都在加强监管。但是，如果说对实体经济领域的一些"民企原罪"，政府更倾向于"以历史和发展的眼光"，法不溯及既往，不盲目翻旧账；那么，在金融领域，对有些原罪的"清算""连根拔起"可能刚刚开始。

这是因为，第一，金融领域的一些"原罪"，不像实体领域里开矿办厂搞项目，结束了就结束了，金融"原罪"是会延续的，它会沿着机构化、制度化的轨道越滚越大，不断扩张。第二，金融财富的获取表面看只是一些交易数字的转移，不像实体领域的假冒伪劣商品，其危害消费者立即就有感知，政府也能看得明明白白；金融领域的"攫取"和"剥夺"，因为跨市场的监管存在盲点，显得更斯文，没有负疚感，连环传染的概率更高，更隐秘甚至跨境隐匿。由于复杂的结构设计，政府甚至搞不清楚大量金融资产背后的实际控制者到底是谁。刘士余说，"资本市场的乱象让我开了眼界，很受震惊"。中国的小散户被不负责任的融资者、权贵、大鳄和松弛的监管忽悠糊弄了20多年，乱局该终结了！

反腐永远在路上，但只有在金融整顿和金融反腐之后，反腐才能彻底逼近和戳穿财富背后的权力和势力，公开、公平、公正、统一的市场建设才能排除最大最根本的干扰。

银监会、证监会、保监会，名字里都有"监督管理"这四个字。当我们最近频频听到"第一是监管，第二是监管，第三是监管"，仿佛大家一夜之间明白了自己的真实姓名，真不知道是该高兴还是该悲哀。但无论如何，为他们的觉醒和振作加油吧！

做什么的自由与不做什么的约束

最近和企业家、金融家交流，不少人对政府释放的信号还有些迷茫。不是说保护产权、既往不咎吗？怎么这么多整顿、查处，比如对投资类机构一刀切，连登记也不行？

我的看法是，在中国，政商关系、政府和市场的关系，不是一两句话那么简单。一方面，中国对经济自由的保护是大趋势，是明确的，目前的主要问题也还是保护力度不够。"门难进、事难办、脸难看""吃拿卡要""审批长征""权力任性""寻租潜规则"、政府失信等情况仍然存在，改革仍需深化。但另一方面，中国对企业的保护，又不完全等同于"风能进，雨能进，国王不能进"那种政经隔离式的保护，也不是像特朗普内阁那样的"发了财再去当官"的利益代言式保护，还不同于1992年苏联解体后俄罗斯搞"休克疗法"，大批国企落入特权阶层和暴发户手中的大规模私有化。中国的产权保护，和社会主义制度、共产党的领导、"公有制为主体，多种所有制经济共同发展"的基本经济制度、"义利合一"的传统文化都高度相关。所以，永远不要指望那种不受控制、完全随心所欲的经济自由。让市场在资源配置中起决定性作用和政府更好地发挥作用，这两者在中国是分不开的。

从我对商业文明的研究看，我一直认为文明有两重性，既有进取性、创造性、扩张性的一面，所谓"见龙在田，天下文明""物物相杂曰文，文章而光明"；又有限定性、规范性的一面，所谓"文明以止，人文也"。前者体现的是做什么的自由，后者体现的是不做什么的约束。我坚持商人、企业家的行为，也必须遵从这种两重性，商业文明的支柱既包括创新之结晶，也包括行为之准则、合作之秩序和文化之传承。

"亲""清"新型政商关系的提出，应该说为健康可持续的政商关系厘定了路线图。循之则海阔天空，违之终究会越走越窄，甚至寸步难行。

新的开始与旧的没落

有什么样的政商关系，就有什么样的政商命运。

回顾过去几年一些富豪的命运，从 44 岁在狱中因病去世的徐明，到特大涉黑犯罪集团的刘汉，再到"铁路一姐"丁书苗，其悲剧都是因为昔日的权力靠山变成了火山，金山变成了冰山。

对官商勾结的严厉打击，意味着那种充斥着寻租金主、设租官员、特惠政策、围猎工具的道路走不通了。虽然旧的痕迹不可能马上完全消失，但日趋没落是肯定的。没落不等于消失，但它是消失的开始。

商人依附于官员，是因为官员的权力就是资源，就是钱，近水楼台，靠山吃山。用丁书苗的话来说："我有了钱，就四处活动，为他引荐各方面重要关系，为他竞选铁道部部长积极活动。他当了正部长以后，权力更大了，我为了靠他的权力谋取更多的经济利益，对他更加言听计从。"

其实在中国历史上，和权贵勾连太深的商人很少能够善终。胡雪岩在"生逢其时，财色双收，官居二品，商界知名"之时，也明白"我是天从人愿，赌博一生，看似风光无尽，实则如履薄冰"的道理，只是已经爬不出来。元末明初的江南首富沈万三，想拍朱元璋的马屁，朱元璋要建南京城，他"助筑都城三分之一"，接着又请求出资犒赏三军，结果朱元璋看不得他财富骄人的样子，心想，犒赏三军是我朝廷的事，岂容你参与！大怒曰："匹夫犒天下之军，乱民也，宜诛之。"经马皇后劝说,才改为发配云南。

市场和政府都是永远会牵引企业的"地心引力"。能否处理好政商关系,洁身自好走正道,遵纪守法办企业,光明正大搞经营,在中国尤其重要。

根据世界银行发布的《2017营商报告》,在190个经济体中,中国在11个指标上的排名,虽有进步,但还是在中游水平,具体是:"营商环境便利度"排名78,"开办企业"排名127,"办理施工许可证"排名177,"获得电力"排名97,"登记财产"排名42,"获得信贷"排名62,"保护少数投资者"排名123,"纳税"排名131,"跨境贸易"排名96,"执行合同"排名5,"办理破产"排名53。可见,在优化营商环境、保护经济自由方面,还需要很大改进。

一个新型政商关系的时代,用"亲""清"二字明确了各自的正道,接下来的关键,还是在于如何将新型关系制度化、法治化、阳光化、普惠化。健康的政商中国,一定建基于法治的天下。

王亥之死:中国商人何时走出 3800 年的宿命
——中国富豪商道辨析(三)

这篇文章要讲的是一个商人的故事,他叫王亥。可能很多人没有听过他的名字。之所以要写他,是因为他是中国第一个商人。

服牛乘马,以利天下

王亥是谁?这要从中国最早的朝代说起。

中国的朝代可上溯到夏商周。商汤灭夏桀,是为商朝之始。但实际上,不是夏结束了才有商,商本就是夏的一个部落。商的始祖叫契,他和虞、舜、禹生活在同一时期。由契到汤,共十四世,这一段是"先商"时期。契的第六世孙叫亥,后人以"王"尊称他,所以叫王亥。王亥生在夏朝中期,距今 3800 多年。他和儿子上甲微是先商时期"让商族变得伟大"的关键人物。

王亥做过哪些大事呢?简略地说,是两件。

第一件是饲养家畜,驯养牛马。郭沫若的《中国史稿》中说:"传说相土作乘马,王亥作服牛,就是驯养牛马,作为运载的工具。"相土是契的孙子,他发明了马车,给马戴上笼头,加以训练,让马拉车驮物,原是游牧部落的商族也从西北迁徙到中原一带。到了王亥的时代,光是用马拉车、运货、作战远远不够,而且西北草原的马也不适应中原气候,死了很多,人们又要手提肩扛货物。王亥用了"牵牛要牵牛鼻子"的办法驯服了野牛这一庞然大物,并用牛代替马拉车,还发明了双辕牛车。这不仅帮助商成为"车轮上的部落",克服地域障碍,迁徙到宜居之地,而且促进了农业生产,农牧结合,使部落大为兴旺,农业、畜牧业、手工业的分工逐步得到扩大。因此,胡厚宣在《殷商史》中称王亥为中国"畜牧业的创始人"。

今天我们都明白蒸汽机、电、互联网的作用,在王亥那个时代,他对牛的驯养和牛车的发明,也具有历史性的意义。《易·系辞》曰:"服牛乘马,引重致远,以利天下。"《管子·轻重戊》说:"殷人之王,立皂牢,服牛马,以为民利,而天下化之。""皂"是喂牛马的槽,"牢"是养牛羊用的圈,牛马都被驯服,成为运输工具,这大大便利了天下的黎民百姓。

"商人来了,商人来了"

王亥做的第二件事,是开展商贸活动。

当商部落的粮食、家禽、造的工具多了以后,除本族人用之外,还有不少剩余。王亥就从剩余物品中拿出一部分,放到其他氏族部落常去的旷野上。隔几日再去看,发现物品已被取走,其他部落的物品则放在那里,这就是交换成功了。有了第一次,就有第二次、第三次,王亥遂经常率领部落成员赶着牛车,带着帛、黍、粟以及牛、羊到外部落进行物物交易,"肇牵车牛远服贾"。

"商人来了,商人来了",外部落这样称呼商部落的贸易使者。他们交易的东西,当然就是商品。因为交易量越来越大,王亥成为当时各个部落的首富。

王亥在与各部落的交易中,坚持诚信与平等。有一次,一个小诸侯国葛国遭遇大旱,连月无雨,庄稼颗粒无收,就向王亥求援,说愿意拿出比原来多一倍的物品来换粮食。王亥却没有乘人之危,而是继续以原定"汇率"交换粮食,还多给他们提供了一些援助。

以王亥的贡献和地位,可以说是那个时代的马云吧,利用新的技术工具,推动贸易的发展,传播商业的文明。因此,王亥死后,享受到殷商后代给予的最隆重的祭祀。王国维评论说,王亥"祀典之隆",不只是因为他是先祖,而是因为"其为制作之圣人"。那他也算"中国制造"最早的杰出代表了。

王亥之死

中国最早的商人、发明家、首富王亥,大概活了 50 岁。他的死因成为千古之谜,至今没有定论。

王亥是怎么死的?事情本身非常简单,有一次他和弟弟王恒驾着牛车,载着货物,赶着牛羊,到黄河以北的有易进行贸易。"风萧萧兮易水寒",说的就是有易那个地方。王亥在那儿被有易的君主,一个叫绵臣的人,杀了。

王亥为何被杀?对这个历史悬案,大致有如下几种说法:

一是和女人有关。这里又有几种说法。有的说王亥好色,"淫于有易之女",被杀。有的考证说,王亥在有易跳过流行的"万舞",它既是一种武舞(军事舞),也是一种性舞(恋爱舞)。王亥舞姿诱人,有易的女人丰腴性感,迷上他了,二人勾搭,被有易人捉奸。也有的说,王亥是在有易境内抢掠妇女,被绵臣带兵攻击杀死。还有的说,"所淫确为绵臣之女",但目的是通过她谋取有易,结果暴露被杀。

这里要说一下有易这个部落的背景。有易是商族祖先契的母族,是一个大部落。王亥之于有易,是外孙这条线的。因为这一原因,有历史学家认为,王亥"宾于有易""托于有易",可能是去投奔他的外亲、诸舅。所谓"淫于有易",也可能是商部落自契以后有与有易女性世代通婚的传统,而不是乱交,可能是违背了氏族间的某些特殊规定,特别是婚性制度的约定。但是也有学者提出,比王亥更早时的颛顼帝时期,氏族制已解体,开始实行男娶女嫁,人们有了家室,知其母不知其父的时代已经过去,也就是说,王亥所处的时代婚姻制度已成型,他有淫行,有过错,是不争的事实。

关于王亥之死的第二种说法,是和利益冲突有关。一说是,有易首领绵臣见王亥所带的牛头头膘肥体壮,很眼红,产生了霸占的念头,将其杀害。另一说是,有易用乐舞盛宴招待王亥,但双方未能达成满意的协定,产生了利益冲突,有易遂派牧童在黑夜对沉睡中的王亥下手。

王亥之死的第三种说法,是和政治有关。一说,绵臣杀王亥,是因为当时的商族日渐强大,对有易是不利的。另一说,王亥为了商族雄霸天下,早已图谋有易,但因为有易是其始祖契的母亲的家园,抢占有违天道,而且有易也是夏的属地,攻占有易会遭到夏帝的反击。因此,王亥假装到有易做生意,假借仆牛(驯服的牛),暗中和弟弟王恒合谋设计,"干协时舞",用王亥掌握的巫舞勾引有易的女祭司,以制造矛盾,乱中取胜。

最后一种说法,和兄弟有关。有记载说王亥与王恒是"眩弟并淫",绵臣只杀了王亥,夺了他带来的仆牛,却又将仆牛交给王恒。王恒继承了哥哥的位置,但取回仆牛后并未为哥哥报仇。可见王亥被杀,即使不是绵臣与王恒合谋,也是得到了王恒默许的,因为他正好可以继位。

相传王亥被杀后,尸体被砍为八块,分属鸟的图腾八部,甲、乙、丙、丁、戊、己、庚、辛,分别对应其前世玄鸟的头、颈、肩、心、胸、腹、脐、股。"天命玄鸟,降而生商。"这是关于商的传说。王亥死后,相传玄鸟又涅槃重生。

商的强大始于王亥的经济革命

王亥虽然被杀,但商人所从事的贸易活动并未停止。王亥之子上甲微借助河伯的武力,打败有易,杀了绵臣。按范文澜在《中国通史》中的说法,汤灭夏以前,商已是一个兴旺的小国,"天命玄鸟,降而生商,宅殷土茫茫",说当时已房屋成片、人口众多。"商国的农业、手工业、商业都比夏朝进步,因此造成代替兴起的形势。"

考古学界的一个基本共识是,商的强大是从王亥的商业贸易这场经济革命开始的,持续不断的商业活动使商族粮食日益增加,国力日渐强盛,终于在汤的时候取代夏朝,建立商朝。为方便交易,商朝发明了货币,最早是海贝,后来为了补充"流动性",又有了石贝、骨贝、蚌贝、绿松贝等,商的晚期还有了铜质货币。当时君王住的地方叫"邑",商人交易的地方叫"市",原本是分离的,后来为了君王的方便,"市"搬到"邑"中,其各个店铺叫"肆"。《诗经·商颂·殷武》云:"商邑翼翼,四方之极。赫赫厥声,濯濯厥灵。"那是中国商业都会最初的胜景。

因为王亥对商族产生的重要作用,他的后人甚至用祭天之礼祭祀他,所用的牲畜甚至多达三百头牛,隆重无比。在甲骨文著作《殷墟卜辞综类》中,祭祀王亥的卜辞多达96条。

商人的宿命

中国有学者因为王亥"淫于有易之女",富而宣淫、暴尸横死,认为他不配做第一个商人、"华商始祖",提出夏朝的舜并不是神话传说中的人物,他才是第一个商人。在他们看来,"拜谒华商始祖,传承中华商德",必须要有一个"德化"的、"言必称尧舜"那样的人,才配当"中华民族经商第一人"。照这种观点,王亥只是部落间大规模贸易的第一人,只是舜帝的贩卖事业的扩大而已。

也有学者认为,商人、商业和王亥的关系并不是很大。商人的来源在于,周武王伐纣灭殷、建立周朝后,殷商遗民过着受压迫的生活,无政治权利亦无土地,只好东奔西跑做买卖,这些买卖人后来被叫作商人。"士农工商",社会末流也。

当我研读了关于王亥的诸多文章后,我完全支持他是中国第一个商人的论断。纵使舜帝时已经有零星的贩卖,但是要说和技术发明与跨境贸易结合在一起的规模化商业活动的兴起,王亥才是中国第一人。

遥想3800多年前,我看到了一个敏感机智的发明家,一个跨境贸易的拓荒者,看到了他开辟一个时代的气度和气象;与此同时,我也看到了欲望的缠绕、利益的冲突、政治的威胁、兄弟的图谋,这一切都可以杀死他,让他死得如此惨烈和卑微。这不就是中国商人的宿命吗? 他们从诞生的第一天起,从始祖开始,就被赋予了永远要接受多元考验,挑战无止境,没有谁能保你平安的宿命。

他们是筚路蓝缕的开创者。当他们充满活力、大显身手时,往往也是社会富裕、流光溢彩的昌盛之时。"富商大贾周流天下,交易之物莫不通",他们把东西南北的供需串接起来,他们就是连接一切的平台。

他们是骨子里的逐利者。他们愿意冒险,用管子的话说,"故利之所在,虽千仞之山,无所不上,深源(渊)之下,无所不入焉"。他们唯利是图,"有利身则行","求利无不营",有时也会坑蒙拐骗,无情无义,"一解市头语,便无邻里情"。他们享乐奢靡,但也充满风险和危险,时时遭受"雪霜行塞北,风水宿江南"的艰辛,以及"寇盗伏其路,猛兽来相追"的不测。"无言贾客乐,贾客多无墓"也是他们命运的一部分写照。而他们之所以及时行乐,追求"耳目欲极声色之好"的逸乐,衣必文彩,食必粱肉,乘坚策肥,履丝曳缟,除了人的本性使然,也是为了释放内心深处那种"不知明日何日"的恐惧和"用钱财也可以过有权有势者的生活"的欲望。

他们是不确定的政商环境的从属者和被动接受者。当权力需要他们活跃经济,或者权力的缝隙给了他们以纵横捭阖的商机,他们便会有"连车骑,游诸侯""所至国君,无不分庭与之抗礼"的美好时光,但这些时光从来难以持久,很快就会因被管制而失去尊严。秦代的"谪戍制"使商人及其子孙仅因其商人的身份就遭征发。汉初法律明令禁止商人"衣丝乘车",并收重租税,规定商人不得购置田地,商人子孙不得仕宦为吏。《晋令》规定,"侩卖者,皆当着巾,白帖额,题所侩卖者及姓名,一足着白履,一足着黑履",以示商人与他人不可混同。唐以后,《大唐六典·户部》规定:"工商之家,不得预于士。"到明朝,徐光启《农政全书》第三卷记载:"(洪武)十四年,上加意重本抑末,下令农民之家许穿绸纱绢布,商贾之家只许穿布;农民之家但有一人为商贾者,亦不许穿绸纱。"清雍正二年上谕:"朕惟四民,以士为首,农次之,工商其下也。"在长期的抑商传统之下,虽然中国人有经商的天赋和勤奋,但商人却终究没有独立的社会地位,而只能匍匐在君权之下,无论是得到特惠而富甲一时,还是随时会碰到盘剥,本质都是低人一等的附庸。[①]

按照不少学者的看法,中国商人最自由的时光是在汉武帝时终结的。商人的舞台在于远程贸易,商人的机会在于利用不同空间和时间的差价。春秋战国之时,虽然中国没有古代希腊、罗马那样的海洋舞台,但以中国地域之广,列国资源物情之丰和互通有无的需要,商人还是大有用武之地的。所以,范蠡、白圭、吕不韦等人能呼风唤雨。又由于春秋战国时,盐、铁及其他矿产可以自由经营,也造就了司马迁在《史记·货殖列传》中所写的猗顿、郭纵、寡妇清、

---

① 参考郭志祥.古代商人的身份与地位略论[J].南京大学法律评论,1996(2).

蜀卓氏、宛孔氏、齐刁间等由盐铁致富的商贾。可惜这一切在西汉中期"盐铁官营"等干预政策出台后终结。在谷专卖、官山海（即盐铁专卖等）、官天财（山财矿产渔业管制）的新的环境下，中国经济转变为"（人君）不求于万民而藉于号令"的指令性经济。如果用费尔南·布罗代尔在《15—18世纪的物质文明、经济和资本主义》一书中指出的，"在君主国中，商人不像在通常由大商人当政的共和国中那样受到尊重"，来对照中国的商业史，恰恰是在汉武帝的那个时候，商业自由流通的黄金时代结束了。之前的秦朝还有"军市"，委托商人从事军需物资的采购与运输。诸国到秦贸易的"邦客"，只要到所在政府登记（"请簿传于吏"），即可在秦地做进出口生意。而汉武帝之后，可以"一仆多主"的商人不再有回旋空间，开始进入"一主一仆"的帝国通道。[①]

这就是中国商人在历史上的命运。

当我的思绪从几千年前指引着从商丘出发的牛车车队前行的王亥，回到正行进在伟大复兴途中的中国企业家那里，我觉得有一种"商"的基因，穿越无穷苦难和顿挫，承继在他们身上，在新的时代和新的世界，活泼地绽放。

我希望商人和企业家的权利能够得到充分保障。一个不保护商人和企业家的社会，注定是难以长期富足的社会。但同时，历史深处的声音又告诉和启示今天的中国商人，无论你多么成功，都需要多一点夹缝意识、多一点忧患意识、多一点谦卑意识、多一点文明意识，深刻意识到自我的限定性、所处环境的限定性，从而少一点骄妄、多一些归潜。

总有一片天地属于你，那是自然之大道，大道之自然。

---

① 参考王家范.帝国时代商人的历史命运[J].史林,2000(2).

贾跃亭:有多少梦想可以重来?

乐视危机正在进一步深化。从 2016 年年底的供应商债务危机,到 2017 年 6 月出现的金融债权人和机构投资者信任危机,蔓延不止。乐视赚钱的业务很少,最核心的超级电视销量也在下滑,现金流无法得到改善,债权人看不到希望,纷纷采取法律措施维护权益。

当债权人不再在乎梦想而在乎现金的时候,乐视翻身已难。虽然贾跃亭在 2017 年 7 月 6 日早上发表声明,"会承担全部的责任,会对乐视的员工、用户、客户和投资者尽责到底",但金融圈从来都是锦上添花,很少雪中送炭。站在银行立场,金融即信用,拿储户的钱补贴你的梦想,凭什么?

乐视网让贾跃亭离开

2017 年 7 月 6 日,贾跃亭辞去上市公司乐视网的董事长职务,不在乐视网担任任何职务。乐视网公告继续停牌三个月,理由是乐视网收购乐视影业的重大资产重组延期。乐视网股价从 2016 年 11 月的 45 元高点跌至 2017 年 4 月 17 日停牌时的 30.68 元,如果现在复牌,利空重重,股价很可能大跌。嘉实基金已经公告,2017 年 7 月 7 日起对所持有的乐视网股票,按照连续下调 3 个 10％的价格即 22.37 元进行估值。如果此时开盘,建立在股权质押基础上的乐视融资体系就将崩盘,完全不可承受。所以,只能再停牌,用时间换空间,看有没有办法化危为机。

根据乐视网公告,贾跃亭及乐视控股合计持有乐视网股份 524074478 股,合计累计被冻结股份 519133322 股,占所持股份 99.06％。"如果在上市公司审议本次交易相关事项期间,贾跃亭先生及乐视控股所持相关股权被强制执行,上市公司存在控制权变更的风险。"仔细看看这些话就会明白,虽然名义上贾跃亭还是乐视网控股股东,从法律上说,股权冻结并不否定股东的投票权、知情权和股票收益权等各项权益,但是 99.06％的股权都被冻结,人也完全退出乐视网决策层,事实上贾跃亭对公司已没有控制力。

可以说,乐视网已经"去贾跃亭化",贾跃亭已不得不离开乐视网。

根据乐视网公告,贾跃亭持有的乐视控股 92.07％的股权已被司法冻结。而乐视控股所持有的乐视影业股权,要么质押给融创房地产集团有限公司,要么被司法冻结,这意味着,贾跃亭的乐视控股股权已经"失控",乐视影业也和他渐行渐远。乐视网、乐视致新(超级彩电)、乐视影业这些乐视起家时的核心业务的控制权,越来越多地由孙宏斌的融创集团所掌握。"乐视改姓孙"正在成为现实。

在贾跃亭辞去乐视网职务的同时,乐视控股宣布他出任乐视汽车生态全球董事长。智能汽车是贾跃亭最重要的也是最后一个不容有失的战场。如果电动车 FF91 能尽快量产上市,取得成功,他依然有可能再上高峰。否则,很可能赤条条回到原点。

乐视是互联网时代的"标王"

以大跨度看乐视危机,和 20 世纪 90 年代中期中央电视台的几个"标王"——孔府宴酒、秦池酒、爱多 VCD 的危机颇有相似之处。当年的"标王"是靠电视广告的营销驱动,把市场注意力拉到高点,经销商纷纷进货,产能迅速扩大,一时繁荣无比,但最终,由于终端消费者建立不起消费习惯,或者市场本身发生了变化,原来的铺货变成存货,已经投资的生产线变成沉没成本,大量支出换不来经营性现金流,企业亏损,债权人不愿意继续支持,于是迅速垮了。

乐视则上演了互联网时代的"标王"版本,本质就是资源和能力跟不上梦想和规模的扩张。2016 年 11 月 6 日,贾跃亭在给员工的信中也反思说,"我们蒙眼狂奔、烧钱追求规模扩张的同时,全球化战线一下子拉得过长。相对应的是我们的资金和资源其实非常有限","结果就是,我们无法把力量集中在一个点上……开辟了一片又一片疆土,但粮草供应不及时,后劲已经明显乏力"。

在乐视发展过程中,很多人都提出过质疑和警示,认为在如此之多的领域里挑战如此之多的强手,胜算很小。贾跃亭不是第一次做企业,不可能不明白这个道理。那么,他为什么要无所不用其极地高举高打、语出惊人呢?

一是他这样成功过,超级电视、乐视影业都是案例,乐视手机销量上升得也很快;

二是他坚持认为,"软件、硬件、终端、内容"的生态化打法是先进武器、高维度武器,可以"鹤立鸡群";

三是他被超越一切的梦想所激励,真诚地相信自己;

四是"用内容营销聚集流量"的模式行之有效,乐视的 PPT、Party、内容传播自成一派,很有影响力,塑造了挑战者、超越者、创新者的鲜明形象。

总结起来，就是贾跃亭真的把颠覆当成王者之道。

从客观上看，乐视模式和乐视打法一次次得到市场和投资者的认同，这激励了贾跃亭一往无前、一以贯之的扩张性。乐视是电视"标王"那个年代十几二十年后、在新生互联网时代的速生奇迹。和上个年代不同，现在出现了很多新商业规律，例如摩尔定律（集成电路可容纳的元器件数目每隔 18 个月增加 1 倍）、梅特卡夫定律（网络的价值与联网的用户数的平方成正比）、达维多定律（一家企业如果要在市场上占据主导地位，必须第一个开发出新一代产品），等等。因为这些规律的存在，资本对互联网创业企业亏损的容忍度大大增加了。只要你能画出很好的用户增长曲线，现在没什么收入、不赚钱，都没什么关系。赚钱是以后的事。现在亏得越多，未来赚的可能也越多。投资市场乐意为创新公司的梦想提供银行所不能提供的风险资本。

这是一个更加注重公司想象力的时代。资本愿意为想象力承担风险。就像一个分析师说的："如果你意识到 Uber 能把你的孩子送到学校，带你去约会，喝完酒后送你回家，再给你送些日常用品，它就大一些；如果你自己不再买车了，完全用 Uber，它就更大了；如果你把 Uber 看成一个超级联网计算机，每天在全世界运输上亿的人跟货物，连接一切，它就是世界上最大的公司。"想象无边界，无边界才意味着有更大的空间可开拓。如果边界一清二楚，利润明明白白，资本反而觉得没有未来。

因此，烧钱在互联网时代不是一个负面名词，只要它通往未来。亚马逊亏损了 20 年，一直在烧钱，这一两年才盈利。在亚马逊的历史上，投行和媒体不止一次预测它会崩溃，"除非它能变戏法式地变出一笔资金"。亚马逊股票也曾一次次在预测声中快速下跌。但贝佐斯在办公室白板上写过这样一句话："我不在乎股票价格！"他不止一次说:"谁说我非得盈利呢?我可是在做一件大事。"

"如果你都知道事情会怎么发展,当然没有失败,但这就不叫实验,唯有透过实验才会得到真正的发明,最重要的发明都是来自尝试错误。"贝佐斯的说法,正是互联网时代的商业观念的写照。

即使失败,也会拓宽后来者的想象力

贾跃亭的梦想听起来比贝佐斯还要大。《华尔街日报》说,他要凭借乐视,同时挑战苹果、Netflix、亚马逊和特斯拉。从经典管理理论看,这无异于痴人说梦,但是从新经济新定律来看,大胆的想象、决绝的态度、颠覆的做法、以全新思维去整合资源,这一切都是值得肯定的,这就是"唯偏执狂才能生存"!

把贾跃亭的乐视奇迹放在整个互联网时代来看,不能不说,他敢于挑战一切的姿态是令人尊敬的。为什么要做汽车?他在一次演讲中说:"资金高度紧张的互联网公司,自己原来的几个生态资金链已经很紧张了,突然要进入耗资数百亿的产品怎么可能呢?这是疯了吧。乐视之所以造汽车是一次一次被窗外的雾霾所震撼,我们应该对此做出改变,我们应该站出来去创造一个全新的模式变革,让百年来没有改变的汽车产业发生变化,我们应该保护地球生态,改善人类的生存环境,真正地让每一个人能够用上自动驾驶技术和智能电动汽车,真正让汽车产业进入互联网生态时代。"

我碰到过好几位想造车的企业家,最后之所以放弃,都是因为:"奔驰、宝马你怎么去竞争,你有几百亿人民币,它有几百亿美元,怎么争?"但贾跃亭却无畏无惧,他相信超前的思维、勇气、直接跨越传统做法的新的产品形态和资源组合模式,能够让乐视汽车后来居上,以新胜旧。他敢想,也实实在在地做了。这很不容易,即使失败了,也会拓宽后来者的想象力。

商业世界从来是"以成败论英雄",但如果某种探索能够引发整个商界的注意力,带来新的创意、思路,激发大无畏的勇气,那就是一种价值、一种贡献。开拓者的意义就在于他选择的路线具有前瞻性,在这里一定有人成功。贾跃亭的智能电动汽车可能成,也可能不成,但在他最早出发的这条道路上,必定会有成功者,极大地提升中国汽车电动化、智能化的水平。如果不能笑到最后,能看得最早、探索最早、激发更多人上路,也是一种正面的意义。

假如乐视背后站着"央行",梦想能否实现?

我赞赏和肯定贾跃亭的企业家创新勇气,但并不同意一种说法——乐视今天的问题主要是资金问题,如果有足够资金乐视就会安然无恙。

假如乐视背后站着央行这个"最后贷款人",有永不中断的资金支持,让乐视把生态进行到底,梦想是不是就能实现呢?贾跃亭过去很长时间也许认为,他的梦想版图就像央行的印钞机器一样,大家都相信他,随时可以给他资金。乐视网享有创业板的超高估值,因此很容易"衍生"出钱的岁月,这似乎是可行的。但也许正是钱来得太容易,反而让他忽视了很多商业的一般规律。

商业最基本的规律就是信用。信用,就是相信你能把钱用好。一旦不相信了,信用也就消失了,再多梦想也无用。对乐视来说,信用转折时刻就是2016年11月供应商举着标语到楼下讨债的那一刻。梦想可以很伟大,但那是投资人愿意埋单的事,客户(供应商)没有理由听任你欠债。人人生而平等,法人与法人的权利也一样。你可以有天才的想法,但并不比任何一个客户高贵,可以逃避铁一样的债务。

再伟大的创业者,如果失去了信用,一定破产。如果不想失去信用，就要广积粮，就要量力而行，就要在资本结构上早做准备。

亚马逊长期亏损，但亚马逊的亏损和乐视的亏损并不一样。

贝佐斯说过，除了变化，还有一些东西是"接下来的 10 年里不变的"，那就是客户对性价比的无限追求，你要给他们提供无限的选择、顶级的购物体验和最低的价格。亚马逊的亏损源于要不断挖深"护城河"的投入，比如仓储和物流体系的建设。

贾跃亭在演讲中，从来没有提到过现金流，他更看重的是"生态化反"的布局，是全球化，是多领域的卡位，是规模增长，是颠覆传统。而贝佐斯高度重视现金流，他说："股票价值是未来现金流的现值，而不是未来盈利的现值。我们最终的财务指标，我最想达成的目标就是自由现金流。"截至 2015 年 6 月 30 日的过去 12 个月，亚马逊虽然净亏损 1.88 亿美元，但经营性的净现金流入为 89.8 亿美元。现金流充沛，亚马逊就能够在仓储、物流等方面强力扩张，进一步优化用户体验。

而乐视呢，铺开那么多摊子，有几个现金流好的？一位体育产业的资深人士曾经说："乐视很敢买东西，但不知道怎么卖东西。体育产业在中国一共就 2000 多亿元的市场规模，1300 多亿元是体育服装，第二大是培训和健身，体育媒体广告只有 60 多亿元，CCTV 就拿下了一半多。到目前为止，体育版权市场规模很小，一些赛事在CCTV 上播出，CCTV 不仅不付钱，为了在中国市场推广，对方还要倒贴。乐视一上来，用以前十倍甚至更多倍的价格买版权，但如何挣钱呢？花十几亿买中超版权，能挣几个钱？最后还不是付不出钱，只能拖欠？"

这跟亚马逊完全不一样。每一个电商用户在交易时都在给亚马逊提供现金流。亚马逊有独占的价值，所以用户一定给它付钱。

再以手机为例，在相当程度上依靠强有力的运营商补贴，乐视手机 2016 年销售了 1700 万台，但亏损数十亿元。供应商断供，就算有人想买产品,你却产不出来。

光有梦想,业务没有独特的、独占的价值,不能获得现金流,可以说寸步难行。这种情况下,只能看你的股东是不是足够有钱,是不是更能烧钱补贴,坚持到最后。但世界上没有任何一个股东是只按梦想给钱的,他还要你说到做到,用数据和事实兑现梦想。

梦想的定理和理性的定理

乐视走到今天,大格局似乎是——

孙宏斌的融创集团主导乐视网、乐视电视、乐视影业这些业务。孙宏斌曾是柳传志器重的"第二梯队"成员,清华大学毕业,经历过多次挫折而不倒,越战越勇,越战越成熟。他有很大可能把贾跃亭起家的这些根本业务、后来却被忽略的东西,重新做好、做强、做大。

贾跃亭将专注于汽车生态的发展,力图重新收获曾有的荣光和地位。

乐视其余的业务,面临的主要是收缩、重组,有的业务虽然亏损,但资产仍是有价值的,那就指望与有远见的金融资本或产业资本合作,争取危境重生。

而从一个大的轮廓看,乐视的悲喜剧对于中国商界也是一部活教材,我们应该用平常心仔细反思和借鉴。

在我看来,最近一段时间来,中国企业家们都在接受三个定理的考验。

定理一:金融即杠杆。假如两个人做同样的生意,自有资金都是1万元。一方用1万元滚动,就在做1万元的生意,另一方融了3万元,做的就是4万元的生意。谁大?当然是后者。

定理二:市场占有率比利润更重要。从20世纪90年代"彩电之王"长虹的倪润锋用几轮价格战打下江山,到今天互联网流行的"风投——补贴＋降价＋免费——清场——垄断提价",形式不断变,实质都是为争取垄断话语权,不怕烧钱和亏损。

定理三:故事越有想象力,公司越值钱。互联网奇迹和互联网思维让市场相信,我们正在颠覆过去的商业模式,今天可以没有收入,但明天会有,这是递延收入;这项业务可以免费,但会有其他业务获得收入,这是衍生收入、转移收入、生态带来的收入。

如果天遂人愿,这些定理是会生效的。敢借"永续债"的房地产开发商,因为买的土地不断升值,房价高企,就能完成惊险的一跃;滴滴打车不断融资,打价格战,清了网约车的场,定价权明显上升了;乐视的故事在前几年曾是最激动人心的故事,他快速成了和马云、马化腾、李彦宏比肩的新一代偶像。

但万一,天不遂人愿呢?

当资本市场积压了"市梦率"的空间,当证监会严格了资产注入和关联交易的政策,或者,你囤积的资源(土地、版权、原材料)不是在升值而是在贬值通道上,那么,原有的杠杆化扩张的道路就走不下去了,让梦想燃烧起来的融资发动机也就停摆了。

这个时候,那些经典的定理开始发挥作用。比如:目标与资源和能力要匹配,不匹配迟早要摔跤;效率和管理是硬道理,效率的提高与管理的提升,都是点点滴滴追求合理化改善的过程,不可能一蹴而就;天下没有白吃的午餐,口号、承诺、梦想是重要的,但必须转化为提供给用户的核心价值才有意义;诚信的重要性一点不亚于梦想,讲梦想有助于企业扩张,讲诚信有助于企业练好内功,自律自强。

企业家的命运就是永远在路上

商业世界的魅力就在于它永远在狂热的创新和理性化管理之间摇摆,在企业家精神和职业经理阶层之间摇摆,在失控的眩晕感与受控的约束性之间摇摆。对每个企业和企业家来说，没有固定的标准答案，运用之妙，存乎一心。企业家的命运就是探索。他们永远在路上。

贾跃亭，这个平民子弟出身的企业家，从山西的一个小县城出来，奋斗拼搏，直到在拉斯维加斯的国际消费电子展上用英语向世界介绍他开上来的电动智能汽车，饱尝过艰辛创业的味道、权贵缠身的味道、无畏风险的味道、一日千里的味道、众星捧月的味道、一文难求的味道。

这个颠覆者曾是希望的化身，今天却跌入了失望的泥潭。我们该怎么评价他呢？无论如何，让我们给他一些应有的尊重，尽管他也犯了许多幼稚的错误。

没有创业者的世界是平淡的，没有颠覆者的世界是寂寞的，没有英雄的世界是有缺陷的世界。

世上没有绝望的处境，只有对处境绝望的人。托尔斯泰在《苦难的历程》中曾有这样的题记："在清水里泡三次，在血水里浴三次，在碱水里煮三次。"让我们用这样的话送给贾跃亭吧。若不放弃，那没有到头的失望与苦难，是你新生的起点。

致敬王石，你让企业家的企业笑到了最后

关于万科，关于王石，我在"秦朔朋友圈"已经写过很多文章。2017 年 6 月 21 日，当王石在微信朋友圈表示，他决定不再作为万科董事被新一届董事会提名，而把接力棒交给郁亮带领下的团队时，我在朋友圈发了一段感言：

> 王石是万科的创始人，也是新时期中国现代企业制度和商业文明的重要开拓者。他离开万科的姿态和他创立万科时矢志追求阳光下的利润的姿态一样令人尊敬。万科走到今天，经历了王石时代（1984—2001）、王石—郁亮时代（2001—2017），两个 17 年就这么过去了，接下来是郁亮时代，他有足够的时间让万科这面商业文明的旗帜飘得更高。祝福万科的未来！

2017 年 6 月 30 日，在万科股东大会上，王石正式告别董事会，郁亮接棒。王石最后说，我给万科选择了一个行业——房地产；确定了一个制度，就是规范，就是透明，就是团队；建立规范的团队，一个品牌，一个制度，一直往下走。从辞去总经理的职务，我就在等着这一天，这一天来到的时候，我是愉悦的。我说过，我成功的时候就是万

科不再需要王石的时候,万科没我在的话会发展得更好。我很欣慰,我看到了。万科真正稳定的黄金发展期才开始。

我相信这是王石的真心话。从1984年创办万科、决定走现代企业之路起,王石就在努力践行透明、规范、以人为本的现代价值观,慎终如始,兑现诺言。世间无完人,王石亦然,但是他始终在追求光明的正道,倡导进步的观念,他在公司内说的和公司外说的一个样,在小范围说的和大庭广众下说的一个样,对朋友说的和对对手说的一个样。

此心光明,亦复何言!

王石在告别董事会时说的话,在1999年辞去万科总经理时基本都说过。那一年,他48岁。2017年,他66岁。

1999年2月,王石辞去万科总经理,姚牧民接任。郁亮接姚牧民代理总经理,是在2000年,正式就任总经理是在2001年。那时王石公开说,一个人无论有多么神通广大的能力和用之不竭的精力,总有一天要离开,万科不能是王石在的时候红红火火,王石不在的时候就走下坡路,如果这样,企业是不成熟的。"我不希望等到我做不下去了、眼睛看不到了才离开。越早放手,对我和万科都有利。只有当我不在,公司仍然运转得很好,才更能显示出我的成功。"

1999年,王石在谈到他给万科留下了什么时,这样说:"我选定了一个行业,建设了一套制度,培养了一个团队,树立了一个品牌。万科的努力方向是团队、制度建设,而不单单是培养一两个接班人。一把手当然重要,但如果有制度保障,即便实践证明接班人不胜任,纠错换马还可以行之有效。所以,文化制度建设比培养接班人更稳妥。企业如此,国家也是如此。"

有斯人也,有斯言也,18年后如出一辙!此心光明,亦复何言!

48岁主动退居二线那阵子,王石也有过不适应和失落。再去上班,冷冷清清,问秘书人都跑哪儿去了,秘书回答:"去开总经理办公会了。"王石在办公室里踱来踱去,抓耳挠腮,特别想冲过去看看,就当是旁听也行。但最终,他克制住了,他决定坚决不搞"垂帘听政",要真交权。即使经营班子犯了错误,只要不是根本性、颠覆性的,就装傻,装不知道,否则退与不退就没有什么区别,新的接班人也不会得到成长。

王石选择郁亮担任总经理时,曾有个说法,他关心不确定的事,郁亮关心确定的事。事实上,很多不确定的事,比如这次股权之争,郁亮和管理层团队也在关心,他们也是中流砥柱。但是,王石能自觉让渡空间给郁亮,这种胸怀非常人所能及。郁亮哽咽接棒,万般真情,尽在不言中!

撼山易,撼万科难

万科的股权之争卷进了多股力量,华润是央企,深铁是地方平台性的支柱企业,宝能、安邦、恒大是民企,但实力和背景都非比寻常。而今天的大结局,基本是按照王石、郁亮的预想实现的。无论是宝能、安邦、恒大的表态,还是深铁的力挺,都显示了万科管理团队的坚强力量。可以说,撼山易,撼万科难。

众所周知,万科之争之所以峰回路转,是高层领导对一段时期的资本市场乱象有明确的态度,把防控金融风险放到了更加重要的位置,倡言"保护企业家精神,支持企业家专心创新创业"。在这一大背景下,万科之争方向立判,一锤定音。

这里的关键是,为什么高层领导肯为万科、格力这样的企业表态?而不为那些在金融市场上一度风头强劲、兴风作浪的企业表态?这就是光明正派的力量,一切都可以放到桌面上,放到阳光下,这样才敢讲话,也才好讲话。

三种市场

中国市场是全世界最有活力和增长性的大市场，也是新兴加转轨的充满不确定性的市场。这个市场很容易产生大企业、大富翁，但企业和企业家要始终坚持原则和理想，并不容易。

我把中国市场分为以下三种类型——

清水市场，看得清的市场：这样的市场不仅市场化程度高，而且法治化程度也高。在充分竞争的互联网、中国制造、消费、高科技等市场上，中国有一大批具有企业家精神、成长历程清晰的现代公司，不少已经具备世界级的竞争力。同时，中国有相当多行业存在着进入壁垒，以国企为主导，这些企业的效率有待提高，但从"看得清"这一点上说，还是比较规范的，不少兢兢业业的国企领导人也堪称优秀企业家，是管理企业的专家，把中国的军工、航天、高铁等带到了世界水平。

浑水市场，看不明的市场：这样的市场规模很大，但法治化程度有待提高，"市场的手"和"权力的手"都在搅动，创造了很多独具特色并长期存在的机会。这是繁荣并畸形的市场，典型代表是房地产、矿产能源、影子金融、基建工程领域，以及"经营"牌照、许可证、特惠政策（如退税、补贴、容积率和红线）等的领域。这一市场的鲜明特征是，有一大批敢闯、敢拼、敢赌，是钱就想挣，能"台上"也能"台底"的富豪，他们有独特的竞争力，但也往往会遭遇"机会"背后的陷阱。

污水市场，看不惯的市场：这样的市场充满了权力寻租、盗窃和抢夺，弄虚作假，不择手段的为富。

如果你闭上眼睛想一下，万科和王石在哪里，我估计绝大多数人会说，万科在房地产这一浑水领域做成了清水企业。万科不是富豪的企业，是企业家的企业。

我无意说，房地产富豪都是浑水摸鱼之人，因为他们也是畸形市场下的"蛋"。不少房地产企业也在不断追求规范化。但我仍然坚持自己的观点，万科和王石，与绝大多数的他们，气质不一样，追求不一样，从企业创办之初就不一样。

王石最爱读的书里有一本马克斯·韦伯的《新教伦理与资本主义精神》，他多次提到过这本书。马克斯·韦伯强调的道路是这样的——"这种经济是以严格的核算为基础而理性化的，以富有远见和小心谨慎来追求所欲达的经济成功，这与农民追求勉强糊口的生存是截然相反的，与行会师傅以及冒险家式的资本主义的那种享受特权的传统主义也是截然相反的，因为这种传统主义趋向于利用各种政治机会和非理性的投机活动来追求经济成功。"我相信王石创办万科的思想源泉中，就有这样的影子。怎么办企业？怎么成功？走什么路？不走什么路？他在20世纪80年代就想好了。而且他永远活在理想主义的20世纪80年代。

万科等一大批中国优秀的市场化公司的成长与发展道路启示我们，在机会多、规模大、法治与人治并存、市场与政策同在的中国市场上，求仁得仁，清者自清，既抓住市场机会证明商业上的成功，又恪守原则走正道，并不是不可能的事。

三种才能

从王石看中国的商人和企业家阶层，又会有哪些启示呢？

商人并不天然就有一颗关心社会的心、诚实守信的心。美国经济学家托尔斯坦·凡勃伦在1904年提出，企业家是以机敏的和创造性的方法增加自己财富、权力和声望的人，然而却不能期望他们都会关心实现这些目标的某项活动在多大程度上对社会是有利的，甚至这项活动对生产有害他们也不在乎。

1990 年，纽约大学斯特恩商学院教授威廉·鲍莫尔在一项开创性研究中提出，企业家才能可以区分为生产性才能、非生产性才能和破坏性才能三种。生产性活动一般指企业家创业、生产、创新、研发等增加社会产出的活动，由于创新扩大了真实产出，所以说是一种"正和活动"。非生产性活动一般指企业家为获得垄断特权、特殊政策而进行的游说等寻租活动，以及着眼于资源再分配的交易活动。这类活动只是产品和财富的转移，并不增加社会总产出，因此是一种"零和活动"。破坏性活动比非生产性活动更"坏"，他们不是把资本投入生产性企业，而是设计方法窃取他人资产，不仅不能提高社会总产出，还会减少社会总产出，是一种"负和活动"。

上述三种类型的活动都可以获利，成为富豪，但对社会总产出和真实价值的创造来说，其意义是完全不同的。我并不否认套利和投机也是一种才能，在某种意义上也有价格发现和消除信息不对称的积极作用，但我坚持认为，通过价值创新，实现产品与服务的真实产出的扩大，才是生产力发展的源泉。

为什么在整个万科之争中，我始终坚持站在万科管理层一边？因为王石和他的团队从 1984 年创立万科起就一步一步证明了，他们是生产性、创新性的经济活动的推动者，是阳光下的体制的建设者，是中国商业文明和社会资本的贡献者。

王石让企业家的企业笑到了最后，尽管他自己选择了离开。

很多人都设想过万科结局的 N 种选择，我很欣慰，那些设想都没有发生。从万科大结局，我看到的是天道自行、正道自在的有希望的商业中国。

相信王石，相信未来

2013 年，王石作为中国企业家论坛的轮值主席，在亚布力论坛上讲到企业家的自我更新问题。他提出未来就在我们身上,企业家不要去抱怨,不要用移民的办法应对社会的不确定,企业家精神很重要的一个就是冒险精神,如果我们都移民出去,企业家的作用也就消失了。滔滔江水是一股一股溪流汇集而成的,中国的未来应该是民主、公平、正义、光明的,我们就像涓涓流水那样,要从自己、从自己的企业做起,如果自己不这样做,总是指望上面去改,那是没有希望的。

2013年秋天我访问王石的时候,他谈到了中国的改革。他说,企业做到一定规模,每一次管理转变、公司重组、战略方向转移,都要耗尽心力、脱胎换骨,相比企业来说,政府是一个大得多的机构,改革的难度几何级数增长,所以企业家不能只期待政府解决问题,更应该行动,更应该改善。改革从来就不是一个人、一个组织的事情,中国的改革和现代化需要全社会的一起努力。

王石未来向何处去?我深信他已经想好了,明确了,就像阳光一样温暖和明亮。这个饱经沧桑的勇者,会为中国的进步贡献新的力量。

致敬王石,相信郁亮,新的未来在你们的手中!

冯根生：在岗最久的国企掌门人留下了怎样的遗产？

　　冯根生生于 1934 年 7 月，祖籍浙江慈溪，祖孙三代都在"江南药王"胡庆余堂从业。胡庆余堂是一代"红顶商人"胡雪岩于 1874 年所创，以"戒欺"为宗旨，采办务真，修制务精，很快就成了江南第一国药字号，民间有"北有同仁堂，南有庆余堂"一说。

　　1949 年 1 月，不到 15 岁的冯根生进了胡庆余堂，成为胡庆余堂的"关门弟子"。1956 年"公私合营"后，这里改为胡庆余堂制药厂，后又改为杭州中药厂。1972 年，中药厂分为一厂和二厂，二厂在郊区车间基础上升级而成，埋头干了 23 年的冯根生被任命为二厂厂长。从 1972 年到 2010 年正式退休，38 年，冯根生成为中国在岗时间最长的国企领导人，他把当初只有 37 万元固定资产的中药作坊，发展成资产规模增加了 4000 多倍的现代化中医药集团。

　　我只见过冯根生一次，是 20 世纪 90 年代参加青春宝集团的一次研讨会。青春宝原是杭州中药二厂的一个产品品牌。1992 年，在二厂基础上组建了中国（杭州）青春宝集团有限公司，冯根生任董事长。我对冯根生仅有的印象就是吃饭时他过来给学者和媒体人敬酒,每一桌每个人都碰杯,非常平和。

冯根生去世后,通过阅读资料,特别是他的口述,我才意识到,他留下了一笔宝贵的精神遗产,值得我们永远铭记和思考。这篇文章,算是我从企业家创新的角度,对冯根生的缅怀吧。

创新一:不怕非议,做保健药品

20 世纪 70 年代末,中国已经改革开放,但药品市场几乎仍是治疗药一统天下,保健药品被当成"为资产阶级、剥削阶级、老爷太太服务的",没有谁敢生产。

冯根生眼看江南生活富裕,老百姓有服用保健品的传统,就动念做保健药。他在胡庆余堂当学徒时亲眼见过中药保健品受欢迎的盛况,即使"文革"时也有过人民集体"打鸡血"、喝"红茶菌"的热潮,说明保健品有市场。

冯根生和同事一边生产中医治疗药,一边开始寻找中药保健品药方,经过反复搜集筛选,他们从古代帝王的宫闱里找到一个"益寿永贞"的药方,然后进行实验,光投入实验的动物就超过 1 万只。事实证明,这个药方对提高人体免疫力、增强心肺功能等都有独特功效,特别适合气阴两虚的中老年体弱者,于是命名为"青春恢复片",后来改名"青春宝"。

但是,好药多磨。到上级部门审批时,冯根生被一位领导斥为"不为工农兵服务",犯了方向性错误,不予批准。刚好一位知名专家也在报纸上发表文章,说从"青春恢复"的名字看,就违反了自然规律。但冯根生没有退缩,一方面找各级领导申诉,一方面大着胆子只管生产,并把产品放在工厂小卖部里内部销售,取得口碑,还请外宾和国内文艺演艺界名人服用。大家都感觉效果显著。香港报刊还做了报道,一传十、十传百,最终产品推开了市场的大门。

1984年，"青春宝"成为内地第一个大手笔投放电视广告的保健品。"迈着青春的步履，沐浴着明媚的阳光，这生机盎然的世界，都是因为有了青春宝。"这句广告语，曾是一代人的记忆。

创新二：形象也是生产力

1972年冯根生当厂长时，厂里非常穷，找不出一台电动机，有员工说这里是"树根草皮破厂房，黄泥路面篱笆墙，脚踏肩膀扛，满眼破灶桶锅筐"。上面有个工作组来检查，临走留了句话——"这哪像生产药品的工厂？简直是电影《夜半歌声》里鬼气森森的破庙！"深受刺激的冯根生在食堂的破草棚里对大家说，"我们承认贫困，但不能甘心贫困，我们承认落后，但不能甘心落后，10年后我们要把工厂建成国内一流企业"。

国家没有投入一分钱，冯根生带领大家，靠自我滚动进行厂区改造，连修路用的两袋水泥都是从旁边的企业借的。经过不屈不挠的努力，终于旧貌换新颜，升级了四五次，厂区大变样，既像高档宾馆又像大公园。

20世纪80年代初的中国工厂，一般只管生产，不管营销。冯根生决定两条腿走路，好好接待八方来客。他说自己是旧社会学徒出身，过去学生意时有句老话叫"店大压客，客大压店"，要赚顾客的钱，就要摆出比他还大的气派，他才会放心与你交易。所以，他建了一个高档次的接待室，摆了沙发，铺了红地毯。此举让上级很不满意："红地毯是国家领导见外宾才铺的，你一个小小的科级工厂，有什么资格？"幸好当时的杭州市委书记厉德馨视察后支持了冯根生。

"双宝素"是"青春宝"之外的另一个拳头产品，为扩大生产面积，冯根生决定投资建新车间，他说要20年不落后，就在车间一层设计了一个面积较大的门厅。上面一些领导又不干了，说："国企的中药生产车间要这么大的门厅干什么？门厅就是楼堂馆所,不能批。"冯根生说,"我最听不得两句话,一句是外资合资企业可以豪华气派,国企就该破破烂烂,一句是西药厂应该整齐先进,中药厂就该脏乱差",他拍着桌子说宁可不贷款了,大楼不盖了,门厅一定要保留。

但冯根生自己的办公室则非常狭小,几十年没变过。他这辈子住过的最大房子,在杭州文三西路,上下两层加起来也就150平方米,之前他住的地方只有70多平方米,再前则不足40平方米。

20世纪80年代中期,冯根生的老东家胡庆余堂进行整修,冯根生是顾问,结识了在那里主持木工整修活计的王成嘉。他号称"木匠状元",一手木工绝活打动了冯根生。几经邀请,王成嘉答应给杭州中药二厂留一对江南找不到的亭子。几个月后,他带着徒弟来到二厂,不用图纸,只用心算,制出了几万件各不相同的木制零件。之后不用一钉一铁,把几万件木零件搭配契合,所有零件严丝合缝,一块不多,一块不少,组装成一对风采别具的亭子,一个叫宝亭,一座叫丹亭。亭子造好后引起了轰动,一些住在市中心的市民大老远跑到郊区来看亭子。这一来,某些领导更不高兴了:"工厂又不是公园,弄两座亭子干什么!"他们决定把不安分的冯根生调离,冯根生也做好了离职的准备。

碰巧在这个风口浪尖,时任全国人大常委会委员长的彭真到杭州第二中药厂检查工作,路过绿化区,被宝亭吸引住,听完汇报,说"好,好,你不仅继承了祖国的中药遗产,还抢救了祖国的艺术遗产"。这两个"好"字,把冯根生留下了。

创新三:改变传统中药的剂型

冯根生是中药历史上最后一个学徒,14岁进胡庆余堂,从扫地捡"钱"、半夜配药做起,一天干16个小时,能记住2000多种中药的品相、药性、配伍、功效,背下《浙杭胡庆余堂雪记丸散膏丹全集》的药书。学徒期满站了两年柜台,后被调到制胶车间学制驴皮胶,累得吐血,病愈后去煎药,两年煎了 12 万帖。这些经历使他对中医药的感情无比深沉。但是,他也意识到,比起西医,中医有一些明显和现代社会不合拍的缺陷,比如苦、大、丑、慢。他希望把传统中药的"苦、大、丑、慢"改革为现代中药的"甜、小、美、快"。

改革很不容易。拿中药针剂来说,中药针剂活性物质多,质量难以稳定,风险大,当时一针只能卖几分钱,要赔本经营。试验下来,一些老伙计都顶不住了,针剂车间的主任找他要求转产其他赚钱的药品。但冯根生坚定不移地要改下去。

传统中药生产是手工做法,离不开火熬锅煮、脚踏粉碎、手搓成丸,要改为适合现代人服用的剂型,生产设备上必须来一次大改革。冯根生带着一位技术员到上海一家西药厂参观学习,对方一看是中药厂来的,满脸瞧不起,说厂级介绍信不够资格,要换成局级。好不容易换来局级介绍信,还是不让进。还有一次,出国到一个相关企业参观,冯根生走到电脑控制中心,提出想进去看看。外国人想了想,把其他国家的来宾都拦下了,唯独把几个中国人放了进去。冯根生一开始以为对方不错,对中国人友好,等到出来,翻译说:"他们的意思是,把那几个中国人放进去,反正他们也不懂电脑。"

冯根生并没有退缩。人争一口气,佛争一炉香,1984 年,中药二厂首次与电脑结缘,用电脑进行财务管理、生产调度、情报处理、资料储存,后来逐步用于生产一线。2000 年后建成的提取车间,从煎煮到出液,从沉淀到浓缩,整个车间 2600 个控制点,60 多个控制回路,都由计算机自动化程控。原来 30 多个人的工作量,改革后两个人就能承担,质量也有大幅提升。工厂后来被行业管理部门认定为"全国中药行业样板厂"。

创新四:"破三铁"

20世纪80年代,中国企业界发生过一场"破三铁"的运动,就是干部能上能下,破掉"铁交椅";职工能进能出,破掉"铁饭碗";收入能高能低,破掉"铁工资"。1984年,杭州市委领导带人去福州的合资企业福日电视机厂学习,回到杭州后,希望中药二厂和福日电视机厂一样搞改革。冯根生说:"要学的话,就要放权给我,我要全部实行合同制,可不可以?"市委批准了。这是当时中国第一个全部实行合同制的改革试验,每个员工先与厂方签两年合同,不合格黄牌警告,只发70%工资,再不行就辞退,冯根生本人也是合同制。

中药二厂23个处室要精简成14个,有的车间领导一下子成了统计员、库房保管员。干得好的可以拿高收入,干得不好的原先的工资都拿不到。一时间,非议重重。"全国多少万个全民企业分配制度都不动,杭州第二中药厂为啥要动?还不是你冯根生要出风头!""职工全变成了合同工,还叫全民企业吗?"

冯根生认为,不破掉"三铁",国企就没有活力,所以坚决把劳动表现、劳动纪律和工资收入挂钩。迟到1次罚款10块钱,迟到3次算旷工,旷工3次除名、解除合同。一个骨干工作时间在车间里洗头,被扣了50元钱(当时全厂月均工资为65元),职工说,"比在美国洗头还贵";一位副厂长因为"夏时制"忘了调表,迟到2分钟,也被立即罚款。这样改了以后,生产力解放了,整体收入和福利提高了,从前的"死、懒、散、穷"变成了"活、勤、严、富",懒人变勤人,有的员工为了不迟到,打出租车上班。

冯根生也不是只讲"严",他讲"一严二爱",他并不希望职工被罚款。为了解决雨雪天抱小孩的妇女如何上班的问题,他承诺3年内用大巴接送职工上下班。他做到了。

创新五："罢考"

市场总有起伏。20 世纪 80 年代末,形势突然发生了变化,出口受阻,国内市场大幅下滑,国企普遍遭遇困境。冯根生们希望得到领导部门的支持,进一步深化改革,摆脱困境。但一些领导部门则把改革开放中已经解脱的枷锁又重新捡拾回来套到国企头上。"考厂长",也就是上级部门对国有企业的厂长进行考试,就是一个突出事例。

"考厂长"的内容五花八门,从安全知识到财务制度,从劳动工资到经济合同,甚至连环保绿化知识、计划生育条款也要厂长考试。"考厂长"要花很多时间,写几万字的答题,不仅内容烦琐,而且见不到厂长的教学档案、培训笔记和考试成绩单,申报的部级以上的质量奖项不能批准,企业也不能升级。

冯根生在一线工作,知道企业领导"鸡叫出门,鬼叫进门","两眼一睁,忙到三更",哪有那么多时间去考试。于是,他告诉上级,老冯罢考了!"我不是绝对反对考试,有些国家规定的厂长经理必备知识,考一下未尝不可,请一些新厂长参加上岗知识培训和考试也可以,但是现在的考试太多太滥。我当厂长 20 年了,快下岗了,再叫我参加上岗考试,有必要吗?计划生育、环境卫生、劳动保护、植树绿化都有专职干部分管,全叫我一人考,受得了吗?门门都考好成绩,厂长合格证书是拿到了,但厂长的活儿全别干了。"他还说,"国有大中型企业面临的困难很多,光靠自身努力很难解决。对来自政府部门的支持、服务和理解,我们求之不得,举双手欢迎;我们感到厌烦的,只是形式主义的机关作风。"

"罢考"引起了一阵风波。幸好,冯根生的做法得到了包括《人民日报》《光明日报》等多家媒体的支持,杭州市领导也提出,有关部门一定要减轻厂长的负担,为厂长经理创造一个良好的外部工作环境。

创新六:改制

"罢考"的经历让冯根生陷入了思索:为什么形式主义这一套东西喜欢到国企中摆弄?外资、合资、乡镇企业的厂长或经理,考试、评比、检查、开会就少多了。国企是"老虎",但"老虎"被束缚住手脚后,反而斗不过放开手脚的"猴子"。

他想到了转变经营机制。和外商合资经营是一条最直接、最简捷的路。1992年中药二厂被取消了自营进出口权,这更促使冯根生决定与外商合资。不过,民族药业的扛旗者要披上"洋服",压力很大。冯根生左思右想,选择了一条通过合资发展,而不被对方吃掉,还要让国有资产保值增值的道路。他在中药二厂之上,先组建了一个国有母公司——中国(杭州)青春宝集团有限公司。如果没有母公司,中药二厂相当于自己卖自己,合资就像"全体入伙",品牌、秘方都要"合"进去。有了母公司,谈判成了"父母为儿女谈婚论嫁",合的是儿子不是母亲,合资后,品牌、秘方等仍掌握在母公司手中。最终,冯根生和泰国正大集团合作成立了正大青春宝药业有限公司。

创新七:兼并胡庆余堂

冯根生领导的青春宝集团发展得风风水水,胡庆余堂却因为改革乏力等原因落在了后面。从1972年到1996年,胡庆余堂换了8任厂长,应了"厂长短命工厂不长命"那句话,最后到了资不抵债的边缘。这时,市政府出面,希望两家企业实施"强强联合",实质是兼并。

又是一场轩然大波。当年分出去的一个车间是"儿子","儿子"

现在反过头来吃"老子"！但对冯根生来说，"现在去兼并胡庆余堂，就好比40分钟篮球打了39分钟，我赢了好多球，到最后一分钟裁判叫停，说请你到输的一队去打，而且只许赢，不许输"。62岁的冯根生最后说："作为老共产党员和胡庆余堂的末代徒弟，我接受。"

他来到胡庆余堂，说改革开放就是竞争，如果任由胡庆余堂这样衰败下去，莫道"儿子"吃了"老子"，"孙子"吃掉"爷爷"也有可能。他开了12字"药方"："擦亮牌子，转换机制，清理摊子"，并派出了一组得力干将。

第二年，胡庆余堂就取得了销售额、出口额和利税的三大突破。

创新八：持股

1997年，中共十五大报告提出："完善劳动、资本、技术、管理等生产要素按贡献参与分配的初次分配机制。"正大青春宝董事会认为，应该利用这一难得的机遇，实施职工内部持股，把企业的一部分股份转让给员工。

决议做出后，执行时却遇到了困境，首当其冲的就是冯根生这个总裁。按决议，转让的股份为中方净资产的50％，相当于正大青春宝净资产的20％，作为总裁应认购正大青春宝的2％，折算为300万元。冯根生合资前每月工资480元，合资后工资也不过每月几千元。所有积蓄加在一起最多只能凑出一二十万元，300万是个天文数字。但职工说："你当老总的必须带头买大股，你不买，说明你对企业前途没信心，我们谁还敢伸手？"

围绕冯根生的300万元持股问题，《钱江晚报》等媒体展开了一场大讨论。有人说应该奖励，有人说可以送"干股"，也有老同志说："冯根生还是不是共产党员？是党员就要讲奉献，我们当年干革命的时候，谁计较过自己的利益！"有外资企业找到冯根生，说如果到我们这里干,安家费就给你 100 万美元。冯根生舍不得自己的"孩子",最后唯一可行的途径是向银行贷款,测算每天要付给银行的利息为 700 多元。在家庭会议上,他把贷款持股的意向以及风险一一说明,二儿子支持了他一些钱,最后贷款额度是 270 万,以房子和股权抵押。1998 年 7 月 12 日,职工认购资金全部到位,认购率达到 100%。

2002 年,为倡导"工业兴市",杭州市委、市政府向冯根生、宗庆后、鲁冠球三位企业家进行特殊奖励,每人奖励 300 万元。这才让冯根生很快还清了贷款。

2003 年、2004 年,正大青春宝启动新一轮改制,让经营者持大股。市政府批准了,但碰上了郎咸平和顾雏军之间的"郎顾之争",郎咸平说"保姆怎能变主人",全国的国企改革大为减速。正大青春宝的改革也流产了。

国企改革者如何成为常青树?

企业家有很多类型,有生产性的企业家,也有利用各种机会谋取私利的非生产性的企业家,有创新型企业家,也有复制型企业家。通过以上梳理,不难看出,冯根生是系统性的创新企业家,他从产品、营销、生产方式、组织、机制、体制等方方面面都进行了带有开创性的革新。

冯根生是企业家的常青树,也是国企改革的幸运儿,历次改革,无数风波,几次险些被撤职,但由于种种机缘,得以长期发光发热。企业家是稀缺的资源,能够不中途落马、倒下和失败的企业家则更加稀缺。冯根生曾说:"不要光看到常青树表面的风光,在中国这个特定条件下的树,大部分都死了。我常青了,你知道是花了多少心血、汗水浇出来的啊。"

我理解冯根生所说的"特定条件",并不是说谁对企业家故意苛刻,而是在一个法治还不健全、公司治理结构还不成熟的环境下,条条块块、上上下下、行行业业都靠政策说事,不确定性太大。比方说,1983年组织部门下发了一纸公文,实行干部"年轻化、专业化、知识化",落实到下面,就成了没有大学本科文凭的都要换掉,杭州也有几家国有大中型企业厂长因不符合这个硬杠杠被"刷掉"。当时冯根生49岁,他没有大学文凭,按规定应该换掉。只是时任杭州市委书记的厉德馨表态:"别人可以换,冯根生作为一个特例必须留下。"因为中药是讲传统的,不能光看学历。

冯根生虽然常青,但他知道自己的命运有偶然性。他说过:"为什么国有企业的企业家短命?因为在政府官员眼里,国有企业的厂长、经理就是个雇员,看得起你就做,看不起你分分钟就可以把你免掉。"

因此,国有企业家要成为常青树,主客观、内外因的条件缺一不可。

按照冯根生的说法,国有企业家要"长寿",从外因说有三条:就是要给国有企业家一个安心的机制,不要随随便便"一个通知就开路(解职)";要给国有企业家一个"喘气"的机会,企业不可能一帆风顺,在低谷时要充分理解、支持、帮助他们;要给国有企业家一个摸索连续发展思路的机会,不要频繁更换厂长、经理。

而从内因看,冯根生这样自述:"既然当了改革出头鸟,就一定要尽力地高飞,千万不要飞飞停停,那样反而容易被猎枪打中。只要你保护好心脏——不要有私心,即使别处被打伤了还是拼命飞,只要飞出了射程,再好的猎枪也打不中你了。"

青春宝集团内部改制购股,是很敏感的事。冯根生的态度是,要以权谋公,不能以权谋私,以权谋公胆子大点没关系,以权谋私胆子越小越好。他主张,"要承认正常的私,没有私那是佛;但不能私欲膨胀,否则就成了魔;要敢于承认员工的私心,并把这种个人利益同企业利益结合起来,才能带给企业发展更大的动力"。

国企经营者、改革者的路注定是不平坦的。"国有经营者有四类:小车不倒只管推,牛皮不破只管吹,宴席不散只管醉,企业不倒只管亏。我们提倡第一类人。但在推车的过程中,什么零部件要修一修,途中要不要加油,政府部门要关心一下。"回味冯根生的话,多少让人有些心酸和悲凉。

今天,中国正在新的历史起点上推进国企改革。冯根生的一生启示我们,中国并不缺乏爱国爱企、勤勉敬业、富有创新精神、正派经营的企业家,如果从中央部门到各个地方,都能像杭州市委、市政府那样,关心企业家,支持企业家,关键时刻给他们撑腰,他们必定会涌泉以报,让市场活力竞相迸发,让财富充分涌流,让创造力奔涌不息。

对企业家来说,有 60% 把握的事,就可以去做;有 70% 把握的事,得抢着去做;等到事情有了 100% 把握时,再去做就太晚了。这是冯根生的话。企业家,就是风险和不确定性的承担者,再苦再难,只要看到机会就勇往直前。

中国昨天的、今天的、明天的繁荣离不开这些勇担风险、敢于负责、开拓创新的企业家。忘记了这一点,我们将支付无比高昂的代价。

特别鸣谢:本文写作中参考了冯根生口述《我的"青春"基因》,孙春明采访整理,原文刊登于《21 世纪商业评论》第 30、31 期。

征服——83 岁高龄创业者周家礽的故事

"衡量一个人成功的标志,不是看他登到顶峰的高度,而是看他跌到低谷的反弹力。"王石曾用巴顿将军的这句话评价褚时健。1996 年褚时健从"中国烟王"的高峰坠落,直到 2001 年才因严重的糖尿病获批保外就医,活动限制在老家一带。次年,褚时健承包了一片 2400 亩的荒山种起橙子,当时他已 74 岁。

不久前,原上海家化总经理、磐缔资本创始合伙人王茁向我推荐了一位比褚时健开创"褚橙"时年龄更大的创业者,也来自云南。他是云南白药厂的第一任总工程师;离休后创立了滇虹康王药业,2014 年他失去控制权的公司被外企以 36 亿元的价格收购;在家蛰伏一段时间后,2016 年 3 月,他再一次出发,组建了云南群优生物科技有限公司,从事保健品、日化品的生产与销售。

他叫周家礽(réng),生于 1933 年,这次创业时已经 83 岁。

我问周家礽他的驱动力是什么,他说"生命不息,奋斗不止"。这八个字是《钢铁是怎样炼成的》一书的主人公保尔·柯察金一生的真实写照。当年轻时的周家礽读到这本书,特别是看到保尔·柯察金最后全身瘫痪、双目失明,仍然用写作与命运抗争的经历,他深受感动,从此把这八个字当成自己的座右铭。

一

1933 年,周家祁出生在上海崇明岛的一个律师家庭。3 岁那年,他得了严重的中耳炎,由于缺医少药,一直没有治好,影响到左耳的听力,后来必须用更多的努力和专注去弥补。周家祁 5 岁丧父,6 岁开始读书。由于听力不好,他就大声读,这也让他更加用心。

1949 年周家祁在崇明中学读完高一,在进步思想影响下参加了人民解放军,先在华东军政大学学军事政治,校长是陈毅,然后分配到张家口军事通讯工程学院学习无线电通信技术,是第一届学生。两年大专毕业后,周家祁分到通信兵部队,当过排长、实验员和技术员,1957 年复员。在部队 8 年,周家祁学会了艰苦奋斗,树立了"生命不息,奋斗不止"的理念,部队的医生也用抗生素彻底治好了他的炎症,不过他的左耳听力也基本丧失了。

复员后,1958 年他考入了南京药学院,1962 年大学毕业后和同学恋人顾惠芬主动申请支边到了云南,被分配到云南白药厂,从此一直干到 1988 年离休。

顾惠芬是常熟人,父亲是常熟唐市镇的米行老板。后来米行关闭,顾惠芬的父亲无以为生,只能靠变卖家产苦撑度日,没几年就去世了。这让顾惠芬深刻体会到坐吃山空找不到工作是极其痛苦的。于是她勤奋读书,靠微弱的助学金读完中学,考上了大学。

周家祁和顾惠芬读大学的那几年,恰逢三年自然灾害,饿了三年。顾惠芬梦中经常是抢吃的情景,有一次做梦,刚拿到手的包子就被别人抢走了。他们的三个女儿回忆母亲时说,母亲见到年轻人倒掉吃不完的饭菜就会大发脾气。母亲既有江南女子的聪慧,更有家境坎坷所磨炼出的精打细算和勤俭持家,她在家里用很多细细的小标签做标注,不管什么东西都能在一分钟内找到,她完全无法理喻毫无逻辑的生活。

二

周家衻 1962 年进入云南白药厂,1965 年成为技术科长,1983 年晋升为云南白药厂首任总工程师。

周家衻告诉我,那时的大学生毫无高高在上的思想,天天能吃饱,就很高兴了。每月 28 斤的粮票可以用来买米饭,吃不饱还可以买窝窝头,不用粮票。进入云南白药厂之后,周家衻很快就深入车间跟工人一起劳动,并掌握了云南白药的配方和处理过程。周家衻发现白药的配方很复杂,其主要成分药性强,作用大,但药性强的成分中,有毒性较大的中草药,而且剂型为单一粉剂,一瓶让顾客服 8～12 次,很不方便,有的顾客用多了还发生过意外。

怎么降低毒副作用?怎么加强正面疗效?周家衻提出要进行工艺改革,改造机器,改变加温的条件和时间,使毒性大幅下降,正面疗效提高。周家衻还提出要进行剂型改造,改成胶囊。最早的时候,生产胶囊都是在板上打洞,把胶囊买来之后,一个一个手工插进去,然后把白药粉剂一点一点装进去,这样一天生产不出多少产品,因为没有机械化,没有自动化。周家衻建议,要引进胶囊的自动生产线。工厂的党委书记支持他,他们一起到北京图书馆查资料,在一本杂志上发现当时的联邦德国有胶囊生产线设备。他们经过申请,获得了 50 万美元的额度,花了两年时间,设备终于来了。当时中国还没开放,所以德国人进不来,在广州口岸取设备也不能见面,只好运回来,对着一本一本说明书,请员工安装。

依靠对技术的执着、钻研与创新,周家衻推进了云南白药的剂型改革,从单一散剂增加了胶囊剂、酊剂,以及后来的新剂型"云南白药贴膏剂"。他是云南白药厂的首任总工程师,药剂师出身的顾惠芬后来也成为第三任总工程师。

三

1988 年,周家礽离休。当时他还患有严重的胃病,已经无法正常工作。

离休两年后,周家礽与昆明大观制药厂总工程师汪伯良相识并一见如故。经过两年研究,他们从云南中草药中提取和生产出活化血竭、神衰果素、灯盏花素、岩白菜素等产品,为本地的药厂提供服务。

1993 年年底,花甲之年的周家礽与汪伯良发起集资 28 万元,在昆明郊外观音寺附近的昆沙路,租了一个占地 3.2 亩的破旧小厂做厂房,请了 3 个药学家,聘了 8 名工人,购置了混合、搅拌、乳化等简易设备,大家一起动手,安装调试,经地方药监部门检查验收后,开始生产名为"皮康王"的复方酮康唑乳膏。这个产品最早源于对越自卫反击战时上海"二军大"为前线战士提供的药品,后来慢慢被云南边境老百姓接受。周家礽他们在此基础上把这个产品市场化了。他充满热情,每天从家里骑自行车上班,单程 7 公里。滇虹天然药物厂就这样起步了。

1994 年年初,首批产品被生产出来,周家礽和汪伯良亲自到当地药店铺货,因为杀菌止痒的效果确切,销售快,回款快,不到 3 个月就回款 30 万元。1994 年全年销售回款 1000 万元,在几乎没有任何广告的情况下,到 1998 年回款突破 1 个亿,并进入了缅甸、越南、老挝、柬埔寨、美国等市场。

在"皮康王"成功的基础上,滇虹药业又研发生产了中成药"滇虹口溃液""丹娥妇康膏""骨痛灵酊"等新产品。"康王发用洗剂"由于对头皮的去屑止痒作用突出,上市一年后销售额即突破亿元。2006年,滇虹药业的药品销售超过6亿元。此时的滇虹药业,在昆明总部生产药品,在上海青浦购置了土地40亩,生产以洗发露、沐浴露为主体,护手霜、护肤霜为辅助的日化产品。到2014年,滇虹药业年销售达到13亿元。

由于滇虹药业的创业者都是老年人群,周家礽和女儿周晓露(上海滇虹日化公司总经理)接受了战略投资者的建议,决定引进跨国公司和有西方管理经验的人才帮助自己实现治理的规范化、国际化,提升品牌。他们请了咨询公司,引入了海外归来的职业经理人,2009年周家礽也让出了董事长的位置。

周家礽退出管理后,由于滇虹药业的控制权比较分散,年轻的接班人和战略投资者最后选择了把企业出售给外企,周家礽的说服工作最终无果,无奈地成为最后一个签字人。2014年,滇虹药业被外企收购。

也是在2014年,顾惠芬病逝。她和周家礽1962年结婚,牵手了52年。这一年,是周家礽最为遗憾和悲伤的一年。和许多外企收购中国企业的结局一样,外来和尚和本土体系无法很好磨合,滇虹药业经验丰富的老工程师、老员工被一批批解雇,业绩也大幅下滑。周晓露说:"2014年2月25日,我父亲和整个滇虹药业的董事在公司6楼会议室签订了卖掉公司的协议。那是他经营了20多年的心血结晶。回首那段经历,我们难以以成功企业家自居。我们像中国很多本土品牌一样,曾把引进跨国公司管理模式、打造基业长青的企业作为信条,而最终的结果却让我们反思。失去,让我们重新理解我们曾经拥有的一切。"

"不可否认,出售让所有的股东和高管都得到一笔钱,但很少有人因此变得快乐,变得更幸福",周晓露说,她希望用亲身的经历告诉那些热爱自己事业的创业者,"千万不要过高地估计金钱的价值,千万不要低估失去企业带来的痛苦,不要随意出让你的企业。只要事业还在,你就是幸福的,每一天都会有不同的惊喜在等着你,这才是我们的生活。"

<h2 style="text-align:center">四</h2>

对于周家礽来说,出售滇虹的最大遗憾是,再要重新报一个新药,所需的不仅是几千万上亿元的投资,而且可能花十多年时间还不一定能拿到一个批文。他说:"这个世界上没有后悔药,虽然我做了一辈子药。我们依旧要前行,要勇敢地面对自己的错误。这个错误不该是我们的终结,因为世界是由那些敢于进取的人所创造的。"

2015年3月,在加拿大温哥华的周晓露发现,刚来一个星期的父亲不见了。原来周家礽决定要一个人回去,他要重来一次,他要回去寻找创业的机会。

得知周家礽要再创业,以前和滇虹药业合作的一些老药学家、老专家兴奋不已,因为他们每个人都有几个精心研制的产品还没有市场化,愿意拿出配方和周家礽一起创业。2016年3月,群优公司正式成立,"群"就是群体合作的意思。

周家礽从加拿大回国一个月后,打电话给周晓露,说服她再一次回国创业。"这一次我们从头再来,一定要在一开始就安排好一个合理的结构,时代变了,不能全用老办法了。"他跑市场,见经销商,接触设计师和行业专家,甚至在时尚名品店仔细琢磨,研究时尚化妆品。他感觉太多品牌都把主要成本用在包装上,重视营销远胜于重视内在质量,所以暗下决心,要用做药的态度和精神进入日化行业。"时代再变,人们的肌肤问题和对肌肤的要求不会有太大变化,好配方、好技术一定会胜过平庸的产品。"

女儿回来了，4位80岁以上的老药学家加盟了，被解雇的原滇虹药业精英团队来了，磐缔资本也进来了。目前群优已有3个保健品向国家食品药品监督管理总局申报，涵盖各类化妆品、拥有80多个条码的日化品也正在报备中。预计2017年下半年，群优的产品会陆续上市，第一个产品可能是"征服"洗发露。

王苗说："虽然周老84岁了，但精神和思维都很好。我们第一次接触，从晚上8点开会到零点以后，他依然非常清醒。群优是老一辈药学家、医生和新一代工程师、营销精英的群体智慧，我们相信化妆品和个人护理行业将会从高度依赖时尚营销（high-fashion）向高度依赖科技（high-tech）的方向转变。"

很多人问周家礽，虽然滇虹药业不是自己的了，但也卖了不少钱，完全可以安享晚年了，何必再跳入日化产品竞争的红海？周家礽总是提到年轻时的偶像保尔·柯察金，提到"生命不息，奋斗不止"。他有时还会反问：为什么人类在地球上待得好好的，非要上月球？他说他相信研发的力量，好产品一定会说话，但他也做好了面对困难的准备，"我们首先推出的洗发露之所以叫'征服'，就是为了征服道路上的困难，'征服'消费者，也征服自己"。

五

在周家礽送给我的一本画册《周家顾事》中，我看到了周家礽、顾惠芬一生的奋斗轨迹和美好品德，也看到了他们不厌其烦地辅导三个女儿功课的良苦用心，女儿们都上了大学，都有一技之长。

周家礽说，"避苦求乐是人性的自然，多苦少乐是人生的必然，能苦会乐是人的坦然，化苦为乐是人的超然"。他还写道，人的一生有三个朋友：一个是歧视他的人，使他奋斗；一个是伤害他的人，使他坚强；一个是爱他的人，使他温柔。

周家礽也是一个有着异常韧性的人。他常告诫女儿，贵在坚持。他有严重的慢性胃肠炎，一次从书中看到，练习"内阳功"能治疗胃病，于是从 1980 年前后开始，每天坚持练习气功，后又拜师学习了"鹤翔桩"功，持之以恒 30 多年，久而久之，肠胃慢慢变好了。即使气候恶劣，或心烦意乱，他仍然坚持不懈。70 岁时，为了开辟东南亚市场，他还学习了泰国语。

"人最宝贵的是生命，生命对于每个人只有一次，人的一生应该这样度过：当回忆往事的时候，他不会因为虚度年华而悔恨，也不会因为碌碌无为而羞愧。"周家礽，是担得起这句话的。

周家礽经历了 20 世纪的三分之二的岁月，在 21 世纪，2016 年，他又开始创业。像他这样的人，让我再一次想到我们中国、我们中国人，"我们中华民族有同自己的敌人血战到底的气概，有在自力更生的基础上光复旧物的决心，有自立于世界民族之林的能力"。

"谢谢火焰给你的光明，但不要忘了那掌灯的人。"无数生命不息奋斗不止的人，他们就是中国成就背后的力量，就是我们民族的脊梁。

中国有过一个商人，他留下的财产让无数富豪羞愧

2016 年 8 月在费城的宾夕法尼亚大学沃顿商学院短暂学习时，我写过一篇关于本杰明·富兰克林的文章。宾大是富兰克林在 1740 年倡导创办的。出身贫寒的他，从当印刷工和送报员开始，最后成为美国人代代传颂的楷模。他在费城推动创建了北美最早的公共图书馆、给穷人看病的医院、孤儿院、自愿消防队、读书社、保险互助会，以及马路、路灯、巡逻、邮政等市政工程，以至有一种评价"费城的故事就是富兰克林的故事"。

富兰克林墓碑上只有"印刷工"一个称谓，夫妻合葬的墓地不过几平方米大小。他之永载史册，不是因为留下了多少钱，而是留下了太多文明的印记。

中国商业史上有富兰克林这样的人吗？

我的答案是张謇。

太多文明和他有千丝万缕的联系

他是晚清状元,是思想家,留下了 600 多万字的著述。

他从 1895 年弃官下海创办大生纱厂,到 1926 年去世,31 年办了 34 家企业以及 20 家盐垦公司。大生是近代中国最早的大型实业集团。

他创办了淮海实业银行,当过数年交通银行总理,提出中国金融应走系统化、股份化、法制化和渐进化的道路。

他是 1912 年孙中山就任临时大总统后任命的首位实业部长,他在担任北洋政府农商总长时主持制定了工商、矿业、农林、渔牧、金融、税务、交通运输以及社会团体等多个暂行法令,以解决"谋工农商业之发达,困难万状""第一问题即在法律不备"的问题,开启了经济法治化的先声。

他是教育家,认为"救亡之策莫急于教育",于 1902 年创办民立通州师范学校。经 20 余年努力,南通从学前教育到高等教育,从普通教育到职业教育、特殊教育,有了 370 多所学校。1920 年美国哲学家杜威到南通,说"南通者,教育之源泉,吾尤望其成为世界教育之中心也"。

他是南通工业化、工农业协调发展、城镇化的践行者,推动建造了一座世界瞩目的模范城,有学者把南通称作"中国近代第一城"。

……

这样一位博大精深的人物,去世时,陪葬品清单上只有几样东西:一顶礼帽、一副眼镜、一把折扇、一粒牙齿、一束胎发。

他只带走了这些,而留下了无尽的公共财富,中国近现代有太多文明和他相关。像复旦大学的前身复旦公学,就是张謇与马相伯在上海吴淞创办的。南通大学、大连海事大学、上海海洋大学、河海大学、同济大学、东南大学、扬州大学、苏州医学院，向上追溯都有张謇的影子。

1922 年，孙中山曾对张謇之子张孝若说："我是空忙。你父亲在南通取得了实际的成绩。"

张謇去世后，胡适说他"独力开辟了无数新路，做了 30 年的开路先锋，养活了几百万人，造福于一方，而影响及于全国。终于因为他开辟的路子太多，担负的事业过于伟大，他不能不抱着许多未完的志愿而死"。

城市活的灵魂和永远的伴侣

在南通博物苑，我看到了一张照片，照片中的人物叫江石溪，扬州人，1915 年出任张謇创办的大达内河轮船公司的协理。他是江泽民的祖父。胡锦涛的母亲李文瑞毕业于南通女子师范学校，该校由张謇 1905 年创办。

围绕张謇的事业，有多少人物的命运与之联结。

富兰克林谱写了费城故事，张謇创造了现代南通，而张謇一生服务的社会领域可能更多。富兰克林更多的是社会事业的倡导者、创办人，资金以社会募集和政府拨款为主，而张謇更多的是用大生集团来出资投入。在美国企业家奠定的慈善基金会模式中，基本次序是先挣后捐，企业家退居二线后在慈善上用力，而张謇是边挣边捐，大生集团是他的作品，南通也是。今天，大生集团不在了，南通还生生不息。

每座城市都有值得记忆的历史人格，但多以故居和遗迹而存在。在南通，今天仍然处处可以感受到张謇的存在。

南通获得过奥运冠军的人数在中国城市中排前五名，当地人说，这和张謇在南通办了中国最早的两座露天免费体育场有关。话剧

《张謇》在更俗剧院上演,剧院前身是张謇所建,"更俗"即"破旧俗、立新风"之意。当年剧院营业后,张謇看到不按规定依号就座的陋习,写文章说要"改良匡正风气",将矫正地方风俗作为己任,"必自细微积至高大也"。他说,"只有每个南通人都变成现代化的新人,南通这个城市才会真正现代化"。我住在有斐大酒店,这里的原址也是张謇建的"有斐馆",当时是很时尚干净的旅馆。由于张謇100多年前打下的厚实基础,南通今天仍是中国的纺织之乡、教育之乡、体育之乡、建筑之乡、围海造田之乡。而颐生酿造厂、复兴面粉实业总公司、南通油脂厂、韬奋印刷厂、南通冶厂、通燧火柴厂、港务局、电话公司等,最初都源自张謇的手创。

苏东坡给杭州留下了一道苏堤,张謇则几乎塑造了南通城的整体。他似乎也塑造了这座城市的生活方式,他是南通活的灵魂和永远的伴侣。

为什么是张謇?

近代中国为什么会出现张謇这样在实业和社会领域都做出杰出贡献的企业家?

从先天角度看,生于南通海门的张謇自幼就亦学亦农、亦学亦工。他4岁时父亲就教他《千字文》,5岁到邻居的学塾读书,学习勤奋,11岁读完了蒙学的基本书籍,培养了读书人的气质。同时,父亲要他必须放下读书人的架子,"从事贱役",为师傅扫洒侍应,随雇工在棉田除草,家中建房张謇兄弟要当小工杂役,学习土木建筑工艺。父亲还教育他们要知道稼穑之艰难,今后无论穷通都要有"自治之田"。张謇科举之途蹉跎,41岁才中状元。但当他决定告别仕途时,他内心是有底气、放得下、愿意也能够躬身做实业的。当时张謇请人画了一幅画,一个农人戴着草帽,扛着锄头,这正是他自己的写照。

从历史环境看,张謇21岁开始给地方官当游幕,行走过很多地方,眼界大开,天下苍生之苦让他从内心里和不痛不痒的八股文章渐行渐远。他曾随浙江提督吴长庆入京,随吴的部队到朝鲜驻守,和翁同龢、张之洞都有深入交往,翁同龢更是他的老师。在乡居南通期间,他已经开始集资办公司,推销桑秧,邀约乡绅联名向两江总督要求免除十年丝捐,以兴蚕利。1894年高中状元后,他被授予翰林院修撰,但由于父丧,很快就告假回乡,而恰在此时,甲午海战爆发,1895年的《马关条约》更让张謇觉得"几罄中国之膏血"。在此背景下,张謇形成了练陆军、治海军、造铁路、分设枪炮厂、广开学堂、速讲商务、讲求工政、多派游历人员等较为完整的改革思想,并写在为张之洞代拟的《立国自强疏》中。

1895年冬,张之洞写信委托张謇"总理通海一带商务",招商集股办纱厂,他由此走上了实业救国之路,要真正去践行"中国振兴实业,其责任须在士大夫"的使命。

和今天的很多富豪不同,张謇是"文化先于财富""理想先于企业"的人。他以状元和著名绅士的身份投身商海,一开始的起点很高,整合的资源也非同一般,甚至争取到了20年100里内不许再办其他纱厂的政策。如果只是为自己赚钱,这样的政策是很难想象的。

有人认为张謇是"企业办社会",不符合经济规律,企业最后也被拖垮了。这一评价其实很不准确。张謇办企业,一开始就不只是为了办企业,他是在一些独特的条件和机遇下,走上了"社会企业"的道路。他可以说是中国近现代最成功的社会企业家。

生态型企业的先驱

张謇是很会办企业的。他立足南通是因为本地的优势资源是棉花,当地的优质棉花更有"亚洲之冠"之称。而且当地的女工是天足,不缠小脚,走路能远行,做工能久立,这是劳动力资源的优势。第一个纱厂选在荒凉闭塞的小集镇唐家闸,是因为这里的水路通长江,运输便利,地价便宜,办厂和物流成本都低。

张謇在管理上采取金字塔式的权威分层结构,例如大生一厂为总理负责制,设总理一人,总理之下设进出货董、银钱账目董、杂务董、厂工董四人,各董工作职责都有明文规定,如进出货董的工作职责首先是"察岁收,权市价"。大生一厂1899年开车,当年就获利38712两白银,纯利占资本额的8.7%。1919年和1920年的利润更创历史纪录,分别为264.44万两和207.7万两白银。

生态是今天中国企业家津津乐道的新名词。其实在张謇时代,他一直就在打造生态化产业链。第一个产业链是棉花→棉籽→油厂→皂厂。他利用江海平原出产的优良棉花发展纺织业,皮棉被纱厂用作原料生产布料,剩下的棉籽除了留用为种子,其余拿来制油,为此建了油厂;棉油大部分运到上海立德油厂加工出口,还有一部分用石灰中和法炼成清油销售;棉籽饼销售给上海的日商洋行,再转售(中国)台湾做甘蔗肥料;棉籽壳也在本地销售,作燃料和牛饲料;生产食用油时有下脚废弃物,可拿来做生产肥皂的原料,下脚油脂还可以生产皂烛,供百姓照明。

张謇打造的第二个产业链是皮棉→大生纱厂→织布工场→大昌纸厂→翰墨林编译印书局。他把纺纱工场和织布工场的"飞花"废弃物,用作工业造纸原料,为此建造纸厂,加上稻草、芦苇等本地资源生产纸张。纸张又为1902年创办的翰墨林编译印书局提供了原料。

南通本地盛产小麦,张謇1901年开始筹建大兴机器磨面厂,除了生产面粉,还有麸皮,可提炼面筋、淀粉和麸子。面筋食用,淀粉是浆纱的原科,供给织布厂,麸子作饲料。南通产蚕茧,张謇又以此为原料建了阜生蚕桑染织公司,经营缫丝、丝织、漂染生意,产出的产品供应给女工传习所用作刺绣面料和丝线,也直接向市场销售。这又形成了两个产业链:小麦→大兴机器磨面厂→大生纱厂织布工场,蚕茧→阜新蚕桑织染公司→女工传习所。

我之前采访马云和刘永行时,两位企业家都提到了跨界循环的思想。马云有履带理论,以此解释阿里巴巴从电商到金融到云计算到物流的逻辑。刘永行则在新疆探索了从煤谷到电谷、铝谷、硅谷、化工谷和生物谷的六谷丰登模式。对于这样的纵向延长、跨界循环、开放流动、相与为一的闭环型物质生态模式,张謇是中国商界最早的探路者。他深入研究过《周易》,写了7万多字的研究文章,认为"天下皆始于一",人类对天地万物应"取之有度,用之有节"。张謇的企业实践中,可以看到中国传统的"天人合一""万物一体""和谐用中""生生不息"的深刻影响。

大生为什么会失败?

所以,张謇不是不懂办企业的规律,相反,他在办企业方面有很高的智慧。但和一般企业股东利益最大化的目的不同,张謇办企业确实不是把赚钱作为唯一目的,而是要为他在教育、慈善、社会等方面的现代化探索筹集资金,用赚的钱"挹注教育""开风气""保利权"。

那么,为什么大生纱厂在1919年、1920年利润达到高峰后却急转直下,1921年以后不得不靠银团维持资金运转,直至最后被银团接管呢?

大生纱厂筹备时希望"商办",但筹资艰难,只好改为"官商合办",官方提供纺织机械作为"官股"折合50万元,张謇负责筹集50万元作为"商股",但集股还是非常困难,最后不得不缩小规模,改为"绅领商办",即认领官股的一半,折25万元,张謇再自筹25万元,官方收取官利,不参与经营管理。从1895年到1899年,经历重重挫折,工厂才建成,而官利是按年收取 8％以上的回报,即使尚未营业也要上缴,年终结账在未计盈亏时先发官利,再算利润,如果有利润再分红。总的算来,大生一厂在 22 年中所支付的官利占纯利润的21.13％,大生二厂 15 年中所支付官利占纯利润的 26.32％,垦牧公司支付的官利为纯利润的 75％。

发了官利,再发红利。大生集团不少企业将大部分利润分给股东,例如大生一厂在提取少量公积金后,从 1902 年起将红利分成 14 份,10 份给股东,3 份给管理人员,1 份作为通州师范学校的经费。

上述分配模式令股东非常满意,但大生集团的"存粮"却缺少积累,而大生体系几乎每年都有新企业问世,虽然有单独的对外融资,但也有大生纱厂用公积金包括利息所做的投资。1901 年办的通海垦牧公司到 1910 年后才有效益,1914 年到 1921 年投入的盐垦事业也长期不生利,却都大量占用了大生纱厂的资金,大生一厂对盐垦、实业公司、地方事业的放款、垫款就达 332 万两,最后陷入资金无法周转、靠抵押借款经营的境地。1923 年,大生一厂的抵押借款达442 万两。用今天的话来说,大生纱厂当时投了很多长线项目,导致自身的资本结构无法支持。

大生纱厂开车时的纱机是数年前从英国购置的,已经空置了几年,1904 年增机时用的还是同一批机器,后来也没有大的技术更新。而英美日采用先进的纱机纺出高支纱,且价格便宜,从市场上也给了大生很大打击。

至于张謇自己,根据资料记载,他一生的工资、分红约 250 多万元,几乎都贡献给南通的社会公益。"私以为今日之人,当以劳死,不当以逸生。"他是这样说,也这样做的,把全部财富都献给了这块土地。

从五线地区到"中国模范城"

不久前我在南通看话剧《张謇》，参观南通博物苑，与南通张謇研究会的专家进行座谈，深受教育。我也切身体会到了张謇对这座城市的意义。

南通城区最早就是一个小镇，是张謇塑造了"一城三镇""让城市社区远离工厂噪音与烟尘"的新空间布局。当时他把工业区放在城西的唐闸，建了纱厂、油厂、面粉厂、铁厂等；把港口放在长江边，天生港是原材料和产品进出的港区，旁边还有芦泾港、任港、姚港；把花园住宅和风景区放在南郊的狼山。三地和老城区各距6公里，都建有道路相通，形成网络，上面奔跑着从美国进口的十多辆公共汽车。1922年，旧城墙拆除，建成了环城马路，马路旁边是人行道，十丈有一街灯。

当年的南通，有中国第一座民间博物苑、第一所纺织高等学校、第一所女红传习所、第一所戏剧学校、第一所盲哑学校、第一座气象站、第一所师范学校、第一座现代化的长江码头、第一所新式托儿所和幼儿园、第一所培养警察的专业学校、第一个县级图书馆学校。张謇办了银行、电厂、电灯电话公司、旅馆、剧场、印书局、商业街、免费使用的露天体育场和公园，创办了从幼儿园到大学、医学院的整个教育体系。通过他的现代化自治试验，一个当时从行政层次看只是中国五线地区的小县城（都城、省会、道都、府治、县治、非行政中心），成为中国1700多个县的模范县，西方人眼中的"中国模范城"。

张謇有着足够的开放意识，他让南通刺绣参加世博会，甚至将绣品店开到了纽约第五大街。南通是中国第一个在英文报纸上打广告的城市，吸引了不少外国游客。张謇在"交通警察养成所"的开学演讲中,要求学生"须极端注意英语一科","若不通英语,设西人有所询问,警察瞠目不知所对,实南通自治之耻"。

"南通实验"的意义

当我沿着濠河岸边漫步时,我觉得张謇对我们今天最大的启发可能是,在中国最早的一批近代化、现代化城市中,南通是由中国人完全自主规划建设的范例。从1842年《南京条约》到1895年《马关条约》,中国根据不平等条约开放的通商口岸有47个,有10个城市设立了25个专管租界,这些地方的开放比较早,是一种"条约式的开放",其规划建设管理在不同程度上受到外国的影响。虽然某些条约有沿江沿海各港口都要提供商船卸货的规定,但南通就其本身来说,并没有被明确纳入条约(类似的城市还有无锡)。

也就是说,南通受到西风的影响,但没有被外国列强介入甚至主导。南通的城市自治和现代化建设,是张謇这样的有识之士主导并完成的。上海的英文报纸《密勒氏评论报》曾评论:"此城为完全中国人所经营,无外人营业于此,而居留之外国人,仅限于传教士及教育家而已。……观此城,亦可表率中国人建造革新之能力。"

在1919年出版的《中国的召唤》一书中,作者、传教士查尔斯·T.保罗说,让南通州从中国所有城市中脱颖而出的原因,是在不多见的中国人的主动精神影响下,它成了改革和发展最有成效的地方,促成这一转变的主要功臣就是被众人视为全中国最慷慨、最热心公益的张謇。

《密勒氏评论报》主编裴德生认为,"通过南通这个模范城市的建造,张謇为中国未来的工业化树立了里程碑","南通成为张謇与其同僚和亲属(包括其子张孝若与其兄张詧)行政才能、视野与组织能力的不朽作品","南通可以视作这位中国最伟大的城市建造者之一的自传"。

事在人为。当今天我们看到90多年前外媒对南通的报道与评价,应该相信中国人自己的创造能力。可是,为什么中国像南通这样的城市屈指可数呢?1920 年 5 月 8 日《密勒氏评论报》社论指出,"一般说来,除非人们自己推动改革措施,否则将一事无成。官员们总是懒惰且不负责任"。有鉴于此,张謇在南通发起了自治运动。有斯人,乃有斯业,有斯城。

一人,一企,一城,一文明,求仁者,自然得仁。以一人之力经营南通 30 年,张謇曾说:"上而对于政府官厅,无一金之求助,下而对于社会人民,无一事之强同。对于世界先进各国,或师其意,或撷其长,量力所能,审时所当,不自小而馁,不自大而夸。"呕心沥血,直至生命的终点。

在张謇那里,我看到了中国内生的商业文明血脉,他是中国企业家理当追思和学习的精神教父。他们那一代企业家的精神和风范,我们今天继承了多少?

在今天中国商界的滚滚红尘中,当然有敢为天下先的创新者,有埋头踏实的大国工匠,有无数年轻而进取的创业者,但是那种财富骄人、缺乏文化根基和社会责任、以富豪榜排名论英雄的气息,还是非常严重。什么是社会需要和尊重的企业家?在很多富豪那里,可能从来没有思考过企业和社会的关系,社会责任对他们不过是糊弄公众的公关词语。

我感动也庆幸,中国有过张謇这样的商人。他永远和他栖身的土地以及一代又一代的人民在一起。江河行地,日月奔流。他留下的财产让无数人永记心中,也让那些金钱速生而声名速朽的富豪感到羞愧。

特别鸣谢:南通张謇研究会以及张小平、张廷栖、王敦琴等老师。

本文中关于张謇生态化经营和南通模范城的内容,分别参考了张廷栖和王敦琴的相关研究成果。

致中国企业家:当你奔向世界首富时,请多了解一些商业文明

前面写了中国第一个商人王亥的悲情故事。在这篇文章中,我会从商业文明的角度,梳理美国最具代表性的一些企业家的脉络,特别是今天的世界首富比尔·盖茨"善做慈善"的案例,用企业家精神廓清商业的天空,对冲商人的悲情。

企业家的名字在哪里?

人类的生产力,从远古到近代发展得相当缓慢,一直到 18 世纪的工业革命。产权保护、科学发现和技术发明、市场机制,同频合拍,拉开了经济大爆发的序幕。如果以詹姆斯·瓦特 1776 年造出第一台具有实用价值的商业化的蒸汽机、人类进入"机器时代"算起,近现代意义的商业文明已经有 240 年。

地球有几十亿年寿命,那在漫长岁月中积蓄的矿产能源,久久沉寂着。一旦被科学的突破、发明与创新、公司的冒险家们所引爆,其

所激发的景象,就如马克思在《共产党宣言》中所写的:"自然力的征服,机器的采用,化学在工业和农业中的应用,轮船的行驶,铁路的通行,电报的使用,整个大陆的开垦,河川的通航,仿佛用法术从地下呼唤出来的大量人口——过去哪一个世纪能够料想到有这样的生产力潜伏在社会劳动里呢?"

瓦特的蒸汽机被广泛视为工业革命的标志。但其实,工业革命远不是靠一个发明就能实现的,而需要多种因素支持,比如资本。1600 年成立的东印度公司在 1750 年到 1800 年从印度掠夺了 1 亿到 1.5 亿英镑的金币,这些资本支撑了英国对新技术特别是蒸汽机和纺织技术的投资。英国经济史家克宁汉曾指出:"如果瓦特早生 50 年,他和他的发明一定都同时死了。自有世界以来,可能没有一个投资的收获超过像掠夺印度一样的利润。"除了资本的助力,企业家的作用同样不可或缺。马修·博尔顿,一个在伯明翰生产小金属制品的工厂主,因为工厂需要动力,1767 年和瓦特相识,1775 年与瓦特成为合伙人,创立了博尔顿·瓦特公司。博尔顿预见了蒸汽动力将大量用于工业,所以极力主张瓦特设计往复式旋转引擎和瓦特式引擎,他倾注财力帮瓦特梦想成真,还通过国会将瓦特的专利保护从 1769 年延到 1799 年。如果没有博尔顿和博尔顿·瓦特公司,瓦特能走多远可能也是一个未知数。1776 年,博尔顿·瓦特公司开始了蒸汽机的商业化生产。博尔顿说,如果只为 3 个国家去进行生产是不值得的,但如果为全世界生产就非常值得。

公司和企业家在人类最近两三百年的生产力发展中扮演着重要角色,他们把各种发明变成产品,引入市场和千家万户。但由于这段历史相对于整个人类史太短了,所以,知识界在探讨是谁在影响文明走向时,往往会整体性地忽略企业家这个群体。

1978 年,美国科学家麦克·哈特出版了《影响人类历史进程的100 名人排行榜》。他从百科全书的两万人中选了 100 个人,都是改变了人类命运、促进了文明繁荣、推动了历史进程的人物。宫殿会消失，财富会化为无形，而"智慧与学术给人类社会所造成的影响远比特权与统治持久"(培根)，麦克·哈特所选的 100 人，也侧重于那些影响人们的思想、改变人们的生活方式的人。中国的孔子、蔡伦、秦始皇、毛泽东、成吉思汗、隋文帝(发明了科举制度)、孟子都在其中。

我细细对照了百人名单，找不到一个商人、企业家的名字，如果一定要找最接近的，那就是瓦特和爱迪生了。他们都办过工厂、公司，但之所以载入史册，不是因为其企业家才能，而是因为发明创造。爱迪生一生有 1000 多项发明。美国第 31 任总统胡佛说，"他是一位伟大的发明家，也是人类的恩人"。1931 年，84 岁的爱迪生去世时，美国政府下令全国停电 1 分钟，以纪念这位电灯的发明者。

而企业家，整体性地被忽略了。

19 世纪的美国企业家

麦克·哈特这本书还附有一个"享有盛誉的人物和未论及的有趣人物"的列表，在这个表上，我终于找到了三个商人、企业家的身影。

马可·波罗，意大利的旅行家和商人，13 世纪时沿着古代丝绸之路到中国，游历 17 年，回到意大利后完成了《马可·波罗游记》，给欧洲人打开了一扇了解富庶东方的大门，对 15、16 世纪欧洲的航海探险活动产生了深刻影响。新航路没有把欧洲人带到中国，但通过新航路，美洲新大陆被发现了，并且在不太远之后成为全球最大的市场。

本杰明·富兰克林，18 世纪的美国政治家、科学家、实业家、思想家，是"从苍天处取得闪电，从暴君处取得民权"的一代伟人。他早期所写的箴言体《穷理查年鉴》，语言简单，质朴无华，却诠释了资本主义商业伦理的核心:节俭、勤劳、诚实守信。"工作总是辛苦的,随后才是成功与兴旺",这成为"美国梦"的主流定义。

亨利·福特,一个完完全全的企业家、汽车工程师。他生产的T型车创造了大众消费市场,改变了美国人的生活方式;他建立了世界第一条汽车流水装配线,依靠对流程的分解和分工的优化,带来了颠覆性的生产力量;他最早向工人支付每日工作8小时5美元的工资,建立了制度化的病假和工伤医疗保障,建立技工培训学校。

工业革命肇始于18世纪中叶的英国,但一个多世纪后,世界上一批最有想象力的企业家、金融家积聚在美国这片新大陆上。随着美国领土不断扩大,外国移民纷至沓来,掀起了西部大开发的浪潮,大规模的农业生产,丰富的工业资源,铁路的建设,这一切为野心勃勃的企业家们创造了空前辽阔的舞台。南北战争后,美国工业迅速发展,并在19世纪最后一个十年跃居全球GDP之首。也是在这个时期,美国开始了从自由资本主义向垄断资本主义的过渡,造就了一批旷世大亨。

在铁路方面,科尼利尔斯·范德比尔特(1794—1877),这个11岁就因家庭贫困辍学、16岁靠借父亲的100美元买了一艘小船开始做摆渡服务的创业者,18世纪60年代从船运业进入铁路运输,把11条小铁路合并为"纽约中央铁路",1873年控制了纽约到芝加哥的铁路线。"纽约中央铁路"是当时美国最大的公司。

在石油行业,约翰·洛克菲勒(1839—1937),这个19岁时向父亲借了1000美元、加上800美元个人储蓄,与人合股经营谷物和肉类的创业者,24岁时借钱办炼油厂,一路前行,最高峰时甚至垄断了美国90%的石油市场。洛克菲勒是美国第一位10亿美元富豪,美国《反托拉斯法》在某种意义上就是为他的标准石油公司量身定制的。该公司最终被美国最高法院判决违法,被拆分成34家公司。

在钢铁行业,安德鲁·卡内基(1835—1919),这个苏格兰移民,在三十而立时洞察到钢铁业的机会,从宾州铁路公司辞职创业。他在欧洲旅行考察伦敦的钢铁研究所,果断买下了一项钢铁专利和一项焦炭洗涤还原法专利,进军钢铁业。到世纪之交,卡内基钢铁公司成为世界最大的钢铁企业,其产量超过了英国全国的钢铁产量。

在2007年《福布斯》网站公布的"美国史上15大富豪"排行榜上,洛克菲勒、卡内基、范德比尔特位列前三位。

不要忘了金融业。J. P. 摩根(1837—1913),这个从小就善于从各种信息里发现交易和投资机遇的富家子弟,在德国读完大学后,父亲就在华尔街的纽约证券交易所对面为其开了摩根商行。他通过金融系统整合产业,撮合过爱迪生通用电力公司与汤姆逊—休士顿电力公司合并为通用电气,参与重组了铁路业,组建了美国钢铁公司,在势力最强时美国四分之一的企业资本都在他掌控之中。他的信用甚至能帮助处于流动性危机中的国家度过困境。摩根去世时个人财产只有6000万美元,比人们想象的要少很多,人们评价说,他对敛财并无很大兴趣,真正感兴趣的是通过资本整合产业,使美国经济更加合理化。

赚尽可能多的金钱,用此发展有益人类的事业

19世纪后半期和20世纪初美国的这些超级企业家,开辟了纵向整合、横向联合、产融整合、规范化管理、职业经理人等模式。西奥多·罗斯福总统在致国会的年度咨文中评价说,"大工业的成长是自然的、必然的和有益的","在大多数情况下,它们是有效的经济工具,是经济演变过程中不可避免的结果"。

超级大企业和企业家的出现有诸多原因。

首先,联邦政府推出了一系列促进经济发展的措施,如《宅地法》和《国民银行体系法》,在对外贸易中提高关税以促进本国工业发展,

摆脱对欧洲工业品的依赖;鼓励移民;颁布专利制度鼓励发明创新。

其次,要拜科技发明和技术进步之所赐。1865年后,美国发明了长途电话和电报的装载线圈、高速工具钢、飞机机件、人造橡胶、电灯、电流交换器等,刺激了工业发展。工业部门有了突出的技术进步,例如大规模炼焦工序的改进,"贝西默—凯利新型炼钢炉"的采用。

最后,是统一大市场的形成。西部开发,横贯大陆的铁路建设,为企业创造了巨大的市场。

这些19世纪最具代表性的企业家,不仅是物质财富的创造者,促进了美国从农业时代向工业时代的转型,也留下了很多商业文明的印迹。

他们很多都是白手起家,奋发图强。卡内基说:"我之所以能成功,有两个基本因素。第一,我自幼出生在贫苦之家,小时候常常吃饱了这一顿,不知道下一顿的食物在哪里。我晚上常听见父母为了应付面对的穷困而叹息。所以,我从小就力求上进与发奋,决心到长大之后要从我手中击败穷困。第二,凡事不论大小,都要认真去做。我12岁时做过纺织工人,努力要把纱纺好。后来我又做过邮差,我尽量记住我那邮区里每户人家的姓名、住宅外貌,几乎每一家都熟识。"

他们建立了现代管理思想。比如员工不是奴隶,而是一种资源。卡内基说:"如果把我的厂房设备、材料全部烧毁,但只要保住我的全班人马,几年以后,我仍将是一个钢铁大王。"

他们创业,把企业做大,最后又通过慈善反馈社会。1911年卡内基基金会成立,1913年洛克菲勒基金会成立。洛克菲勒说他的人生目的是"从其他恶性竞争的商人们身上赚取尽可能多的金钱,而用此金钱发展有益人类的事业"。他财富空前,但不烟不酒不赌不色,晚年更将大部分财产捐出。比尔·盖茨说:"我心目中的赚钱英雄只有一个名字,那就是洛克菲勒。"

洛克菲勒、卡内基、摩根这样的企业家,在他们扩张发展、逐步寡头化的时代,一直被社会和媒体批评,"强盗大亨"(robber baron)就是给他们的外号。直到他们取之于社会又用之于社会后,这一痕迹才慢慢消退。

1896年,洛克菲勒不再天天上班,他把标准石油公司交给职业经理人管理,自己大部分时间投身慈善。1901年,卡内基把他的钢铁公司并入摩根组建的美国钢铁公司,也致力于公益事业。他在1889年所写的《论财富》开头就说,"我们这个时代的问题在于如何恰当地管理财富,以使穷人和富人之间的兄弟情谊依然能够维系,使我们能和睦相处"。他认为,"虽然贫富悬殊,却远胜于普遍的贫穷",但他也深刻地意识到,当财富不可避免地落到少数人手中,富人首先应该树立一个朴实、谦逊的生活榜样,避免炫耀或奢侈,有节制地向那些依靠他生活的人(指家人)提供一些正当的必需品。"除此之外,他应该认为,其余的所有剩余财富都是给予他的信托基金。他只是一个管理者而已,而且受到自身责任的严格约束,一定要运用自己的智慧和判断来管理这笔财富,以使其产生对于社会最有利的结果——这样,富人就只是他贫穷同胞的代理人或受托人而已。他的卓越智慧和经验、他的管理才干都是为了穷人服务的,他来管理这笔财富要比穷人自己管理更好。"

现代基金会制度就从卡内基、洛克菲勒那批企业家开始了。卡内基有一句名言:"赚钱需要多大本领,花钱也需要多大本领。"赚钱是一次改变世界的机会,花钱是第二次改变世界的机会。

20世纪美国企业家

当19世纪的企业家们退出舞台,20世纪企业家就登堂入室了。

20 世纪依然是企业家的世纪,同时也是分级管理、经理阶层成为一种职业的世纪。

谁是 20 世纪的主角呢?《财富》杂志在"20 世纪企业家"的评选中,把搜索范围最后缩小到四个巨头身上——"他们人人都是四分之一个世纪里的头号实业家,人人都创建了一个至今仍极具影响力的公司,人人都在汽车或计算机行业中扮演过主角,这两个行业比其他任何行业都更能使 20 世纪区别于过去的世纪。碰巧,这些人正好一半是企业家,一半是经理:其中两位创立了大型集团公司,而且善于经营;另外两位则是大师级的经理,还给他们的老板带来了巨额的增长和财富"。

亨利·福特,他并没有发明汽车,但发明了汽车生意。

小艾尔弗雷德·斯隆,1923 年到 1946 年通用汽车总裁和 CEO,他发明了管理大公司的艺术,核心是建立部门和标准程序。

小托马斯·沃森,把 IBM 推进计算机行业。

比尔·盖茨,同时扮演技术员、企业家和公司设计师三个并列角色的超级竞争者。

《财富》杂志四选二,选了亨利·福特和比尔·盖茨;二选一,把 20 世纪企业家的殊荣给了亨利·福特。

《财富》关于 20 世纪企业家的那篇经典文章写于 21 世纪初。如果现在来写,不知道结果会不会改变。我觉得,比尔·盖茨和亨利·福特胜出的概率可能是一半对一半。

亨利·福特善待员工,微软公司是最早将购股权作为薪水的一部分付给全体员工而非仅送给高级经理的公司之一。亨利·福特创造了 T 型车和流水线模式,比尔·盖茨创建了世界上第一家纯粹的软件公司,并第一个把软件从"硬件的配件"的附属状态解放出来,开创了软件时代。《财富》评论说,盖茨就像亨利·福特那样,把从前还是技术之谜的东西传播给了大众。微软 Windows 及其前身 MS-

DOS 系统,就是高技术领域里的福特 T 型车。它们或许不是最豪华最上档次的软件,但盖茨设法使它们几乎在全世界范围内被使用,它们改变了整个 IT 产业。

在我的研究角度看,比尔·盖茨是能够两次改变世界的极少数企业家。

第一次是通过软件。1976 年 2 月 3 日,从哈佛辍学不满两年的比尔·盖茨向所有的早期个人电脑爱好者写了一封公开信,信中直言不讳地说:"多数电脑爱好者必须意识到,你们中大多数人使用的软件是偷的。硬件必须要付款购买,可软件却变成了某种共享的东西。有谁会关心开发软件的人是否得到报酬? 这合理公平吗? ……如果分文无获,谁会从事专业的软件开发?"这封信,是以知识产权为核心的软件时代的先声。

第二次改变世界,是通过慈善基金会。比尔·盖茨基金会最早成立于 1994 年,那年他和梅琳达结婚。1999 年基金会更名为比尔和梅琳达·盖茨基金会,目前是全世界最大的慈善基金会。

催化式慈善中的企业家精神与才能

前面提过赚钱、花钱需要同样的本领。如果了解一些盖茨基金会的运作,我们会发现企业家才能在其中发挥得淋漓尽致。

盖茨基金会中国首席代表李一诺说,她认为盖茨基金会自成立以来做得最牛的事情之一,就是在 2000 年投入 7.5 亿美元,参与成立 Gavi(全球疫苗免疫联盟),实现了全球免疫治理的系统性改变。

1997 年,比尔·盖茨还是微软 CEO,他在报纸上读到一篇文章,说非洲每年有 50 万孩子因轮状病毒(一种致婴儿胃肠炎的病毒)死于腹泻。这种病毒通过注射疫苗可以轻易预防,盖茨不相信会有这么多非洲小孩死去,就给报社打电话,但记者告诉他这是事实。

全球每年有几百万新生儿死亡，其中三分之二死于麻疹、疟疾、乙肝、黄热病等，而这些都可以通过疫苗预防。但穷人购买力有限，他们的需求不会被市场关注，公司不会投入资本做研究。目前，全球仍有 3000 万贫困国家的儿童无法获得基本的免疫接种。

2000 年比尔·盖茨希望解决疫苗问题时，面对的是一连串问题：有没有企业来研发疫苗？谁来采购疫苗？有没有钱采购？疫苗质量怎么监管？疫苗如何定价？怎样免疫接种？疫苗怎么运输存储？

李一诺介绍说，盖茨基金会是"最不像慈善的慈善"，是一种催化式的、旨在驱动系统性变革、带动多方参与、发挥慈善资源的杠杆效应，并设计激励机制让慈善投入获得更大效益的慈善方式。让我们看看 Gavi 是怎么运作的。

融资

Gavi 发起方除了盖茨基金会，还包括 DFID（英国国际发展部）、其他基金会和企业。大家都投入资源，并说服一些传统捐助国政府支持 Gavi。然后以政府承诺为抵押，加上世界银行的背书，在资本市场上发行"疫苗债券"，以此筹集项目资金。为提高受援国的主人翁意识，Gavi 要求他们也根据国力出资，分担成本。很多受援国由于经济发展，目前已经"毕业"，可以 100％自主承担配套资金。这种做法，保证了资金的可预期性和长期性。

调动企业

药企研发新药，一般要投入 10 亿美元左右。如果市场需求不可预测，很少有企业愿意投入。Gavi 给所有疫苗企业一个保证：只要你生产，我就购买。Gavi 以肺炎疫苗来试点，整合 70 多个国家的需求形成规模效应，捐赠国长期承诺，确保满足可预测的需求，以每支 3.5

美元的低价进行采购,保证产品出路。通过这样的方式,Gavi 把三项优先疫苗(五价联合疫苗、肺炎球菌、轮状病毒疫苗)的人均免疫成本从 2010 年的 35 美元降低到 2014 年的 22 美元。2014 年,Gavi 的 73 个受援国都已经推出五价联合疫苗,包括海地、缅甸、索马里、南部苏丹等一直被认为不可能的地方。

需求分配

Gavi 把所有国家按国民收入分为三类:最穷国不用出钱,第二类国家要负担 3.5 美元成本中的 1.5 美元,第三类国家可以以 3.5 美元的成本价购买疫苗。

疫苗送达

许多贫困区域的电力供应不稳定,没有冰箱、冰柜等冷链设备。Gavi 投资研发和推广创新技术,如比尔·盖茨投资的一家技术公司研发了一种超绝缘制冷技术,免费转让给中国澳柯玛公司,制造出一款名为 Arktek 的疫苗保存箱。保存箱使用冰排制冷,无需插电,能使箱子内部温度在 0~10℃范围内保持一个月之久。目前该疫苗保存箱已经在非洲和印度使用,帮助那些住在不通电、没有路的地区的孩子解决疫苗问题。

到目前为止,Gavi 已经帮助全世界的 5.8 亿儿童接种了疫苗,避免了数百万孩子死亡。

20 多年前,比尔·盖茨和梅琳达到非洲看野生动物,却被另一个场景所震惊:非洲儿童正被痢疾、肺炎和疟疾夺去生命。"非洲儿童之所以丧命是因为贫穷。对于我们来说,这是世界上最不公平的一件事情。"

穷人孩子想要获得疫苗,可家庭无法负担相应费用,市场不起作用。"这一点让我们的工作有了一个切入口。如果我们能够建立一个购买基金让制药公司拥有足够多的客户,那么这些公司就会因为市场激励的存在来研制、生产疫苗。""这就是慈善的魔力。因为慈善不需要财务回报,所以慈善能够达成商业所不能做到的事情。但是慈善的力量也是有限的——在需求得到完全满足之前资金就可能枯竭了。这也是为什么要想产生可持续的改变,企业和政府必须发挥相应作用。"盖茨基金会不是东一榔头西一棒地捐助,而是将捐助作为催化剂,"用它来构建一个合作伙伴的生态系统",用这个系统来应对未来的挑战。

这就是企业家在花钱方面的方式和贡献。

如同比尔·盖茨所说的,企业家是乐观主义者,对未来充满期待,愿意承担一定风险,总想走得快一些;他们迫不及待地行动,想到就去做;他们总是让生意运转良好,这样才能做更多的事:孩子的需要,老人的需要,特殊的需要,不仅惠及富人也惠及穷人的技术创新,等等。

盖茨夫妇在 2017 年的公开信中这样展望未来:小儿麻痹症将很快成为历史。我们在有生之年将得见疟疾被根除;再没有人会因为艾滋病而死亡;患结核病的人将减少;世界各地的孩子都将营养充足;发展中世界的儿童死亡将变得和富裕国家一样少见。我们不确定这些事件究竟哪一天会到来,我们不知道这些事件将来发生的先后顺序,但我们对有一件事是确定的:未来将会让悲观主义者感到惊讶。

240 年过去了,19 世纪的后半个世纪以及 20 世纪,都是美国企业家的世纪。当中国成为全球最大经济体已经不再遥远之时,中国的商人、首富、企业家们有没有考虑过,如何把社会的期望置于更加重要的位置? 企业家可以做什么? 企业家应该怎么做? 什么是企业家的远大前程?

比尔·盖茨说,他做慈善并没有宗教方面的原因,"是为了人类的尊严和平等。人生而平等，我们希望别人怎么对待自己，就应该怎么对待别人"。

不是所有商业活动都有可能进化成文明。有普世意识并付诸实践的企业家，才是商业文明和社会进步的推动者。

参考文献

1.杜君立.公司的起源与东印度公司[J].企业观察家,2014(9).

2.陆月娟.论十九世纪末美国大企业家群体的形成[J].历史教学问题,1997(5).

3.李一诺.其实我做的不是你理解的慈善.微信公众号"乐天行动派",2016-06-14.

时代的焦虑与现实的反思

谈房价快让经济学家"崩溃"了，
远未见顶还是熊市不可逆？

2016 年中国 GDP 增长 6.7 个百分点，房地产市场贡献了多少？按照高盛观点，大致为 1 个百分点。按平安证券测算，2016 年房地产行业本身对 GDP 增长的贡献率为 11.7％，房地产及相关行业（如建筑、水泥、玻璃、钢铁、化工、五金、家电、家具、交通运输、批发零售、金融）对 GDP 增长的贡献率为 35.7％，也就是说中国经济增长超过1/3 的贡献来自房地产。

因为房地产举足轻重的作用，更因为房价和民生休戚相关，所以，中国几乎每个经济学家都要对房地产发言。不是想发言，而是媒体采访、论坛答问，永远少不了房价的话题。有经济学家说，走到哪里都被问买不买房，房价跌不跌，天天一个话题，都快"崩溃"了！

被问多了问烦了，经济学家会脱口而出一些"金句"，但更多的，他们还是依托于研究才直抒胸臆。

姚洋:房价腰斩一次,才知道痛

2017年的博鳌亚洲论坛,我主持了"新土改:探索与思考"分论坛,北京大学国家发展研究院院长姚洋是圆桌嘉宾。他说,高房价都集中在一、二线城市,普通老百姓已经买不起,买得起的都是一些投机者,"老百姓是需要被教育的,房价涨的时候,大家都觉得房价会一直涨下去,只有让它跌几次,腰斩一次,才知道痛。政府真的没有必要管理房价,要管就多建一些廉租房,让低收入者有房住"。

姚洋还说:"要控制房价,最好的办法就是扩大容积率,我们很多一线城市的房子都只有10层左右,这是极其浪费的,把所有的住房容积率加倍,平均20层,你看看供给上去了没有?我们说要抑制房价,实际上还是在为少数人服务。"

刘世锦:提高住宅用地比例

在同一场论坛上,国务院发展研究中心原副主任刘世锦说,在城市分化的大背景下,珠三角、长三角、京津冀几大都市圈加速成长,各种活跃的经济活动至少有一半在这里发生,城市的集聚效应形成了对住房需求的上升,导致房价上涨。同时,在现行的土地政策下,住宅用地占整个建设用地的水平偏低,一线城市还不到25%。这个数据在发达国家超过45%,在首尔达到60%。他建议提高住宅用地在整个用地中的比重,比如提高到40%以上,将部分工业用地转为住宅用地,同时加快实施农村集体建设用地与国有土地同等入市、同价同权,并着手解决由来已久的小产权房问题。

刘世锦建议加快推出房地产税。他还说,政府应该优先组织资源,建设较多数量的公共租赁住房,租赁价格可以随行就市,租期不低于 10 年,最长可延至 30 年,并受法律保护,在合约签订后,除非租户自己同意,不得强制其退出,政府也可以通过购买公共服务的方式,利用市场资源开展此类业务。

无论是姚洋的"容积率翻倍"还是刘世锦的"把住宅用地比例提高到 40％",都是希望从供给侧加大供给量,抑制房价上升。但现实中,对用地和容积率有决定作用的政府会这么想吗?上海交通大学经济学教授陆铭和中金公司首席经济学家梁红的研究表明,不会!

陆铭:该多供地的地方,偏偏供地很少

在我主持的一场论坛上,陆铭说他在研究中发现了两个重要的时间点。一个是 2003 年,中国的土地供应出现了一个拐点。有一组城市的建设用地供应在相对收紧,这些城市土地供应的绝对量还在增加,但占全国土地供应的份额是缩小的。另一组城市,建设用地供应则相对增加。谁收紧、谁增加呢?恰恰是人口密度高、经济发展水平比较高、人口净流入的东部城市的土地在收紧,而人口密度低、经济发展水平相对较低、人口流出地的中西部城市,土地在放松。这和全世界是不一样的,我们是在有需求、收入高的人口流入地区相应收紧土地供应,而在人口流出地区增加土地供应。

陆铭教授说的第二个时间点是 2009 年,中国很多地方大规模建设新城和新区。在他收集的大概 500 个新城样本里,新城距离所在的地级市的主城区的平均距离是 25 公里,平均规划人口是 40 万。这些新城都建在哪里呢? 2009 年还有不少建在东部大城市周围,2009 年之后则大量建设在中西部的人口流出地。中国规划的新城的总量大概是 3000 个,规划的居住人口大致是 12 亿,也就是说如果所有新城都按照规划实现,几乎可以容纳全国总人口的 90％。

陆铭的研究要说明什么问题呢?资源错配!该多供地的人口流

入地,偏偏供地很少;人口流出的大量穷地方,却大量建新城和新区。

搞基础设施建设是需要举债的,东部省份的债务率平均来讲不算太高,债务率高的主要是中西部。债务率高的地方为什么不怕呢?因为中国不像美国,美国地方政府是可以破产的,中国的体制不会。债务率上升,又不能破产,那怎么办? 大概率的结论就是货币发行。货币发得多了,就会出现"资产荒",因为好的资产相对于更多的货币来说,总是稀缺的。那怎么办? 人们就到人口流入、土地收紧的地方买房子。

关于陆铭提到的货币发行问题,中国央行一直是不承认超发的。周小川曾说,"货币超发"这个说法接近 20 世纪六七十年代所谓"非经济发行"的概念,但过去中国所统计的实体经济只涵盖物质部门而不包括服务业,所以,随着市场化程度不断加深及经济快速发展,货币供应量很快就超过当时统计口径的"实体经济"的需要,即所谓"货币超发",但货币供应不仅是满足实物经济的需要,还需满足服务业及金融市场的需要。

在经济学家看来,目前中国的 GDP 统计已经包含了服务业在内,不存在只计算实体经济的问题。中国 GDP 占全球的 15% 左右,但每年新增的 M2(广义货币供应量)占全球的近一半(参考渣打银行 2012 报告:2009—2011 年间全球新增的 M2,人民币贡献了 48%,2011 年贡献率达到 52%)。即使考虑到中国对全球经济增长的贡献率在 1/3 左右,新增 M2 也显得"过多"而不是"恰当"或"中性"。中国社科院金融所的统计更显示,如果考虑到"影子银行"的因素,也就是银行衍生出来但没有计入表内的部分,中国超发货币的规模是巨量的。2007 年,影子银行只有 6 万亿元规模,2016 年年底达到 100 万亿元规模。

陆铭说的土地供给情况会不会改变呢? 在 2017 年 1 月的全国国土资源工作会议上,国土资源部部长姜大明表示,对房价上涨压力大的城市要合理增加土地供应,调整用地结构,提高住宅用地比例;对去库存压力大的三、四线城市要减少以至暂停住宅用地供应。如果真按这一方向,则中国房地产未来可能出现新的拐点。

姜大明还说,"要推动人口过多、房价过高的特大城市加快疏解部分城市功能"。一边向外疏解功能,一边加大供地规模,则现有城市的房价肯定会有压力。但过去十几年的历史表明,要重点城市控制人口流入,很难;要多供应土地,也很难。一切都是博弈。

梁红:高房价是怎么炼成的?

中金公司首席经济学家梁红的研究报告《为什么说北上广深的房价远没有见顶?》在朋友圈热传,其实这是 2016 年 5 月的报告。也许有的利益相关者喜欢这样的标题吧,又拿出来当新闻炒。

梁红 2016 年的报告要回答的问题很简单:十几年房价越调越高,那房地产到底是过剩还是供不应求?"高房价是怎么炼成的? 大家说有点像盲人摸象,摸着尾巴说是一根细绳,摸着象腿说像一个柱子。我们摸到的是,中国的土地供应国家控制很严,土地用途也是严格管制,到底用了多少住宅用地,这个数还是有的。"

根据梁红的报告,中国内地城镇住宅用地占国土面积和城镇建设用地占国土面积的比例,无论跟美国、日本还是中国香港比,都低得可怜。过去十几年地方政府招商引资,提供了大量便宜的工业和商业用地,挤得住宅用地很少。地方政府招商引资,盖钢铁厂、建水泥厂有 GDP,土地贵了企业还不来。为什么北上广深供地特别少,相对来说卖住宅用地比较多的是四线或者一些偏远城市? 因为从地方政府的税收来源看,省会城市或者北上广深有很多其他税收来源,卖一点地就够花了,但四线城市只能多卖点才够几年花的。

由于把土地的供给制度视为高房价最基本的原因,所以梁红的报告说，对房地产的调控，限购不管用，限贷不管用，加税也不管用。20 世纪 80 年代末，日本的边际税率达到过 80%，也没能拦住房价上涨。因为在供不应求的时候，抑制了一段时间，房价随着收入上涨又回来了。居民的大部分收入和支出放到房子上。如果能交得起首付你就进入了这个俱乐部，坐享地价上涨，交不起首付的就只能待在外面。这更加大了财富收入分配的恶化，同时使得社会之间的流动性非常差。梁红的建议是，恢复 2004 年停掉的跨省换地，就算 18 亿亩红线的农地必须搞农业，能不能拿上海、北京的一些土地跟东北、山西换点地呢？她最后的结论是，"只要经济总体的增速继续保持下去，没有哪个国家能在内需强盛的时候把房地产业扳倒在地上"。

但是，也有经济学家认为，哪怕是继续限制土地的供给，也无法避免房地产熊市的出现，这就像股市必须经历熊市和牛市一样，到了熊市，采取如暂停新股发行、国家队救市等各种手段都会失效。中泰证券首席经济学家李迅雷是这方面观点的代表。

李迅雷：没有任何力量可以逆转房地产熊市的出现

李迅雷的基本逻辑是，从长期看，经济增长就是一种人口现象。从 20 世纪 80 年代初至 2010 年，中国经济能维持 10%左右的高速增长，与农业人口大量向第二、第三产业转移有关。流动人口规模的增加，不仅促使经济高增长和房地产业繁荣，而且还带来土地价格和房价的不断上涨。在 2000—2010 年，中国人口迁徙的总体方向是从西往东流动，这与东部的房价涨幅高于中西部是一致的。

但 2011 年之后，新增农民工数量出现了回落。按国家统计局定义，离开乡镇去外面打工就算外出农民工，哪怕同一个县内的农村劳动力在不同乡镇间流动，都纳入外出农民工统计。2015 年中国新增外出农民工数量只有 60 万，2016 年进一步降至 50 万，与

2010 年新增 800 万相比,出现巨幅下降。另外,中国的流动人口数量也在减少。

我查了国家统计局公布的数据,2016 年年末全国流动人口为 2.45 亿,比上年末减少 171 万人,2015 年流动人口数量比 2014 年年底减少 568 万人。数据还显示,从 2012 年年末到 2015 年年末,外出农民工逐年较上年增长的比例分别为 3.0%、1.7%、1.3% 及 0.4%,几乎不再增加。

李迅雷说,新增农民工数量和流动人口数量这两大指标连续两年接近于零,意味着以农村人口转移为特征的城镇化已经接近尾声,未来城镇化进程更多地表现为本乡本土的城镇化,也就是本地农村户口转为城镇非农户口,但这并不能显著提高这些家庭的收入水平,和迁徙到外地的情况很不同。

李迅雷还指出,中国农民工的平均年龄已达 38 岁(2015 年),有较大比例的中年人存在"叶落归根"需求,1.7 亿外出农民工在务工地购房的比例只有 1.3%,而目前的高房价更让他们失去购房能力。由于长期实行计划生育政策,中国人口老龄化呈现加速势头,今后的城镇化上升空间虽然还有,但已经不太大了,速度也会放慢。因此,"如果说 2010 年之前全国的房地产市场走了一轮全面普涨的大牛市的话,那么,2011 年之后只能说是结构性牛市了"。

全面普涨的牛市受到基本面支撑,结构性牛市则更多和资金面相关。自 2009 年之后,中国广义货币 M2 的规模超常增长,带动了资金推动型的行情。海通证券首席宏观债券分析师姜超说,央行每年制定了 12% 左右的广义货币 M2 增速,是按照 7% 左右的 GDP 增速和 3% 左右的 CPI 增速来制定的,但实际的货币增速高达 16%,原因在于商业银行为了盈利的需要,发展出了巨大的"影子银行",导致了货币严重超发,而超发的货币则滋生了各种资产泡沫,尤其是地产泡沫。

资金杠杆型的牛市还能走多远?考虑到从 2013 年起居民可支配收入增速低于 GDP 增速,2016 年居民用极大的力度加杠杆,包袱已经不轻,加上央行货币政策回归中性的态度非常坚决,以及金融监管全面从严后货币超发会受到控制……当货币被关到笼子里,资产泡沫就接近尾声阶段。

李迅雷的结论是:世界上没有一个只涨不跌的市场,房地产周期一般是 18~25 年,如果从 2000 年开始算起,这个周期的上行阶段也已走得差不多了。若楼市今后几年一直稳住不涨,则会引发投资客的抛售压力,因为既然是投资总得追求预期回报率,故楼市要维持价格平稳很难;如果楼市今后几年继续上涨,则泡沫继续扩大,也为楼市泡沫的最终破灭起到催化作用。2016 年中国的外贸出口在全球的份额首次出现下降,表明货物流动性也开始减弱,从增速看,人口流、资金流与货物流均在下降,这是经济的发展阶段特性所决定的,没有任何力量可以逆转。

中国的房地产经济学,是增长经济学?土地经济学?人口经济学?货币经济学?政治经济学?复合经济学?结构经济学?政府测不准,也没有哪个经济学家能测得准啊!

致房价乱心的时代和自己

太平盛世也会有无数"兵荒马乱"。如果把微信朋友圈当作一个虚拟的国度,过去三四天,这里似乎在发生一场群情激奋的大迁徙:到雄安去,到雄安去!

不在去雄安抢房的马路上,就在精神困扰与遗憾的心路上。

而快速迭代的段子手,则将"年度最悲催"升级为:雄县一中高考状元考上北京大学,毕业进入央企,经过多年奋斗加上借亲戚的钱卖掉老家的住宅于 2017 年 3 月 26 日付了北京商住的首付,4 月 3 日接到单位通知:企业整体迁入雄安新区!

到雄安去! 这是 2017 年 4 月中国地理坐标的最强音。而七八十年前,那些怀着梦想在黄土高原上风餐露宿的迁徙者,他们的口号是"到延安去"。印度援华医疗队队长爱德华看着蜿蜒山路上时隐时现的队伍,由衷点赞:"奇迹,奇迹,这简直就是奇迹! 这是 20 世纪中国的耶路撒冷!"今天呢,哪里的房价最具升值潜力,哪里就是 21 世纪中国的耶路撒冷。

到雄安去! 1978 年,这个国家刚刚明确以经济建设为中心时,城市居民人均住宅建筑面积为 8.1 平方米,农村居民人均住宅建筑面积为 6.7 平方米。今天,按照住房和城乡建设部部长给出的数据,城镇人均住房建筑面积达 33 平方米以上,农村人均住房建筑面积达 37 平方米以上。中国的人均住宅建筑面积已经超过了西班牙(25.8 平方米)、日本(19.6 平方米)、韩国(19.8 平方米),接近英国(35.4 平方米)、法国(35.2 平方米)、德国(39.4 平方米)、意大利(43 平方米)、荷兰(40.82 平方米),只是与美国差距较大(67 平方米),但美国的人口密度只有中国的 1/4。然而,中国人拥有的面积越大,心里就更加饥渴。

到雄安去!房价越追越高,越高越追,但很多人包括权威专家都在说,中国居民部门的杠杆率还不高,还有空间。而事实上,2016 年中国个人房贷高达 5.68 万亿元,占商业银行新增人民币贷款的 45%,如果再加上住房公积金贷款,总额接近 8 万亿元,比 2015 年几乎翻了一倍。根据西南财经大学微观调查数据和海通证券的研究,2013 年中国居民家庭负债/可支配收入约为 170%,城镇居民达 190%,已略高于各主要发达国家可比数据;考虑公积金因素后,2016 年中国居民房贷收入比达到 67%,已与美国、日本当前水平相当,若按当前增速持续,2019 年将超过 100%,达到美国历史峰值水平,居民偿付能力面临着巨大考验。

到雄安去!中国大量的券商研究,在提供价值投资建议方面乏善可陈,炒作板块概念却是他们的拿手好戏。关于雄安板块的电话会议一家家开起来,中央文件出台才几个小时就开始推荐相关股票,把千年大计当荐股道具,把亿万投资者当乌合之众,你们就那么胸有成竹?!

到雄安去!我们每个人还要加多少杠杆、住多大面积才心满意足?抑或,我们只是在赌,赌房价继续向上涨,击鼓传花有下家!

到雄安去!在这个时代,我们的情感、思想和智商是如此一致,个性和自我的目标几乎消失，我们互相传染，互相激励，互相恐吓，互相暗示！

心一动，世间万物纷纷攘攘，无时或了；心一静，浮荡人生纷争遁形，尘劳销迹。这不是唱唱高调或假作正经，我只是严肃地问自己：心屋不宁，房屋能安？

想到了胡适 1941 年在美国普渡大学毕业典礼上的演讲。他说，一个受过训练的头脑，就是对于易陷人于偏见、武断和盲目接受传统与权威的陷阱，存有戒心和疑惧："无论如何，大学毕业生离开大学之后，最普遍的危险就是溜回到怠惰和懒散方式的思考和信仰。……天下没有一个普遍适用以提防这种懒病复发的公式。……我所想要建议的是各个大学毕业生都应当有一个或两个或更多足以引起兴趣和好奇心的疑难问题，借以激起他的注意、研究、探讨，或实验的心思。……有人说没有装备良好的图书馆和实验室无法延续求知的兴趣。这句话是不确实的。请问阿基米德、伽利略、牛顿、法拉第，或者甚至达尔文或巴斯德究竟有什么实验室或图书馆的装备呢？"

"这是我给你们的劝告：在这一个值得纪念的日子里，你们该花费几分钟，为你们自己列一个知识的清单，假如没有一两个值得你们下决心解决的知识难题，就不轻易步入这个大世界。"

中国有无数聪明的大脑、勤奋的四肢、充沛的情感、正直的心灵，这才是我们这个国家一切百年大计、千年大计之所在。假如我们把最宝贵的人力资源和人最宝贵的时间都配置在房价上涨的喜悦忧伤与患得患失中，我们真的将得到什么，又将失去什么？

我们是要做普希金《渔夫和金鱼》的故事中那个永不满足的老太婆？还是像阿基米德一样，为了解决王冠的真假问题，几天都不洗澡，蓬头垢面，被仆人强拉进浴室，却终于悟到：那流出的水不正是我身子浸入水中的体积吗？他着魔似的冲出浴室，跑过大街："我找到了！我找到了！"

我找到了吗? 自己也是常常受惑的人,但我明白,无论是生命的房子,还是国家的大厦,都要靠一砖一瓦、一点一滴,按照一个有意义的目标,好好去建,慎终如始。

我们心中的房子,比现实中的房子,更加重要。

这是胡适的问题:你们是否充分准备来做这件在你们一生中最神圣的行动——有责任心的思考?

做一个不受惑的人。今夜,我会好好思考。

品牌，品牌，中国和世界差多远？

营销学讲，品牌即商业，商业即品牌（The brand is the business. The business is the brand），可见品牌之重要。

国务院办公厅 2016 年 6 月发布《关于发挥品牌引领作用推动供需结构升级的意见》，确定从 2017 年起，每年 5 月 10 日为"中国品牌日"。意见指出，"品牌是企业乃至国家竞争力的综合体现，代表着供给结构和需求结构的升级方向"，当前，"我国品牌发展严重滞后于经济发展，产品质量不高、创新能力不强、企业诚信意识淡薄等问题比较突出"。

品牌发展严重滞后于经济发展，这话说得很重，但恰如其分。

经济总量、企业收入与品牌价值

作为全球第二大经济体，中国经济规模占全球的 15.5% 左右。按照国际货币基金组织的数据，美国 2016 年 GDP 为 18.569 万亿美元，中国为 11.218 万亿美元，中国是美国的 60% 多一点。由于中国经济增速远高于美国,总量超美可能就在 5～10 年间。

中国企业的收入规模也很大。在按销售收入排名的《财富》500 强(2016 年)中,中国有 110 家企业,包括 7 家台湾企业、4 家香港企业(有一家是友邦保险)。如果只算中国大陆、内地企业,也有 99 家,和美国的 134 家相去并不远。中国的国家电网、中国石油、中国石化分别排名第 2、第 3、第 4,非常醒目,比它们规模大的只有沃尔玛。

但中国品牌发展的情况如何?

目前全球公认比较权威的品牌价值榜有两个:一个是 Interbrand 的全球最佳品牌 100 强(Best Global Brands),2000 年开始发布;一个是 WPP 集团旗下的 BrandZ 最有价值全球品牌(Top 100 Most Valuable Global Brands),2007 年开始发布。根据最新数据,Interbrand 2016 榜,中国只有华为和联想两家公司上榜,美国有 52 家。而在 BrandZ 2017 榜,中国有 14 家公司(含香港 1 家),美国有 54 家。

经济总量大,企业收入多,品牌价值比较低,这就是现实情况。

两大品牌榜上的中国公司表现

中国品牌为什么在两个排行榜上的表现差这么多? 这和评价方法有关。Interbrand 从品牌业绩表现、影响力、品牌保障公司持续收入能力三方面衡量,它要求品牌经营范围必须覆盖至少三大洲,必须广泛涉足新兴市场,必须有足够的公开财务信息,必须长期盈利,30% 以上的收入必须来源于本国以外地区。最后这一条,对很多中国公司而言是"拦路虎",是硬约束。中国市场太大了,中国公司不用怎么做国际市场已可跻身世界几百强,但这样的话也很难成为世界品牌。

Interbrand 2016 榜前十名分别是:苹果、谷歌、可口可乐、微软、丰田、IBM、三星、亚马逊、奔驰和 GE,美国占 7 家。华为排第 72 位,联想排第 99 位。考虑到联想是通过收购 IBM 的 PC 业务实现全球化的,在 Interbrand 100 强的榜单上,完全依靠本土品牌开展全球业务的中国公司只有华为。

再来看一下 BrandZ 的榜单,它是通过观察品牌在购买决定中的作用、评估公司财务价值中纯粹由品牌贡献的那部分价值来进行衡量的,其核心是计算品牌所带来的溢价。由于没有收入来源地的比例限制,中国公司的表现比在 Interbrand 上要好得多。在 2017BrandZ 全球品牌 100 强中,中国有 14 个品牌上榜,它们分别是:腾讯(8)、阿里巴巴(14)、中国移动(17)、中国工商银行(28)、百度(39)、华为(49)、中国建设银行(54)、中国平安(61)、茅台(64)、中国农业银行(72)、中国人寿(78)、中国石化(85)、中国银行(94)、友邦保险(97)。

"罗马是两周建成的",但品牌不行

尽管在 BrandZ 榜单上中国品牌表现不错,但和美国比,差距仍是巨大的。BrandZ 榜单前 10 名除了腾讯,全是美国公司,依次是:谷歌、苹果、微软、亚马逊、Facebook、AT&T、Visa、IBM 和麦当劳。52 个美国品牌的价值占 100 强品牌总价值的 71%,其中谷歌、苹果、微软、亚马逊和 Facebook 的价值就占 100 强总价值的 25%。

现在国际上有一种 G2 的说法,指世界经济进入中美共治时代。中国的经济实力和话语权不断上升,对世界影响越来越大,但从公司质量、创新、品牌、全球影响等价值指标看,切不可盲目乐观。

中国公司收入规模大而品牌价值低,这和中国经济高投入、高增长、高负债、低附加值的路径是一致的。

北京大学光华管理学院院长刘俏 2017 年 6 月 9 日在北京大学

三井创新论坛的演讲中说,我们从 2010 年至 2015 年 5 年时间完工的摩天大楼数量超过资本主义世界过去两个世纪所建的大楼总和;2011 年至 2013 年,中国在 3 年时间用掉了美国过去 100 年用掉的水泥;中国房地产开发商两周时间开发的房地产面积,相当于罗马的城市面积,"罗马是两周建成的"。

这些例子形象地说明了中国经济是靠什么拉动的。这么强大的投资拉动,必然带来经济总规模的快速攀升,加上工业化、城市化和人口红利释放的机会,中国公司的规模高成长并不奇怪,但我们一定要清醒,"债务驱动+资产升值→抵押出更多负债→用更多投入维持增长"这条路,总有一天会走不下去。

2016 年,中国有 79 只债券发生违约,违约规模 398.94 亿元,比 2015 年违约规模增加超过两倍,就是"锅太多,盖子不够了"的明显信号。

根据刘俏的测算,1998—2015 年,A 股上市公司的平均 ROIC(资本回报率,Return on Invested Capital)是 3%,这意味着 1 元钱的投资资本产生的税后利润是 3 分钱。而过去 38 年中,用同样方式测算出的美国企业的 ROIC 是 11.6%。这说明什么? 说明资本的使用效率,美国比我们高 3 倍多。

这样的问题大家都明白,但为什么我们对效率、价值的重视总是口头上的,而对规模的重视则是实打实的呢?

一个重要原因是,规模更符合政绩需要,规模意味着更大的影响和话语权。我发现不少央企、大国企、金融机构的网站上,都有许多和某某省市签署战略合作协议的新闻,主旨都是支持地方建设,加大投资力度。现在通过行政化指导去促成企业合并的事情也越来越多。这都有利于做大规模,也很讲政治,企业和地方政府皆大欢喜,但这能保证投资回报率吗? 中国的银行似乎从不担心给央企、大国企贷款,似乎这样永远不会犯错误,但钱越多、越便宜,真的就越好吗?

苹果、三星、迪士尼的启示

我们再通过一个具体的例子，理解一下品牌的价值。

智能手机是近年来中国制造的一个亮点，其成就可圈可点，但根据市场研究公司 Strategy Analytics 发布的统计报告，2017 年第一季度，苹果占据了全球智能手机利润的 83％，三星占 13％，两家拿下了 96％！苹果一季度运营利润约为 101.8 亿美元，中国智能手机公司利润最好的是 OPPO，运营利润是 2.54 亿美元，华为是 2.26 亿美元。

按照 IDC 的数据，2016 年全球手机出货量，苹果的市场份额是 14.6％，OPPO 是 6.8％，苹果是 OPPO 的两倍多一点；但以 2017 年一季度为例，苹果的利润相当于 OPPO 的差不多 40 倍。OPPO 是很好的品牌，市场竞争力很强，其利润已高于华为，但和苹果比，品牌价值和盈利能力的差距还不可以道里计。

举这个例子，不是要磨灭中国企业的雄心（事实上，OPPO、vivo、小米的品牌价值提升得很快），而是说，一个企业只有坚持走品牌之路，打造核心能力，才会有远大前程。

新兴市场公司要打造高价值的全球品牌不容易，但不是没可能。三星就是典型范例。20 世纪 90 年代，三星决心抛弃二流产品形象时，其社长李健熙说，现在是产品信用和形象的全球化时代，品质才是竞争力的衡量标准，关系到三星的生存权："3 万人制造的东西由 6000 人去维修，这样的企业拿什么和人家竞争？""就算停止生产或市场占有率下降，也要从根本上找出原因和对策，把产品品质提高到世界水平。"1993 年 6 月，三星在法兰克福召开高管会议，发布宣言矢志改革，李健熙就是那时说出了"除了老婆孩子，一切都要变化"的名言。

20 世纪 90 年代,中国有不少公司从事和三星类似的业务,当时它们与三星的差距并不大,但由于满足于在中国市场上挣快钱,挣容易的钱,不肯在研发和品牌上下工夫,在纵深上下工夫,在精深上下工夫,到了今天,面对纵向竞争力强大的三星,追赶的难度如同登天。

中国公司的品牌价值和世界水平比有差距,这很正常,未来也可能会逆转,但一定要注意一种倾向,就是把通过中国市场的"规模红利"而形成的优势,误以为是自己有"品牌红利"。王健林在 2016 年上海迪士尼乐园开业时说,"要让迪士尼中国 10 到 20 年内盈不了利",但他不明白,"规模红利"和"品牌红利"性质是不一样的。规模可以创造品牌,但只有规模创造不了高品牌,实现不了和消费者真正的情感连接。迪士尼在 Interbrand 榜上排 18,在 BrandZ 榜上排 13,是高价值 IP 的典范。迪士尼品牌加中国市场规模,其结果是上海迪士尼乐园在 2017 年第二财季实现小幅盈利,预计整个财年盈亏平衡。

品牌看似简单,就一个 logo,实则非常精深,在品牌面前谦卑一点没有坏处。

中国品牌的希望在哪里?

中央领导曾指出,事实证明,我国不是需求不足,或没有需求,而是需求变了,供给的产品却没有变,质量、服务跟不上。"我国一些有大量购买力支撑的消费需求在国内得不到有效供给,消费者将大把钞票花费在出境购物、'海淘'购物上,购买的商品已从珠宝首饰、名包名表、名牌服饰、化妆品等奢侈品向电饭煲、马桶盖、奶粉、奶瓶等普通日用品延伸。"

中国品牌升级、提高价值的迫切性,由此可见一斑。

2017 年的中国政府工作报告提出,要大力弘扬工匠精神,恪尽职业操守，崇尚精益求精，打造更多享誉世界的"中国品牌"，推动中国经济发展进入质量时代。

从 made in China 到 global Chinese brand，这一目标能不能实现，要靠中国企业和企业家的自觉与努力。

我对中国品牌的前景并不悲观。内需市场的扩大，互联网的普及，城镇化和服务业的发展，社交化的年轻消费者的崛起，会帮助大品牌越来越大，也会给新品牌提供机遇；产业整合的加速，将推动品牌的整合与集中；中国对外投资进入爆发期，将带动中国品牌的国际化和全球化。如果说"世界品牌的中国化和中国品牌的本土崛起"是过去二三十年的市场主旋律，那未来肯定会加上"中国品牌的全球化""新消费品牌的成长""服务品牌的崛起""科技创新型品牌的活跃""政府、区域、非营利组织等品牌的塑造"等主题。

我们已经看到一种趋势，虽然目前中国价值最高的品牌中大量是冠以"中国""国家"字样的品牌，其本质是国家意志在石油石化、金融、铁路、电网电力、航运航空航天、邮政、通信、军工、煤炭等领域的体现，但在整个中国品牌图谱中，那些诞生时间不太长，在充分竞争市场中依靠消费者信任而形成的品牌，其地位越来越重要。

我们也发现，过去中国品牌中的相当部分依赖的是"存量资产"或者说"资源禀赋"，比如白酒、中医药、土特产，而今天，市场驱动型、创新驱动型的品牌，正逐步成为中国品牌的主流。即使老品牌像云南白药，也是靠产品创新和市场创新才焕发活力的。

这些趋势说明，即使没有行政性垄断资源和特殊的传统禀赋，即使是在一张白纸上起步，只要能把握中国市场的大趋势，充分利用先进技术，发现消费者尚未被满足的需求，也能快速形成品牌资产。这就是品牌生于中国的天时地利。

中国的一些创新品牌正在被世界模仿。Facebook、Messenger和 WhatsApp 借鉴了微信，印尼的 Tokopedia 自称"印尼的淘宝"，印度的 Snapdeal 被称为"印度的阿里巴巴",印度的 Paytm 是"印度的支付宝",新加坡的 oBike 和硅谷的 Limebike 借鉴了摩拜单车的模式。在《麻省理工科技评论》2016 年发布的"50 大智慧公司"中,有 32 家美国公司,占据绝对优势,但中国公司也有 5 家,超过了日本和英国(各 3 家)、德国和以色列(各 2 家),中国上榜的百度、华为、腾讯、滴滴出行和阿里巴巴这 5 家全都是依靠市场和创新驱动的品牌。

没有文明之心,难创令人尊敬的品牌

当然,中国市场也有不利于品牌塑造的一些障碍,比如残酷的价格战、竞争对手之间无底线的互黑、知识产权保护不彰等,使品牌建设不断受到干扰。

前不久我问一个建筑类央企的高管:竞争中最痛苦的是什么?他说是价格战和"非业务因素干扰"。"招投标的时候,竞争对手会恶意造谣,给纪委写检举信,让他们来查,弄得你动辄得咎。大家不是想着怎么提升自己的能力,把价值提上去,而是想着用什么歪招把别人搞下来,不择手段。"

美国品牌之间也有口水战,有时甚至更加直接,比如乔布斯对微软的嘲笑,但是极少无中生有、歪曲事实地诋毁对方,相反,它们有很多竞合之道,比如可口可乐和百事可乐不会在同一时间发起相同的营销活动,互相硬撞,互相贬损。而中国的营销空间里,刻意乃至恶意打击对手的消息时有耳闻,实在让人感到不堪!

没有文明之心,纵然有再大再好的市场,也很难创造出令人尊敬的品牌。

最后用一个观点结束这篇文章,就是高价值品牌能以更快的速度实现盈利增长,创造卓越的股东价值。

2015 年的 BrandZ 全球 100 强,若将其中最强势的品牌作为一个"股票投资组合",则过去 10 年该组合的股价涨幅是 MSCI(摩根士坦利国际资本公司指数)的 3 倍以上,同时也比标普 500 高出近 2/3。

2017 年的 BrandZ 中国品牌 100 强,最强势的品牌自 2010 年 7 月至 2017 年 1 月股价上涨了 152.7%;全部 100 个品牌作为投资组合,股价上涨了 76%,而同期的 MSCI 中国指数只上升了 6%。

好的就是好的,有价值的就是有价值的,在品牌上的投入终会有良好的财务回报。问题是:你真的准备好做品牌了吗?

中国财富大趋势:拐点还是新起点?

瑞信研究院从 2010 年起发布《全球财富报告》,2016 年 11 月发布的 2016 年报告引起了中国不少财富管理机构的特别关注,因为中国财富出现了三个下降。

中国家庭财富总量(23.39 万亿美元)7 年来第一次下降,下降2.8%,缩水 6800 亿美元;中国成年人平均财富(22864 美元,约合人民币 15.8 万元)7 年来第一次下降,同比下降 3.7%;中国拥有100 万美元净资产以上的百万富翁数量 7 年来第一次下降,减少 4.3 万人。中国只有超高净值个人(净资产超过 5000 万美元)是增加的,增加了640 人,增加到 1.1 万人。

受经济不景气拖累,全球财富增长也很缓慢,2016 年仅上升1.4%,与全球成年人口增速保持一致。不过,中国作为对全球经济增长贡献率达到 1/3 的火车头,财富总量竟然是下降的,而且被日本超过,退居全球第三,还是颇令人吃惊。瑞信认为,中国家庭财富缩水的主要原因是股价调整和货币贬值。查数据,2016 年 A 股流通市值蒸发 2.43 万亿元,人民币对美元汇率全年贬值 6.83%。

当然,瑞信研究院对中长期中国财富的增长仍很有信心,它预计到 2021 年,在全球新增的 2 亿中产阶层(净资产 1 万到 10 万美元)中,中国将占一半;中国的百万富翁将从 2016 年的 159 万人增至 275 万人,增长 73％,亿万富翁数量至少新增 420 人,超过整个欧洲的新增数量。

在 2017 年春节的微信朋友圈,除了源自瑞信的这条"2016 年中国财富缩水 6800 亿美元"刷屏,经济学家钟伟的《最富有的一代中国人正在远去》也成为热文。钟伟认为,随着中国经济爆发式增长期已经过去,人民币大发行的洒钱阶段可能一去不复返,最惊人而无度的行业暴富机会已消退,最显著的收入增长期似乎也已远去,资产价格膨胀可能也已接近巅峰,家庭部门最轻松的税负阶段将迅速成为过往等原因,最富裕的一代中国人正在远去之中。

中国人的财富增长会不会遭遇拐点? 正在出现哪些新变化? 我和工商银行私人银行、钜派投资等财富管理机构进行了交流,也翻阅了瑞信研究院之前的报告①,做了一些研究,得出了以下结论。

结论一:从 2000 年至今是中国人财富高增长的强周期。

按瑞信报告,2000 年至 2016 年中国成人的平均财富从 5670 美元增长到 22864 美元,翻了两番;中国家庭财富总量仅用 15 年就完成了从 6.3 万亿美元到 23 万亿美元的增长,同样的增幅美国花了 33 年时间。

超级富豪的增速更是惊人。瑞信报告称,2000 年以来全球超高净值个人的数量增加了 216％,而中国增加了 100 倍。按胡润百富榜

---

① 瑞信报告英文版第 42 页详细介绍了研究方法,对金融财富的计量是将 GDP、通胀预测和资本市场 5 年股利折现相结合,对非金融财富的计量是依据和 GDP、通胀相关的一个回归模型,均以本国货币计价然后按照汇率换算为美元计算。

数据,2000 年内地首富为荣智健家族(19 亿美元),其次为刘永行及其兄弟(10 亿美元),而 2016 年仅 10 亿美元财富以上富豪就达594 名,排名前两位的王健林家族和马云家族财富都超过了 2000 亿元。王健林家族的财富(2150 亿元),按中国成人人均财富 15.8 万元计算,相当于 136 万人的总和。

财富管理机构的数据也印证了中国财富大爆炸的趋势,如工商银行私人银行管理的高净值个人财富在 2012 年为 4000 多亿元人民币,而 2016 年迅速增长到 12000 多亿元。

结论二:中国人财富高增长的最大驱动力是房地产、资本化和人民币升值。

按瑞信报告,中国人均不动产财富为 13100 美元。不动产是中国家庭财富的最主要体现,不动产价格的上升是中国人财富增长的最大驱动力。根据国家统计局的发布,2000 年中国居民购买了 1.43 亿平方米商品房,全国商品房平均售价为 2103 元/平方米,北京、上海、广东的平均售价则都在 3000 元/平方米以上。2016 年,全国商品房销售面积为 15.7 亿平方米,销售额为 11.8 万亿元,简单平均为 7516 元/平方米。平均售价似乎没有人们想象的那么惊人,但是,这些年一个重大的结构性变化是,一、二线城市特别是中心城市的涨幅远远超过三、四、五线城市。以上海为例,2016 年如果剔除共有产权房和动迁安置房等保障性住房,市场化的新建商品住宅平均销售价格分别为:内环内 87547 元/平方米,内外环间 62265 元/平方米,外环外 26778元/平方米。和 2000 年的 3000 元/平方米均价相比,涨幅令人瞠目结舌。

资本市场也是财富的放大器。2000 年中国的 GDP 首次突破 1 万亿美元,当时中国资本市场有 1086 家上市公司,年末总市值占GDP 的 48.48%,只有四五千亿美元规模。而目前 A 股上市公司已经 3000 多家,其中创业板从 2009 年 10 月 30 日首批 28 家挂牌到目前已经有 580 家左右。2016 年年底 A 股总市值为 55.68 万亿元,相当于 8 万亿美元左右。此外,新三板已经有 1 万多家企业,其中 95% 左右是民营企业。中国还有很多公司在海外上市,包括市值相当于 1.5 万亿元以上的腾讯和阿里巴巴。资本市场极大地膨胀了这些创业者和企业高管的财富,也让从天使投资到二级市场的众多投资者赚取了丰厚利润。

最后,如果以美元计价,由于过去十几年人民币相对美元有很大升值,中国人的财富上升更快。按瑞信报告,2005 至 2015 年人民币兑美元汇率升值约 33%,人民币实际有效汇率升值超过 40%。即使不考虑美元计价因素,由于外贸顺差、人民币升值和结汇制度因素,央行长期释放人民币以购买企业创造的外汇,其被动释放的大量人民币也是中国资产升值和财富增长的客观基础。

结论三:中国的财富增长仍将继续,但增速正在放缓,进入"新常态"。

多家财富管理机构的调研显示,中国无论是普通百姓还是高净值人群,对于财富管理的需求都很旺盛。每年大量形形色色的投资理财骗局,"野火烧不尽",也反证出百姓强烈的理财需求。而对高净值人群来说,保值增值、跨境配置、家族传承、风险隔离,理财需求更加多元化。

财富管理机构的研究显示,由于经济下行压力的传导,全社会生产性投资的回报率不断下降;加上股市调整、楼市调控,且不少中心城市的房价在 2015 年第四季度到 2016 年前三季度上涨过快;再加上人民币贬值预期的加强,所有这些因素导致最近一两年中国的财富增长速度明显放缓。一家大型财富管理机构认为,从管理资产的规模来看,每年的增速已经从 40%、50% 回落到 20% 左右,接下来可能回落到 10% 甚至个位数增长。与此同时,理财产品的收益率也明显下了一个台阶。

瑞信2015年报告预测,未来5年,中国财富将继续以9.4%的速度逐年递增,没想到第一年就下降了2.8%。

胡润百富榜2016年10月发布的2016年榜单指出:"过去一年财富增长放慢速度,2016年有2056位企业家财富达到20亿元及以上,比2015年增加179位,为3年来最低涨幅,有1007位企业家财富比2015年缩水或没有变化,其中828位财富缩水,上榜企业家平均财富比2015年略有下降,从73亿元下降到72亿元。"

中国人的财富增长可能正在进入"新常态",或者说,正在遭遇阶段性调整。考虑到未来一段时间人民币兑美元的上升空间不大,而房价既有的涨幅过大,资本市场的估值也不低,所以说中国财富在一定程度上被"高估"了,现在可能需要一些时间消化。

结论四:中国人的财富占有存在明显结构性分化,且不断拉大。

瑞信报告认为,2008年金融危机后的这些年,全球人均财富远低于其潜力,全球财富增长正在遭遇"失落的10年";同时财富分化日益明显,2016年全球有3300万百万富翁,从人数上占全球成年人口的0.7%,却拥有全球45.6%的财富。

中国在过去10多年的财富高增长,从增长率看远超任何国家,同时也在形成明显的财富分化,无论是从地域、行业还是财富占有形态来看。比如,如果过去十几年居民的财富形态主要体现为现金和银行储蓄,财富命运就十分悲催。2017年春节在家乡开封过年,一个朋友告诉我,他10多年前在县里工作时有一张1.5万元的银行存单,后来调到市里忘了这回事,春节前发现了老存折,取出来只有1.55万元多一点。以当年的1.5万元和现在的1.55万元对应的住房购买力来看,货币变成很不值钱的财富,而房子变成最值钱的钱。

残酷的现实让人不得不生出"胆子越大的,越敢借钱的,借钱越多的越富有"的看法。核心原因就是,财富和收入之间的离散度在加大,劳动形成的收入增长远远赶不上资产创造的财富增长,"人挣钱"

远远赶不上"钱生钱"。

最新数据表明,按常住地分,2016 年中国城镇居民人均可支配收入为 33616 元,扣除价格因素实际增长 5.6%;农村居民人均可支配收入 12363 元,扣除价格因素实际增长 6.2%。从 2011 年到 2016 年,收入增长的趋势是放缓的,所以如果就是依靠收入、储蓄,过日子问题不大,但一定会错过隆隆开进的财富列车。

不少国内外学者在观察中国居民的收入和消费时,都有一种背离感,即按照居民可支配收入的数据——2016 年全国居民人均可支配收入的中位数是 20883 元,按居民五等份收入分组依次是 5529 元、12899 元、20924 元、31990 元和 59259 元,即使是高收入组,按一家三口计算可支配收入也不过 18 万元——中国人不应该买得起这么多这么贵的房子、奢侈品和海外商品,不应该有这么多出境游。在国外名牌店,中国人似乎是世界上最富有的人。

但中国人的消费力是真实的,其中的最大原因是人口基数。以 13.8 亿人口为基数,20% 的高收入组就有 2.7 亿多人,消费力是现实存在的。瑞信 2015 年的报告称,中国的中产阶层按绝对值计算是全球最多的,达 1.09 亿人。何况中国人总体上热爱储蓄,平时节俭,偶然出境买些名牌不是太大负担。2016 年中国出境游 1.22 亿人次,和人口基数比并不高。大部分中国人甚至还没有体会过出境游。

把收入和财富两种因素综合来看,应该说,中国各个阶层的收入都在增长,消费力都在提高;甚至低收入和离退休群体的收入增幅会高于中等收入阶层,因为前者得到更多的国家保障,后者则充满波动,和市场景气与否高度相关。但是以财富和资产购买力来看,中国的财富正极大化地向发达地区、房地产和资本市场,以及少数高净值人群集中。从收入意义上,中国脱贫创造了世界奇迹,从财富意义上,中国的分化之大也是世界罕见。两种情况,同时并存。

所以我们会看到,尽管 2016 年股市不景气,持股市值在 50 万～

100万元、100万～500万元、500万～1000万元、1000万～1亿元的持有人数量都是下降的,但是持股市值1亿元以上的账户数反而增加了30.3%。有研究指出这和网下打新以及大资金抄底相关,但也从一个侧面反映出"马太效应"正越来越极端,就是富的更富。有财富管理机构高管指出,由于整个资产收益率下降,未来几百万元到两三千万元的理财压力会很大,但是几亿几十亿规模资金的理财空间反而很大,因为可以跨境配置、股权配置、好项目优先配置,由于家族传承,财富阶层的固化也很难避免。

结论五:因为统计因素和灰色收入,中国高收入者的收入被低估。

如前所说,中国人的财富在一定程度上被"高估"了,需要一些时间消化。但是学术界有一个比较一致的看法,就是中国人的收入被低估了。

原因之一是,国家统计局是按照城乡住户抽样调查来统计人均可支配收入,由市(县)级调查队向抽中的记账户发放记账本,定时回收并发放新账本,记录家庭的流水账,但是高收入居民拒访率高,他们收入来源多,敏感,即使合法也不愿露富。这就导致对高收入者的统计存在明显低估。

如果按照国家统计局在经济普查时采用的资金流量表测算,因为资金都是有流向的,而且还要把自住房按租给自己的"虚拟租金"计入,这个口径的居民收入会增加不少。以2011年为例,抽样调查推算全国居民可支配收入为19.6万亿元,资金流量表推算是28.6万亿元。

第二个收入低估的原因,是所谓"灰色收入"问题。按照著名经济学家王小鲁教授的说法,灰色收入是各种各样你没法证明它的来源,或者来源合法性没法证明的收入,其主要形式是腐败、寻租,还有就是所有环节都未纳入统计的经济活动中的收入。例如,国家能源局煤炭司原副司长魏鹏远受贿、巨额财产来源不明案,最后判决其非法收受他人财物共计折合人民币 2.117 亿元,还有巨额财产明显超过合法收入,不能说明其来源。"不能说明其来源"几乎是每个贪官的标签。

如果说劳动力回报赶不上资本回报带有一定的自然倾向,而且会随着劳动力逐渐稀缺而有所改变,寻租和灰色收入则应当旗帜鲜明地反对。按王小鲁研究团队在全国 60 多个城市的城镇居民抽样调查,他们推算的最高收入组人均收入是统计局数字的 3.2 倍。当然不能说这些被低估的部分都是灰色乃至黑色收入(犯罪性收入),但很显然,中国今天的收入低估主要是高收入者的收入被低估,而且数量不小。

结论六:中国未来财富增长将朝着阳光化演化,但如何避免弱势人群处境进一步恶化的问题依然严峻。

中国财富增长的速度虽然走过了高峰期,进入"新常态",但未来仍然存在着巨大的增长机会。假以时日,可能还会爆发出今天我们难以想象的能量。主要的原因是——

第一,中国市场的内部需求仍在不断上升,消费升级刚刚展开,中国的人均收入要赶上发达经济体今天的水平还需要 10 年甚至 20年。瑞信 2015 年报告显示,过去的 15 年,新兴市场的中产阶层数量以每年 3.3％速度持续增长,而美国的增长速度则仅为 1.34％,"一个明显的例子就是中国现在的中产阶层数量(1.09 亿)已经超过了美国(9200 万)"。尽管如此,按照中产阶层占总人口比重计算,中国还只有 8％左右,潜力非常巨大。

第二,越来越多的中国资本开始进行全球投资,通俗些讲就是到全世界赚钱,其对于全球不少地方的矿产、能源、农业畜牧业、金融资产的控制力超乎想象。尽管由于种种原因,很多投资非常低调,但事实上已经非常惊人。

第三，中国的证券化、资本化比重还不高，随着直接融资的发展，中国财富的呈现方式会大为膨胀。目前几十亿、数百亿元市值的公司，特别是高科技含量的公司，未来 5 年内有相当部分会跻身数百亿乃至数千亿元市值的公司。最近几年创业投资投入的项目会有几百上千家有望成为"独角兽"。

第四，创新驱动新财富爆发。传统的重化型的财富生成模式正在褪色，但是高科技和互联网、物联网、人工智能正在掀开新篇章，制造业升级中的"四基五化"正在崛起，文化、娱乐、旅游、医疗、信息、金融等服务业在迅猛发展……消费中产化、技术升级化和公司资本化，将成为中国财富下一轮增长的主旋律。原来胆子越大的越赚钱，越有钱的越赚钱，未来的大趋势将是越有技术创新、价值创新、模式创新能力的人越赚钱。有些趋势已经明显化了。在 2016 胡润百富榜上，有 68 位财富在 20 亿元以上的 80 后入选，其中 21 位是白手起家，基本都从事 IT 行业，排名第一的汉鼎宇佑公司的王麒诚、吴艳夫妇以 245 亿元成为最富有的 80 后白手起家富豪。大疆的汪滔财富为 240 亿元，滴滴的程维和好未来的张邦鑫财富分别为 130 亿元。所以，在可以想见的未来，不仅像今天的王健林、马云、马化腾、宗庆后、丁磊、李彦宏、何享健这样的富豪会再创新高，一批今天还不为人知的年轻人也会凭借知识和创造的力量走上财富的中心舞台。过去房地产业出现了很多超级富豪，未来给人的精神和情感世界"造房子"的行业，比如游戏、动漫、文学、影视、电子竞技等，也会出现很多富豪。

第五，中国在保护产权、简政放权、经济法治化、投资便利化、基础设施完善化等方面的总体态势，尽管有不尽如人意甚至阶段性、区域性波动的情况，但仍在不断改善，为创造财富提供了更好的环境。

需要注意的是，中国也在对财富开出"负面清单"，从 2016 年开始的一系列对证券市场、金融市场的整顿表明，中国不允许大鳄呼风唤雨，对过度的金融运作高度敏感和警惕，如杠杆居高不下、操纵市场、资金空转或外逃、金融机构被家族控制、监管套利与利益输送等。显然，此类巨富的财富拐点开始了，不仅是拐点，而且可能面临万丈深渊。

从开通"秦朔朋友圈"开始，我一直清晰地向中国富人传达同样的信息——今天的中国到了既要问财富多少，也要问是非问题的时候了，到了企业家要洁身自好，走正道，正道才光明的时候了。有钱是好事，但是如果面对不义之财还不知拒绝，还要继续钻空子、走门子、高调子，不出问题才怪呢！

除了对财富开出"负面清单"，中国未来也会对收入分配和财富分配格局进行调整。比如长期以来，中国的税收体制以流转税（营业税、增值税、消费税等）为主体，收入税比例较低，不利于收入分配调节；现实中高收入者更容易避税，中低收入工薪阶层反而成为所得税缴纳的最主要人群，事实上是"逆向调节"；中国社会保障制度的碎片化，加剧了城乡、群体和区域之间的不公平；对于投机性资产收入的扩张（如炒房囤地），始终没有从根本上采取措施加以纠正……凡此种种，相信未来会通过制度建设和政策进行纠偏。

有"负面清单"，有纠偏措施，则中国的财富创造与分配，会更加阳光、透明和公平。

但是，全世界的经验表明，由于资本收益总是高于劳动收益，所以财富分配的两极分化是世界性难题。如果提高资本利得税，就像法国做的那样，又会"驱逐"资本，影响投资和增长。未来一段时间内，中国财富分化的总体态势不会改变，甚至可能进一步拉大。

如何避免弱势人群的处境进一步恶化，这是一个现实生存与发展的问题，也是一个对未来的心理期望问题，还是一个国家有没有同情心的社会良知问题。这个问题，政府应该重点考虑，而每一个富裕阶层的成员，也必须关注与反省。

"校园日记"和"彭蕾之问"：
中国互联网能否走出魔鬼的诱惑？

2016 年 11 月 28 日,蚂蚁金服董事长彭蕾在美国出差途中写了一封《错了就是错了》的信,就支付宝"校园日记"事件检讨、道歉。这封信是一个互联网公司的董事长面对社会舆论的滔天巨浪必须要做的回应,也是一个 45 岁的中国女性基于公序良俗由衷而发的真实感受。

同一时间,我也在美国出差,时差还没倒过来,但觉得必须起来写点东西。

彭蕾这封信的分量,不亚于马云任何一次演讲

在我看来,彭蕾这封信对阿里巴巴的进步意义,不亚于马云任何一次演讲。

彭蕾在信中写了十几个问号:"我们要向数亿用户传递什么信号?! 我们到底要什么?! 我们终究去哪里?! 在所谓的用户活跃度

面前可以不择手段无节操?！……我们在选择做这事的时候,在确定运营规则的时候,在对可能产生的不良影响做判断的时候,难道不曾迷失方向? 难道不曾存有哪怕一丝丝的侥幸心理? 打打擦边球无伤大雅? 谁谁谁当初也如何如何? ……支付宝的实名用户、风控体系、大数据能力,以及我们引以为傲无比珍惜的信用体系,可以令更多美好且正能量的事情发生……但为何,我们也同时选择了这样一种类型的圈子? 它到底创造了什么了不得的用户价值和美好体验?！人跟人之间真需要以这样的方式"赤裸相见"?！……"

"彭蕾之问"是对企业的核心竞争力之问。支付宝给人的第一印象是友好方便的支付工具,背后则是金融和数据两大领域的专业能力,这是其核心,任何发展都应据此展开。而"校园日记"则赋予了一个具有普适性价值的品牌和工具以异样性,而且是通过"异性效应"来实现异样性。这是舍本逐末、挑战社会基本认知能力的荒唐之举。当然,会加粉,会社区化,也有人说没觉得怎么样,但也一定有人不再把自己重要的钱包交给这种有特殊颜色的通道、把对颜色的癖好作为实名数据记录保存在阿里巴巴的数据库里,而之前,他们对支付宝有着高度的使用忠诚。"校园日记"越火,讨厌这种色彩、觉得它不再适用于自己因而离开的人就越多,支付宝的普适性根基可能从此动摇。

"彭蕾之问"更是价值之问、文明之问,不仅支付宝、阿里巴巴集团,整个中国互联网行业都该听一听——"类似这样的问题,我们需要无时无刻拷问自己,任何掩耳盗铃自欺欺人都只是自掘坟墓。"

阿里巴巴是一家有着强烈价值观导向并因此有强大聚合力的公司,客户第一、团队合作、拥抱变化、诚信、激情、敬业被视为"对于我们如何经营业务、招揽人才、考核员工以及决定员工报酬扮演着重要的角色"的六条价值观。马云非常在乎价值观,我们多次讨论过商业文明问题,他曾对我说,"阿里只是多么小的一点东西啊,不值得骄傲。但我们有自己的原则，那就是传递商业正能量，而不是姑息一切似是而非的忽悠年轻人的东西"。

何谓商业正能量？按照阿里巴巴 2010 年 9 月发布的《新商业文明宣言》，它意味着开放、透明、分享、责任，意味着个人数据、商业平台和公用计算之间的平衡，个人愿望、企业目标和社会责任之间的平衡，物质消耗和环境保护之间的平衡。一言以蔽之，商业正能量离不开责任，离不开社会责任。

我在自己的研究中，对商业文明有一个简单定义，就是通过商业方式对人的权利、价值、力量和福祉的实现。文明有二重性，既有进取性、创造性，所谓"见龙在田，天下文明"的一面；又有限定性、规范性，所谓"文明以止，人文也"的一面。前者体现的是做什么的自由，后者体现的是不做什么的约束，是"行于所当止"的恰当性。

阿里巴巴在进取性、创造性方面取得的成就，举世皆知，不遑多论。而在限定性、规范性这一面，如何把控，如何加强，如何自我约束，如何善用力量，"校园日记"事件是一个严肃的教训。

对阿里巴巴来说，"彭蕾之问"是当头一棒的提醒。当阿里巴巴发展到这样一个阶段——作为商业基础设施，它的应用越来越全面化；作为循环不息的"自生长"生态，它的利益相关方越来越普遍化；作为基于数字化空间却和所有经济活动紧密相连的经济体，它的外部性越来越超越商业本身——有什么东西会让它走上歧路，甚至"自掘坟墓"？

而对所有中国互联网公司来说，"彭蕾之问"也是一个借鉴和警示——中国人已经离不开互联网，越来越离不开互联网，而且在相当程度上只有此网而无彼网可用——在此背景下，互联网如何更好地成为人们可信赖的伙伴、社会进步的推手，而不是异化为"利维坦"那样的怪物？

魔鬼与浮士德的故事及其启示

彭蕾直言不讳地鞭挞"在所谓的用户活跃度面前可以不择手段无节操"地"迷失方向",她说的节操和方向,特别值得男性主导和信奉"技术中立"的互联网公司领袖群体倾听和反思。

从"校园日记"这个案例以及之前的很多案例,可以说,没有哪个中国互联网公司不会遭遇魔鬼对浮士德的那种诱惑,谁都可能经不起诱惑,都可能陷入贪、嗔、痴这"三毒"。

在歌德耗费毕生心血完成的诗剧《浮士德》里,魔鬼靡菲斯特引诱学富五车的浮士德和他签了一份协议,他满足浮士德生前的所有要求,作为交换,他将在浮士德死后拿走他的灵魂。久居书斋的浮士德对世俗享乐一无所知,魔鬼帮他开始体验另一种生活。他的第一个去处是酒吧,他在大街上追逐少女,他让魔鬼"把那个小姑娘弄来","如果今夜不能抱住她",就和魔鬼在午夜分道扬镳。这刚好符合魔鬼的想法,就是"拖他进放荡的生活,经历平庸而无聊的人生"。然而浮士德的复杂性在于,他既要感官之乐,又不愿把灵魂很快输给魔鬼。他对少女的追求是认真的,不只是肉欲满足,还有精神的浪漫与喜悦,所以魔鬼叫他"痴情的大傻瓜"。

故事只是刚刚开始。浮士德很快又不满足于在二人世界过"平庸而无聊的人生",他让少女怀了孕,却没有娶她。未婚先孕的少女因自责和绝望溺死了婴儿,因此入狱被判死刑,浮士德这才去相救,但为时已晚。

此后,浮士德还历经了多重起伏跌宕的境遇。他曾被魔鬼带进朝廷,为帝王服务,体会权力和地位。也有过很短的一段时间,他成功地让古希腊第一美女海伦现身,觉得艺术之美才是一切的归宿。当他又回到现实,他让魔鬼猜猜他的愿望,魔鬼想的都是感官享受,而浮士德对享乐已无兴趣。魔鬼想让他飞到月球上,但浮士德只想扎根现实,他要拦海扩地,为大众谋福利。不承想,这个过程中他弄死了一对不愿拆迁的老年夫妇,浮士德非常痛苦,眼睛也瞎了。

在失明之后,浮士德反思自己和魔鬼在一起、一直接受魔鬼帮助的经历,决心"清除路上的一切魔法"。他不再要魔鬼帮助,而是号召民众团结起来,一起努力。他憧憬着大家修筑水坝、挖排水沟、防止海患的场景,得出了"智慧的最后结论":只有发动民众自己每天争取自由和生存,才能获得自由和生存。

在生命的最后时刻,浮士德意识到以自我为中心向高处攀登的价值实现方式,并不能让他真正满足,反而经常在客观上让人受苦受害;只有对更多人民大众的福祉和未来有所贡献,他的痕迹才能长存,而这才是生命的最高境界和价值——"就是当所有的少年、壮年和老年人都不惧艰险地度过奋发的年辰,在自由的土地上自由立足的时刻。"

明白什么是人生最高境界后,浮士德说了一句"真美啊,请停一停",就倒地死去。但魔鬼没有夺走他的灵魂,因为一群天使驾到,把浮士德的灵魂接到了天上。

在《浮士德》留给世人的众多启示中,最重要的可能是——生命的意义并不一定是取得某项伟大成就,而是永远奋发,向上攀登,飞向更加崇高的境界。该剧的序幕是魔鬼和天主打赌,魔鬼说能诱惑浮士德堕落,天主则认为,一个有价值的人尽管会在奋斗中犯错误和迷惘,但终会走上清明的正途。浮士德最终被拯救,不是因为他没有犯错误,而是因为他永远在痛苦中纠正错误。

《浮士德》的译者、诗人绿原在解读该剧时说,这是一场以浮士德的灵魂作抵押的诱惑与反诱惑的赌赛,一场考验与接受考验的悲喜剧。有三条格言式的台词是理解《浮士德》的关键。前两句是天主在《天堂序曲》中所说的,"人只要努力,犯错误总归难免","一个善人即使在他的黑暗的冲动中,也会觉悟到正确的道路"。这两句话体现了天主对人类的宽容,也标识了"人不怕犯错误,但怕不努力"的准则。第三句话是在最后一场,众天使抬着浮士德的灵魂升天时唱道的,"凡人不断努力,我们才能济度",战胜种种诱惑,终能获得拯救。

人类的精神其实是永远在相互斗争的连体双胞胎。浮士德之为浮士德,和魔鬼靡菲斯特是分不开的。在某种意义上,靡菲斯特并不是一般意义上的"恶的化身",而是砥砺人们在不断被诱惑和堕落过程中不断超拔的催化剂。《浮士德》还告诉人们,在为更高目标奋斗时,要对自己的行为负责任,不能为实现一己之愿而伤害他人,更不能为了实现愿望而求助"魔鬼"。

靡菲斯特盯着我们每一个人,盯着每一家公司。如果有彭蕾式的扪心自问,我相信中国所有互联网公司都能发现那个始终在和自己搏斗的靡菲斯特。只是彭蕾有勇气很认真地把这个"赤裸相见"的魔鬼说出来了而已。我希望更多的互联网领袖主动反省。你不自我拷问,就会面对社会拷问和政府拷问,这样的案例还少吗?

责任拯救一切,责任创造一切

互联网比以前任何一种发明都更加普遍地拉长、加深、扩展了人的力量,它对人与社会的方方面面都有赋能作用,它就是今天的火与电,照亮人类的新视野,驱动人类的新进步。但正如玩火和触碰高压线的风险一样,互联网也有巨大风险,也需要"十诫"那样的约束。

和某些寻租色彩浓厚的行业相比,中国互联网是"原罪"极少的阳光行业,互联网行业的领袖们也是今天这个时代商业文明建设的重要推动者。但仔细观察,由于资本驱动、赢家通吃、快速成功、用户有强烈路径依赖、互联网公司和用户的力量高度不对称等原因,这个行业也有一些结构性的病症,历久而不治。借用"彭蕾之问"的体例,我想提出 10 个问题,给行业领袖们 ——

是更在意估值,还是更重视价值?

是立足于打击和倾轧竞争对手,还是立足于扎扎实实提高自身能力?

是对用户无所不用其极地利用、干扰、榨取,还是设身处地对用户尊重、谦恭和节制?

是不择手段地迎合、刺激、挑唆人性中的弱点,还是对人的"陷溺性"的一面善加提醒、阻隔、平衡,并对人性的优点更多导引?

是视天下人为无知,随意吹牛,过度包装"放卫星",还是以爱人之心和工匠精神去研发真正解决社会问题的好产品?

是追逐时髦的流行概念,还是真心做百年老店?

是以自我优越的姿态嘲笑众多的基础产业为落后、动辄就是颠覆和毁灭,还是待人如己地助他们迈向先进,同时反躬自省地学习别人也有的先进?

是以平台中立、技术中立的"避风港原则"为自己摘除种种问题的连带责任,还是主动去承担责任?

是以创新为由,要求政府一直给予幼稚产业那样的优惠政策,还是努力建设更加公平的产业竞争环境?

是以巨大的用户数量和外部性为凭借和政府博弈,政策只能向我而定,还是在博弈时,也有基于全社会、全行业角度的考量,懂得付出和平衡?

我提出这些问题,并不是说互联网公司的行为都是前者,如果那样的话,中国互联网不可能有今天的发展,走在世界的前沿。但我所问的每一问题,也不是空穴来风,而是都有具体所指。联合国在 68 年前通过了《世界人权宣言》,第一句话是:"人人生而自由,在尊严和权利上一律平等。他们富有理性和良心,并应以兄弟关系的精神相对待。"中国的互联网公司,包括领导性的公司,是不是做到了对所有的利益相关者——无论自然人还是法人——都能以平等之道、尊严之道、理性之道、良知之道相处？还是在不同程度上都存在着对人权的无视、欺凌、肆意和对假恶丑的纵容？

"虚拟世界"的责任并不是虚拟的，特别是在互联网和空气、水一样成为一切的基础的时候。正如我们呼唤清洁的空气和水，我们对互联网也会提出更高的底线要求，势所必至，理所当然。互联网造就了一批时代的宠儿、财富的宠儿，但当他们逆天而行时，天必惩之。天道即人道，人道不是空洞的，对人的尊重呈现于每时每刻的行为之中。任何一个互联网产品，它里面有什么动机，夹杂了什么东西，天人共见，一清二楚。

可能有人说，这些老套的说辞早过时了，在今天，"自由意志就是善"。恰恰相反，纵观历史长河，"善"（public good）才是正确行使自由意志的前提。当然，历史是蜿蜒曲折的，有审美就有审丑，有求智就有反智，有追求崇高就有消解崇高，这两面往往还会纠结于一体，就如永在挣扎的浮士德那样。但是，人类之所以选择文明而不是蒙昧和野蛮，是因为历史一次次地启示，蒙昧和野蛮是一条通往彼此伤害与毁灭的道路。正道光明，文明之路再辛苦，也要争取，也要坚持。

"校园日记"已经关闭，"彭蕾之问"却将延续。中国互联网能否走出魔鬼的诱惑？答案是：责任拯救一切，责任创造一切。

参考文献

1. 米琴. 人生的最高境界——读歌德的《浮士德》[EB/OL]. 财新网，2013-05-31.

2. 绿原.《浮士德》该怎么读？[J]. 中华读书报，1999-05-12.

谁都希望繁荣，但常识和梦想哪个更可靠？

太容易获得的钱，会把脑子烧坏

2017 年 5 月 21 日，乐视网公告，贾跃亭申请辞去总经理，专任公司董事长，公司董事会同意聘任梁军为总经理。

有乐视的地方就有新闻。此次人事变更，照例激起众多媒体的报道与分析，包括"乐视姓贾还是姓孙"的猜测。

贾跃亭是一个不断眺望未来、充满理想和创新精神的企业家。乐视最初的大屏电视、影视内容（自制、购买版权）和会员服务构成了可靠的闭环。乐视擅长营销，其品牌在年轻人心目中也颇为亮眼。如果沿着这一闭环，把硬件、软件、内容和服务等各个环节都做精做透，步步为营，不断加深护城河，完全可以立于不败之地，广积粮之后再做他图。

但贾跃亭偏不满足，他要构建更多的生态子系统，并在公开场合发表"苹果已经没落""乐视要超越特斯拉"等观点。《华尔街日报》

2016 年报道称，"中国亿万富豪贾跃亭想要凭借乐视同时挑战苹果、Netflix、亚马逊和特斯拉。六年来雄心壮志的同时，贾跃亭对那些质疑他的声音不屑一顾"。直到 2016 年 11 月 6 日，43 岁的贾跃亭发布致员工信，承认"我们蒙眼狂奔、烧钱追求规模扩张的同时，全球化战线一下子拉得过长"，一个真实的乐视才揭开帷幕，因管理和财力都跟不上，乐视四处拖欠账款，遭遇严重的信用损失。

乐视战略的成败得失，不是本文的中心。我想到的问题是：没有油，梦想是烧不起来的。贾跃亭的梦想之所以能熊熊燃烧，是因为一直有油可烧。这里的"油"，就是易于获得的资金，Easy money。

拿乐视体育来说，2016 年 4 月 12 日宣布 B 轮融资完成，20 多家机构和孙红雷、刘涛、陈坤等 10 余位个人投资者跟投，共融资 80 亿元，公司估值达 215 亿元。而就在 11 个月前首轮融资时，估值是 28 亿元，融了 8 亿元。仅仅 11 个月，估值就从 28 亿元跳到 215 亿元。[①]

而整个乐视生态中最重要的资金来源，则是贾跃亭借乐视网在 A 股的高市盈率减持股票，或质押股票进行融资。根据多家媒体测算，乐视网本身通过 IPO、定向增发、发债，融资 91 亿元。贾跃亭本人通过三次大规模减持累计套现 117 亿元，他的姐姐套现 22.84 亿元。根据 2017 年一季度乐视网财报，持有 5.12 亿股乐视网股份（占比 25.67％）的贾跃亭已将 4.97 亿股股份进行了质押，占持股数的 97.2％；由贾跃亭实际控制的"乐视控股"所持 1194 万股乐视网股票也全部质押，贾跃亭的哥哥持有的 4394.7 万股乐视网股票超过 98％进行了质押。这些质押的股票，为贾跃亭实现了 300 多亿元的融资。

---

① 均为乐视体育发布数据。

以乐视网的高股价为轴心，资金源源不断涌来，贾跃亭可能从来没有觉得钱是什么障碍，因此四处出击，四面树敌，为抢占市场份额不计代价地疯狂补贴。直到现金流出现大问题，危机总爆发。

心有多大，舞台就有多大？

乐视这个案例，让我想到王石在《道路与梦想》中讲到的，万科上市后手里一有钱头脑就发热，进行多元化、多区域扩张的教训。他多次说，"手中有钱加头脑发热等于灾难性决策"，这是个怪圈，"假如把规模当作目标，那么企业的经营一定变形，变形就容易出问题"，所以企业要"不贪婪"，"一旦过热、超速，就会在未来年份里放慢，恢复应有的轨迹"。

贾跃亭经常说 All in（全押），但在七大生态的七个战场上，与那么多专业化的对手竞争，有那么多乐视的高管要向他一个人汇报，而他又经常在国外，怎么可能 All in？神一样的精力也做不到 All in 啊！

梦想的边界是能力和资源的约束，谁都不可能"通吃"。记得2011 年，广东步步高电子工业有限公司意外地对外宣布，逐步退出生活电器行业，不再做电磁炉、豆浆机、电压力锅、电热水壶这些东西，而当时步步高豆浆机的广告还在央视黄金时间播出。以步步高做产品的能力、营销和渠道实力，不是做不了家电产业，而是考虑到小家电竞争门槛不高，难以在短期建立竞争壁垒，更重要的是，步步高认为手机是战略方向，要集中精力做手机，不可能再搞一个家电主业。所以"长痛不如短痛"，断然退出，哪怕当时损失了 3 亿多元。

今天我们看到 OPPO、vivo 的成功，但如果这两家和步步高有血脉联系的公司当初不聚焦，不真的 All in，恐怕很难有今天的成就。

企业和市场发展都有其自身规律。虽说"心有多大，舞台就有多大"，但你能不能站在舞台上持续演出，还是取决于你能不能为受众奉献出独特的价值，取决于你够不够专心和用心，你的体力、精力、能力能不能支撑下去。

乐视的出身是一家民营企业，但其做法，和传统的优秀民企很不相同。2007年我采访东方希望集团董事长刘永行，他说企业一定要平衡好进取和保守的关系。"狼有进取的基因，勇于捕食兔子，但对资源的索取会采取谨慎原则，吃饱了就不再去捕食，无节制捕食最终也会自己灭亡。企业也是这样，过度获取土地、银行贷款，过度投资，都是对大自然的过度索取。"而乐视给人的印象，恨不得把整个天都吞下来。

乐视延揽了很多知名经理人，可谓高手如云，怎么排座次、如何协调都是问题。贾跃亭的态度似乎是多多益善。反观那些注重效率的民企，最看中的不是高管名声，而是状态能不能激活，执行力有没有保证。曾经创造出饲料业的"六和奇迹"，后又创立了亚太中慧集团的张唐之很重视员工利益，一方面提出"员工收入不是企业的成本，而是企业的收入"，一方面又告诉大家："'公司不是员工的家，更不是员工的最终归宿。'这是一句貌似冷酷，却饱含真情的大实话。企业不是养老机构，也不是慈善机构，其生存发展有着难以抗拒的规律，吐故纳新、革新求变等都意味着人员的流动。提早为员工考虑出路，帮其创业，是企业社会责任的表现，更是企业对员工关爱的浓情厚谊。"这样的民企才充满竞争活力。而乐视没赚什么钱，却似乎有大把钱等着花，提前染上了"富贵病"。

因此，乐视如今遇到的资金危机，可能恰恰是一件好事。它能让乐视在受到约束的条件下，回到商业规律上来，回到最早的比较优势上来，专注于做最擅长的东西，这样反而可能柳暗花明，重现生机。

早该调整的"繁荣"

和乐视在 A 股风光不再一样,整个中国资本市场也在经历着结构性调整。上证 50 指数已经刷新了 2015 年 12 月 24 日以来的新高,权重股表现强势,当然也有很明显的迹象,显示"国家队"经常对权重股护盘拉升以支撑指数大局。而创业板则非常低迷,2017 年 5 月11 日创出 2015 年 2 月 3 日以来的新低,市场上大部分股票弱不禁风,小盘股更常常集体杀跌。

一边是上证 50 创新高,一边是创业板指数创新低,这个基本的结构变化说明了什么? 说明过去那些靠概念、题材、市梦率、资金驱动形成的繁荣在消散,不该那么贵的股票在回归真实价值。回归的方式就是下跌。

对投资者来讲,这当然很残酷。回顾股票市场 27 年,投资者和监管者最关心的似乎一直都不是构成股指的那些公司的优劣,以及如何保证公司披露信息的真实性,而是最关心股指涨跌。涨就好,就皆大欢喜;跌就坏,就要护盘,想办法刺激,让新资金为套牢盘接棒,逃出来的投资者喘口气,看到行情上涨,再进场。市场下跌,再呼吁护盘。如此这般,几年一次。

因为股市的原因,骂刘士余的很多,换个人就能把股市托上去? 那就如同寄望换个足协主席就能把中国男足搞上去一样荒唐。

该跌的总会跌。不具备竞争能力和高效率的公司总会"真相大白",靠撑,靠托,靠政策市、资金市,短期有点用,长期看,市场还是"天道自行"。

中国股市的做空机制非常薄弱,只能通过做多才能获利。对大股东来说,二级市场涨得越多,他们通过减持、增发赚的钱就越多,所以也乐于给自己"化妆""美容"以增强吸引力。在无法做空的市场上,股价总在反映正面消息,但如果只反映好的不反映坏的消息,股价肯定高于真实价值,最终也维持不住。试想一下,如果有做空机制,有一方通过调研,发现没有被反映在股价里的负面信息,将其融入做空的出价,市场上就会有一种平衡的力量,恰恰有助于合理价格的发现,有助于降低大起大落的波动性。

可惜在中国市场上,谈空是很晦气的事,要遭人骂。谈加强退市机制建设,也会被诟病。其实,即使不能做空,甚至不能谈空,不允许说"股灾","空"就不来了吗?

如果真的在乎中国股市的长治久安,我们呼吁刘士余去解决的,不是指数问题,而是要把提升上市公司质量、提高上市公司信息披露的质量放在第一位,要对欺骗投资者的行为严刑峻法进行打击,使弄虚作假者成为过街老鼠,还投资者一个真实的市场。现在有的 IPO公司,员工看到承销商的华丽包装,都不相信是自己所在的公司。真实比"繁荣"重要一百倍、一千倍。

在更广的意义上,中国在 MPA(宏观审慎评估)背景下对金融监管的加强,就是要让投资市场回到其本来面目,现出真实的原形,通过收缩银行负债端、表外理财需求和通道业务,对前几年通过加杠杆加出来的、实际岌岌可危的"繁荣"主动进行收敛。2015年中国股市的一个沉痛教训就在于,如果听任大量银行理财资金通过伞形信托、融资融券收益权、资管计划等方式进入股市,通过奇高的融资杠杆打造出"国家牛市",一旦不能持续,就向下疯狂踩踏,当初加杠杆有多强,踩踏就有多剧烈。早收敛,最后的灾害相对会比较平缓,也易于处理。

类似 2015 中国股市的情形在世界历史上并不鲜见。日本的泡沫经济年代,从政府到学术界到媒体都很少谈"泡沫",否认"经济泡沫化",野村证券在 1989 年市场最狂热的时候在报纸上刊登广告,驳斥"日本地价股价过高论"是固执于托勒密"地心说"的陈词滥调,"必须替换为哥白尼的日心说"。日本的银行对有存款意向的人会鼓励他们买地,因为"地价在不断上涨,而利息又接近于零。如果从银行借入资金来购买土地的话,肯定会因土地升值而大赚一笔",买了地,银行又以地为担保,再把相当于地价70%的资金借给他,鼓励他再买别的地,再以新地为担保借钱。

疯狂的杠杆率是以资产价格只涨不跌为前提的。当时日本有学者甚至说,"东京的房价下跌,太阳会从西边出来"。结果1989年年底股市见顶开始下跌,土地价格不久后也撑不住了。1990年3月大藏省发布关于控制土地相关融资的规定,控制土地金融的规模,日本以地价为核心的金融信用体系瓦解了。

回到常识、规律和最根本的经济正义

日本当年的银行加杠杆,赌的是房地产永不跌。中国今天没有那么夸张,但也有类似之处,就是金融信用的扩张,越来越依赖于资产膨胀而不是实业领域的投资回报。靠实业的回报,覆盖不了负债的资金成本,只能不断将债务向后递延,借新还旧。产业领域如此,区域经济也是如此,辽宁的地方财政造假、山东的企业联保危局,就是例证。

我曾经在评论于欢案时说,如果我们的政府为了政绩、面子和GDP,总是用各种"维持"的方式掩盖矛盾,不让矛盾爆发;只是大力倡导经商办企业,而缺乏风险提示、适用性提示和对自主负责文化的培育,这样的"一窝蜂经济"能够走多久?当初用4万亿刺激内需的时候,于欢母亲所办的钢铁粗加工企业遇到了不错的市场行情,银行就鼓励多贷款,上规模,扩产能,企业与企业间互相担保,把杠杆率抬得很高。等市场不景气了,担保圈一损俱损,银行也不续贷了,只好借高利贷,最后是一幕悲剧和惨剧。

从我多年的观察看,中国很多市场,比如信贷市场、资本市场、理财市场,之所以问题不断,幼稚的错误一犯再犯,其症结在于无论是借贷者还是投资者,都相信党和政府会解决一切。最后都是拿政府信用和社会稳定作为筹码进行博弈。而政府解决问题的方式,常常是为新的问题埋下隐患。由于事实上存在"刚性兑付",出了问题自己可以不负责,因此鼓励了不讲内涵的外延扩张,不讲质量的增长,不计投入产出效率的粗放投资,不讲法治的行政化处理,问题层层叠叠,越积越多。

这种持续的、扭曲资源配置的增长模式,其代价之大,最后连信用无比强大的政府也不堪重负。政府可以在某些地方、在某些短暂的时间里,造出和平日不同的蓝色天空,但绝无可能在所有地方和所有时间,用行政的力量解决一切问题。

所以今天的中国,无论实体经济还是资本市场,都需要回到常识和规律,回到最根本的经济正义,而抛弃功利主义的虚浮之气。

最后我想对投资者说几句。

我一直有一个看法,中国的消费者是世界上最幸福的消费者之一,中国的投资者则是世界上最悲催的投资者之一。我们在消费的时候,会依赖自己的眼睛、触觉和嗅觉,而在投资的时候,则往往会被"钓愚",成为"上钩的愚者"。我很喜欢的两位经济学家乔治·阿克洛夫和罗伯特·席勒在《钓愚》一书中指出,"我们将市场机制性失败和道德缺失的产物称为'欺骗均衡'——如果人们身上存在某个可以被利用的弱点,能给欺骗者带来超额利润,那么,一定会有某个欺骗者利用这个弱点来获得这种利润"。而避免被"钓愚"的方式之一,是了解那些想要卖给你东西的人的动机,你得问自己:"这些自称卖的东西对我有利的人,真的是为我着想吗?他们卖的东西真的对我有利吗?"

我经常看到投资者被各种形式的非法集资、固定高回报产品、庄家主导的邮币卡等所害,希望投资者们在做决定之前先问问自己:我买的究竟是什么?我真的了解吗?天上掉馅饼的所谓好事基本都是无稽之谈,冷静地好好保卫你来之不易的财产!

当阿里和腾讯成为一种基础设施，它们会通往哪里？

阿里巴巴于 2017 年 7 月举办的网商大会，主题是"Made in Internet"，事实上，我们的消费、生活、工作、交往在很大程度上都已建构在阿里和腾讯之上（We live in AT）。

我们每天离不开水，离不开电（想想没有空调怎么过这个炎热的夏天），开车离不开能源，做饭离不开气，出门离不开路，打电话离不开通信网络。这都是政府承诺给人民的基础公共服务，它们关系到人的发展水平。

那么，我们每天离得开阿里和腾讯吗？我们是在微信上消耗的时间多，还是在道路上消耗的时间多？

AT 正在成为中国商业史上从来不曾出现过的一类公司。

从国家电网角度看阿里和腾讯

阿里把自己定义为"为商业提供基础设施的公司"，腾讯表示要在数字化和互联网时代"做连接器，做基础设施"。它们服务的用户量、利润规模正在逐步接近国家电网这样的全球最大公用事业公司。与后者不同，它们并不是国有企业，而是企业家的企业，其投票权由具体的少数个人掌握，赚钱程度（利润率）也远远高于后者。

腾讯 2017 年一季度财报显示，微信和 WeChat 的合并月活跃账户数达到 9.38 亿，QQ 的月活跃账户数为 8.61 亿。阿里 2017 年 5 月公布的财报显示，其零售平台移动月活用户为 5.07 亿，支付宝 2016 全民账单显示有 4.5 亿实名用户使用了支付宝。根据国家电网官网介绍，国家电网覆盖国土面积的 88％以上，供电人口超过 11 亿人（中国还有南方电网，覆盖南方五省区）。

从盈利能力来看，国家电网有 5200 多亿元的固定资产，170 万左右的员工，员工数量是阿里和腾讯每家的 30 多倍，2016 年其利润为 866 亿元，对照 20949 亿元的营业收入，利润率为 4.13％。而阿里巴巴截至 2017 年 3 月 31 日的 2017 财年，净盈利为 578.71 亿元（非美国通用会计准则），对照 1582.73 亿元的收入，利润率为 36.56％。腾讯 2016 年收入为 1519.38 亿元，盈利 414.47 亿元，利润率为 27％；如果也按照非通用会计准则，则腾讯利润为 459.91 亿元，净利润率为 30％。

同为"基础设施公司"，阿里和腾讯的赚钱程度是国家电网的八九倍，怎么理解？

站在国家电网立场，可能会说：不要指责我的利润率低，股东回报低，国网这样的基础设施公司，首先必须考虑社会效益和公众承受力。

站在阿里和腾讯立场，可能会说：不要觉得我们赚钱多，国家没有投资我们一分钱，我们是靠新技术、中国人口红利和市场的有利条件，靠不断创新与努力赚的钱。

马云和马化腾要想一想：你们的"基础设施"，和人们通常理解的低利润率、社会效益优先的基础公共服务公司之间，有哪些联系，又有哪些区别?

马云说阿里巴巴要做帮助中小公司和年轻人的赋能者,马化腾说我们只做配角,主角是各行各业的传统企业,我们给他们提供云、大数据、人工智能等方面的技术能力。这都是很谦卑的声音。但当腾讯和阿里的利润率远超各种"主角"的时候,谁是最大赢家,一清二楚。

必须承认,和水电路桥那一类的基础设施公司相比,互联网基础设施公司因为网络效应的存在(网络用户越多,越能吸引新用户加入),具有鲜明的"赢家通吃"属性,从美国到中国,大体都是如此。

没有理由说它们的利润是不合理的。你用1度电要交1度电的钱,但你用微信、QQ,不管每天用多长时间,都是免费的。腾讯是在这样有黏性的免费公共服务基础上,通过增值服务(核心是网络游戏)、社交网络服务(例如数字音乐、视频、文学、虚拟道具销售)、网络和媒体广告去赚钱。阿里和腾讯赚的钱,都是平等自由出售其服务赚的钱。

但要说阿里和腾讯的利润来源与赚钱程度,理所当然就无须讨论,这也失之客观。事实上,阿里和腾讯之所以如此赚钱,与其在基础设施服务方面的支配性地位相关。它们的利润构成中,既有好产品、好服务赚的钱,更有网络支配地位所带来的具有强烈放大性的"结构性利润"。只要这个结构存在,马云、马化腾就是天天睡觉,也能大把大把赚钱。在大量传统制造和零售企业挣钱艰难的今大,对这种结构的争议越来越多。

支配性结构利与弊

什么是支配性结构?

就是在一个统一市场中由某家公司占据绝大部分份额,主要由它制定市场规则,它拥有谈判主导权和支配性的话语权,它的绝大部分利益相关者都没有对等谈判能力——声音能被它听到已经不错了。支配性能力越强,和利益相关者的不对称性也越强。

每个企业其实都追求支配性地位,投资者也喜欢购买支配性公司的股票。每个时代的支配性公司也都曾利用规模经济优势和研发优势,推动过商业与社会的进步,从亨利·福特的 T 型车到比尔·盖茨的 Windows 系统。

由于大数据和云计算,今天像阿里和腾讯这样的平台企业、生态企业,有可能克服以往大公司的一个重要弊端——随着规模扩大慢慢远离客户;相反,它们可以将客户沉淀的数据与人工智能相结合,越来越了解客户,更精准地服务客户,集规模优势和精准服务于一身。

和传统生产领域存在着"规模不经济"(即达到一定规模后,边际成本不再递减)的情况不同,阿里和腾讯是规模越大效益越好。当它们在市场上近乎"准垄断"的时候,它所受到的压力与其说是竞争对手所带来的,不如说主要来自它要服务的行业、社会以及政府监管。

这种压力已经在释放之中。

盘点 2017 年的中国商业事件,和阿里巴巴相关的一定有"菜鸟与顺丰数据接口之争",和腾讯相关的一定有"《王者荣耀》与青少年沉迷之争"。这些争议的背后,其实就是社会对具有支配性地位公司的不满的流露。

举些数据来说明支配性地位的强大。根据联商网的不完全统计,2016 年中国七大零售业态(百货、超市连锁、服饰、家电连锁、药店连锁、电商、休闲食品)的 121 家上市公司,共实现了 986.71 亿元的净利润,其中阿里一家就占了 578.71 亿元,占 121 家公司利润的 58.65%。阿里的利润是按照非美国通用会计准则计算的,包含股权奖励支出及相关工资税支出,相对偏大,即使剔除这一因素,应该也占一半左右。

根据阿里财报,2017财年中国零售平台全年商品交易额(GMV)为3.767万亿元,核心电商业务收入为1338.80亿元人民币,大致可以说,平均每个商家每年需要把交易额的3.55%支付给阿里作为"通路费"(通过购买广告和流量)。这就是阿里在流量控制方面的支配性地位所享有的丰厚"对价"。很显然,在阿里生态中,平台本身处在价值链核心地位,并获得了收益最大化。

很多互联网的后起者,例如滴滴出行,之所以竭尽全力要获得支配性地位,也是因为支配才能定价,定价才能实现超额利润。

具有支配性地位的公司还可以利用现有的流量优势,低成本蚕食别的公司已有的业务领地,或者通过"投资+流量支持"的方式扶持自己体系内的伙伴。在中国互联网领域,几乎已无法想象一个中立市场的存在,很多互联网创业者都要想清楚:如何站队?何时站队?

按照马云的说法,阿里巴巴对现有经济是有冲击,但冲击的是落后的、早该被淘汰的零售体系,"新零售"是未来的方向。这诚然是不错的,那些固守陈规的系统不变革就是死路一条。但正如很多零售企业多年来在全国"两会"上呼吁的,线上销售和线下销售在商户税收、货品来源等方面存在巨大的不可比性,线上零售政策优势明显,这也是有道理的。阿里巴巴是一个超级平台,但并不意味着在这个平台上开店的网商都比线下零售企业先进。

作为DT(数据科技)时代的领航者,阿里和腾讯最重要的资产之一是用户数据。随着它们的规模与日俱增,数据寡头的形成已经是一种趋势。

郭广昌在一个内部交流中说,电商平台战略在前面5~10年是最成功的,很多电商平台用免费策略让C端(消费者)和M端(制造)进入一个大平台,但免费不是目的,建立大平台之后,最后的目的是在两端都赚钱，两端之间的平台并不是消灭了中介，而是变成了 C 和 M 之间最大的中介，变成了"平台定价"。制造端或内容端非常弱势，带来的问题就是利润薄，研发投入不足。而且 M 端没有掌握客户数据，数据是被平台拿着的。长此以往，这种局面对客户端和制造端，都是不利的。"大平台的时代不是说过去了，但肯定是到一个顶峰了。"

他甚至说："我个人最不喜欢的一种企业，就是利用它的信息垄断，做不该做的事。"

不止一位产业领域的企业家抱怨："政府整天呼吁给实体经济减负，给中小企业减负，为什么电商公司还要不断提价呢？"相当多企业的测算表明，花在电商上的营销成本已经不低于线下的成本。

对数据寡头的不满不仅在产业领域，也扩展到金融领域。

2017 年 6 月在天津举行的"金融科技发展与安全论坛"上，中国人民银行科技司司长李伟说，一些规模较大的机构通过开展综合业务，大量汇集信息流、资金流与产品流，加之基于网络的云存储技术使金融数据高度聚集，数据寡头已经产生。金融科技快速发展可能带来的风险体现在三个方面，即金融科技大数据保护面临挑战、金融交易安全以及金融业务交叉风险不断聚集。

2017 年 7 月 15 日，中国人民银行金融研究所所长孙国峰在朗迪金融科技峰会上说，现阶段金融科技领域，数据分布和数据使用出现失衡，有些巨头凭借丰富产品线布局，汇聚大量金融数据，因此形成数据寡头。"数据垄断比技术垄断更难突破，易形成数字鸿沟和信息孤岛，不利于充分使用这些数据。"他指出，竞争应该更加公平有序，还要防止金融数据形成垄断。

两位央行人员的观点很相似，是不是代表了某种未来走向？在"一切金融都要监管"的大背景下，金融数据寡头如何回应？

限于篇幅，本文不再讨论涉及支配性互联网公司的其他问题。

和发达国家的网络消费者权益保护相比,中国对支配性公司的宽容度很大。如果是同样在电商平台上买到假货引发的官司,或者是游戏沉迷儿童父母提起的对网游公司的诉讼,放在美国,赔偿都可能是非常惊人的数字。在这个数字化生存、每个人都是由代码和符号构成的"数字化躯体"的年代,数字人权的保障,在中国尤其迫切。

从洛克菲勒、卡内基看马云、马化腾

当阿里和腾讯不断刷新人们对商业世界的边界、内涵、机制与外部性的理解的时候,这两家公司的主要创始人,马云、马化腾,他们在21世纪前四分之一世纪在中国赢得的商业地位,可能已经高于19世纪最后四分之一世纪洛克菲勒、卡内基、摩根在美国的商业地位。考虑到当时的美国和今天的中国都具有世界性的经济意义,53岁的马云和46岁的马化腾也在拥有世界级的影响力,以及财富。从创造和运营一家公司的角度,年轻的他们都走到了中国商业史上从未有过先例的最高和最远的地方。

和洛克菲勒、卡内基、摩根所处的时代不同,阿里和腾讯,马云和马化腾,在今天的中国备受政府、社会、行业、用户、媒体的肯定。他们总体上是被赞扬的标杆,即使有争议和质疑,也是非常有限的。

而在洛克菲勒、卡内基、摩根创造历史的那段岁月,美国公众对于和他们相关的商业组织间冲突的关注,政府对于大规模兼并活动所带来的垄断和个人机会减少的担心,以及媒体在引发大众兴趣反对大公司方面的著作的接踵而至(如埃达·塔贝尔的《标准石油公司史》和古斯塔夫斯·迈尔斯的《美国豪门巨富史》),经久不散。

即使1927年哈佛大学商学院聘任诺曼·斯科特·布里恩·格拉斯作为商业史教授,成立专门研究机构,召集学者从事商业史研究,他们所写的案例基本也都是新英格兰地区的制造业公司,涉及的企业家都是保守、勤劳、具有共同体意识的制造业企业家，洛克菲勒和卡内基也是不在其列的。他们的形象被"强盗大亨"这个词暗示的"非法性、无社会责任感和不道德"长期主导，直到 20 世纪后半期，以阿尔弗雷德·D.钱德勒为代表的学者兴起后，才有了根本性改变。

钱德勒重新阐释了大公司出现的理由，挑战了"美国经济被强大的华尔街和一小撮富豪所垄断"的传统观点，解释了大公司如何通过资助研发部门，为工厂和分销网络生产相关产品，以及如何用新技术取代衰落中的技术来实现发展。

不过，尽管大公司在今天已经被塑造成推动创新与进步的巨大力量，在美国，警惕与制衡的力量也从未消失。美国社会对乔布斯、比尔·盖茨的恶评声，远超在中国的商业领袖发烧友们的想象。对超大、超强力量的根深蒂固的不信任，这是美国文化的一种基因。

巴菲特曾说，美国的经济体制"就像一位交通警察一样高效能干地指挥着资本、智力、劳动的流动，让整个经济体系高效有序地运行，从而创造出整个美国经济的繁荣昌盛"，但人们往往会忽略的是，自由经济要保持活力，恰恰需要对于大公司的恰当警惕和制约。1890 年美国通过了《谢尔曼反托拉斯法》，这是历史上第一次由国家政府承担起调查和必要时起诉垄断集团和价格操纵者的责任。谢尔曼法限制任何企业在市场上主宰其竞争对手的能力，被视为"使美国的经济体系更富有活力，对新的竞争对手和新技术更加开放"的一个里程碑。

对比中美商业史，从历史机遇的角度，洛克菲勒、卡内基赶上了大工业的黄金时代，赶上了美国南北战争之后，铁轨轨距标准化所带来的销售网络的扩大，分散的地区市场连接为全国性的经济。马云、马化腾则赶上了互联网的兴盛年代，中国线下的市场越是分割、管制和落后（无论商业还是内容），线上的机会就越大。但从历史待遇的角度，马云和马化腾则比洛克菲勒、卡内基更加幸运。当年的洛克菲勒,依靠对石油行业的强大控制力给铁路运输业施加压力,要求给予其更多折扣,并从竞争对手付给铁路的费用中抽成,用这种定价方式挤垮了大量独立的石油公司,或让他们将资产抛售给洛克菲勒的标准石油公司。由于遭遇强大的行业反对和社会质疑,联邦最高法院最终判定标准石油公司解体。

1888 年,俄亥俄州参议员约翰·谢尔曼最早提出反托拉斯法案时,他的观点是"资本集中在大型联盟手中"会危及公众利益,"如果我们不愿或无法解决这个问题,那么很快每一种产品都会有托拉斯,每一种日常生活必需品都会有人来操纵定价"。而洛克菲勒向美国行业委员会(United States Industrial Commission)作证时则说:"现在讨论产业联合的优势为时太晚,它们已经成为必需。"

自由竞争这个词,今天我们朗朗上口。但在 19 世纪 90 年代,对两位都来自俄亥俄州的人来说,其含义却截然不同。谢尔曼认为,自由竞争意味着不受私营经济强权的主宰,自由市场需要有对垄断和卡特尔集团的限制以及相似的经济制约。而洛克菲勒相信,竞争是不受政府监管的,自由是不应该制约的。他们一直在法庭上较量,不分上下。

1896 年,在最高法院"美国诉密苏里货运协会"(United States v. Trans-Missouri Freight Association)案中,最高法院裁决,即使由 18 家成员组成的铁路行业卡特尔集团"不过是为避免毁灭性竞争而设置合理价格",这种做法仍然属于非法。最高法院多数派意见指出,此类"资本的联合"有可能"挤垮小本经营者的生意以及在那里从业毕生的堂正的谋生者"。几年后,最高法院再次更加明确地肯定谢尔曼法,一致宣布所有联合定价的卡特尔集团为非法。

1904 年,金融家 J. P. 摩根策划的铁路托拉斯被最高法院以 5∶4 的勉强多数票解散。反对解散的意见是,自由竞争即有权自由出售或交换生意而不受政府干涉,无论其对市场的实际影响如何。多数派则认为,"这类合并的存在本身以及控股公司作为受托人所获得的权力,对国会有意承认和保护并且也是公众有权保护的商业自由构成威胁与限制"。

1911 年,美国最高法院终于做出标准石油非法垄断石油业的裁决,即标准石油公司的成功不是以公平手段获得。标准石油公司被下令解散,分为 33 家公司。《华盛顿邮报》称,最高法院裁决"把曾经至高至尊的标准石油公司作为犯罪公司解散。……诚实的人会从这些警示和起诉中得到安全保障,而不诚实的人则必将从中受到惩处。……(它)确保我国产业的公正与进步"。

标准石油公司的解散在美国商业史上是一个争议不断的话题,也一直存在着"兼并联合是好事"的论点,但是《谢尔曼反托拉斯法》既表明也加强了对向新技术和新公司开放市场的持久承诺。有一种观点认为,正是因为洛克菲勒、卡内基、范德比尔特、杜邦等少数富人不再主宰商业企业和控制经济机会,随着 20 世纪的推进,美国经济的创造性能量得到释放,从好莱坞到麦迪逊大街(以广告业著称)到硅谷,再到奥斯汀和波士顿高科技区。

从微软、谷歌看 BAT

但支配性地位的公司也永远存在。20 世纪 90 年代,在美国联邦政府对微软的起诉案中,华盛顿特区联邦地方法院裁定,微软通过既对英特尔和 IBM 等有实力的大公司,也对苹果等比较脆弱的公司进行恫吓,使这些公司不推出有潜力挑战 Windows 软件的产品,从而保持主宰地位。微软被裁定非法垄断个人电脑操作系统。虽然没有被解散,但被下令停止其歧视性定价以及有关产品使用机会的政策,并公开有关 Windows 的基本必需信息,使竞争对手在 Windows 平台应用软件市场上展开更有效和自由的竞争。欧盟委员会对微软实行了类似限制以及 4.972 亿欧元的罚款。后来,欧盟又在 2008 年 2 月和 2013 年 3 月分别向微软罚款 9 亿欧元和 5.61 亿欧元,总计罚款 19.58 亿欧元。

谷歌则是微软之后的又一个"通过某些手段以获取竞争优势"的支配性公司。虽然 2013 年美国联邦贸易委员会和谷歌达成和解,但欧盟委员会从未中断过对谷歌的反垄断诉讼。最新的情况是,2017 年 6 月,谷歌因为在搜索结果中偏向自家比价购物服务,涉嫌不正当竞争,被欧盟反垄断机构处以 24.2 亿欧元的罚款。7 月,欧盟反垄断机构称正在考虑就安卓系统排挤竞争对手开出罚单,罚款可能高于 24.2 亿欧元。执法机构表示,谷歌的策略包括要求智能手机制造商预先安装谷歌搜索和谷歌 Chrome 浏览器,以换取其他谷歌应用,并禁止制造商使用安卓系统的竞争版本。谷歌还被指控向智能手机制造商和移动网络运营商付费,只在其设备上安装谷歌搜索。

谷歌是一家"不作恶"的公司,尽管如此,有很多研究表明,它也在利用支配性地位阻止竞争和损害消费者利益。一项由哈佛商学院和哥伦比亚法学院两位教授合作的研究发现,相对于完全按照相关性来呈现搜索结果,谷歌现有的做法使得消费者找到自己所需信息的概率降低了 1/3。

BAT 这个带有支配性地位的概念的提出已经 10 多年了,它们到今天已经发展成为 BAT 系和 BAT 生态,特别是 AT。最近我在做中美商业文明的比较研究时,经常为它们感到幸运。在中国,从政府到学术界、媒体,基本上一直是用支持鼓励甚至顶礼膜拜的态度来对待它们。它们真的不仅比洛克菲勒一代幸运,也比微软和谷歌幸运。

如果以美国政府和欧盟对待微软和谷歌的态度对待 BAT,它们在中国的命运要坎坷得多。

伟大的公司如何可能

在这篇文章里，我提出了如何看待阿里和腾讯这样的互联网基础设施公司的命题，但坦率地说，我没有答案。

伟大的公司如何可能？除了它自身的努力，还有一个重要的向度是，政府、社会、消费者、利益相关者能够给它多大的空间和包容。以中国市场之大和持续的高成长性，阿里系、腾讯系的市值超过 1 万亿美元，可能也就是 10 年内甚至更短时间的事。在中国这片土地上，有这样的创业者，创造出这样的公司，这是神奇的造化，也是中国的骄傲。

就此而言，对它们尊重、理解、鼓励，让它们勇敢地继续探索，造福中国商业和中国社会，应该是一个基本态度。

但是，无论是从负责的政府还是学术界来说，也还必须进行一些深刻的探问。它们的目标导向和企业毕竟不一样。政府的目标是公共福利的最大化，学术界的目标是不断探索真理和规律。美国作家亨利·德马雷斯特·劳埃德在《财富与国民》（*Wealth Against Commonwealth*）一书中提出的那个问题——企业的财富（wealth）和国民的福祉（commonwealth）之间究竟是什么关系？在以财富论英雄的世界里，我们可能已经忘却。

我们需要不受政府过度监管限制的竞争，我们同样需要不让强大支配性资本主宰市场的自由。两者不可偏废。

有证据表明，谢尔曼法并没有起到让兼并活动减少的作用，但也有证据表明，微软案后，微软用支配性地位激烈打压对手的惯用做法大大收缩了，开始走上签订专利交叉许可的道路。

强大的公司并不可怕，但前提是，从社会到政府，一直都要有提醒、争议和约束，不能让强大走向垄断。多方主体之间的机制化的平等沟通，永远都需要。没有制约的垄断，必将蜕变为专横，并将诱发行业里"去中心化"的各种尝试，最终瓦解垄断。

这和人的自觉无关，而和结构因素的刚性相关。

当腾讯和阿里定位为基础设施性公司的时候，它们也是在发出公共服务性、社会友好性的诉求。这种诉求中，包含着整个互联网生态发展福利最大化而不是单一公司股东利益最大化的进步因素，这是我们乐见其成的。同时，我们也要有清醒的认识，中国很多具备公共服务属性的行业的发展，恰恰需要增加市场化、商业化的方式，才能在变革中前进。也就是说，我们决不能退回到传统计划经济的方式，去开展公共服务和基础服务。那种低效模式纵然对公众有所覆盖，却并没有带来很高的福祉。

但无论如何，在控制与自由之间，在平台与利益相关方之间，在数据垄断与数据分享之间，今天都到了严肃认真地去探讨互联网支配性公司的边界与外部性的时候了。

阿里和腾讯不是国有的企业，但却是国家的企业、国民的企业。我们希望它们更伟大。伟大不仅是创新和权力的扩张，也在于谦卑的自觉，在行业竞争中更为友好与负责的态度，以及对企业和社会关系的恰当理解。

（本文部分观点得益于和吴晓波先生的讨论，特此鸣谢）

参考文献

1.鲁道夫·佩里茨.1890年，谢尔曼反托拉斯法.摘自美国国务院出版物《历史学家谈美国》（*Historians on America*）.

2.陈歆磊.中国零售业何去何从［EB/OL］.https://baijia.baidu.com/s? old_id＝54338.

唯创新与责任不可辜负：
中国经济的根本问题在哪里？（上篇）

2017 年年初，关于中国经济的一系列争论愈演愈烈。

野蛮人、曹德旺、"死亡税率"、"人无贬基"、宗庆后质疑马云、雾霾、特朗普与贸易战、房子是用来住的不是用来炒的、稳增长与防风险，等等，弥漫着一股越来越强的情绪。其中的怨气、讽刺和怒气，表面看是一时一地被某人某事所触发，实则是中国经济增速下行过程中，多年累积、多方累积、多领域累积的问题的自然挥发。

可以预计，类似争论还会继续，并加剧人们的心理恐慌和对预期的不确定。

人内心的雾霾，并不比每天出门的雾霾来得轻。

每个争论都有价值，但如果总是带着情绪去争论、去传播，那我们自身也将成为无法破解的难题的一部分。特别是在互联网影响下，社会心理的交叉传染不断增强，能极大地影响投资和消费活动。自然雾霾很可怕，心理雾霾更可怕。

在拉斯维加斯参加 2017 年 CES(Consumer Electronics Show,

消费电子展)期间,我决定写几篇文章,对近期关于中国经济的争论,用问答体给出回答。

这里的天,高远而晴朗,空气好到 PM2.5 只是个位数。北京的天空也许还要很长时间才能一碧如洗,但在思考的天空中,我们应该更早清醒。

问题一:中国经济何时是底?

这是一个这两年一直被热议的问题,似乎找到底就可以心安理得、坐等上行了。

从我创业后在欧美亚非 10 多个国家和地区的采访看,在世界所有中等收入以上经济体中,中国经济增速仍是最快的,在全世界打拼的中国企业仍是最具拼搏精神的之一。中国经济还在上坡,"探底说"似是而非,没有太大意义。

单从增速看,在各大洲中撒哈拉沙漠以南的非洲是上个 10 年增长最快的,在各大型经济体中印度从 2015 年第二季度起增速超过中国,2016 年又超过殖民时期的宗主国英国,成为美、中、日、德之后的全球第五大经济体,但它们的基数都很低。印度经济总量只有中国的 1/5。

虽然莫迪政府 2014 年上任后启动了"印度制造""清洁印度""数字印度"等计划,努力吸引外资,但从市场开放度、劳动力素质、基础设施等方面看,印度和中国不是一个"数量级",也不是一个"质量级"。

我在采访中看到,越来越多的中国公司正在积极参与全球竞争,有些已经在通向全球创新者、全球领先者的道路上迈出了坚实步伐,不只是规模,而且是竞争能力和创新能力。

以 2017 年的 CES 为例,3800 多家参展企业中,中国企业有 1700

家。所以我说 CES 也是 China 电子展。"无中国，不全球。"CES 已经有 50 年历史了，下一个 50 年，在上海举行的 CES 亚洲展（CES Asia）完全有可能和拉斯维加斯的"母展"比肩，甚至超越。

中国经济正在勇攀世界高峰，问题是上坡路上的问题，是调整与再出发的问题。中国人依然应该有会当凌绝顶的勇气，而不是天天讨论探底。作为企业，要问的不是 10％ 那样的高增长周期还会不会来，那是不切实际的，而是自身应该如何更好地创造价值，增强核心能力。

其实，"书山有路勤为径，学海无涯苦作舟"，有哪一项事业是不难的？越向上，越要精益求精、止于至善，就越难。企业的常态就是与难相伴，攻坚克难。但是"困"，外部因素的困扰，体制性的困扰，要通过政府改革、简政放权、优化服务去解决。

从宏观动力看，中国经济的最大问题是和传统增长方式相对应的动力与优势的衰减，比如劳动力数量、年龄的红利和成本的优势。数量优势减弱了，就要靠质量，但劳动力素质的提升是相对缓慢的，这时就要靠更好地激发企业家和劳动者的主动性、积极性、创造性，靠技术创新和管理创新。但在通过制度创新去激发经济活力这方面，还存在很多问题和弊端。

所以我的总体看法是，中国经济向上成长的大趋势和在全球经济中的强周期地位没有逆转。以前"中国制造"是中国在世界上最重要的"经济语言"，未来"中国钞票"也就是人民币，将是中国在世界上最重要的"经济语言"。人民币目前备受质疑，但我相信只要中国的经济法治化进程取得切实进步，人民币兑美元汇率不会再回到 1994 年 1 月 1 日外汇价格并轨后的 8.7，甚至也回不到 2005 年 7 月 21 日汇改后的 8.11，人民币兑对美元从 7.21 一路升起，回吐一些升幅很自然。

但中国经济确实存在着很多波动和扰动，而且这些消极因素的发作正在"高频化",显示出某些"病灶"已经相当严重,捂不住了。如果对波动和扰动背后的结构性、体制性"病灶"不高度重视和加以解决,有可能放缓中国的成长性,甚至可能功亏一篑。

问题二:扰动中国经济发展的原因是什么?

如果中国经济出现特别重大的扰动,那只有一个原因,就是放弃以经济建设为中心和改革开放的基本国策,放弃对 21 世纪头 20 年仍是重要战略机遇期的基本认识。目前看不存在这种情况,但也不能掉以轻心。

要透彻地认识经济下行压力和结构失衡、微观主体经营困难等问题,需要有一个更大的视野,也就是国家的政治经济学的角度。这是一个根本性的认识问题,我分三个角度深入谈谈。

一是政府角度。

2015 年年底中央经济工作会议指出:"要坚持中国特色社会主义政治经济学的重大原则。"这些原则包括坚持以人民为中心、坚持解放和发展生产力、坚持市场在资源配置中起决定性作用和更好发挥政府作用、坚持"两个毫不动摇"和共同富裕、坚持对外开放等。由此看经济问题,就要问:我们在哪些方面违背了或者没有真正贯彻落实这些原则?

二是历史文化角度。

所谓经济,就是经世济民,就是少耗费而多收益,就是创造价值。《周易·系辞》说,"日中为市,致天下之民,聚天下之货,交易而退,各得其所,盖取诸'噬嗑'"。经济商业的本质是通过市场实现"各取所需、各归其所"。"噬"是以齿咬物,"嗑"是合口,"噬嗑"就是在集市上寻觅合意之物。从卦象看,"噬嗑"卦是下震上离,"离"为日,为明;"震"为动,为出。上光明,下有动,也可以理解成好的供给驱动了新的需求,这样的话,"日中集市之象显矣"。

从本意看,经济一点也不复杂,就是以市场为交换中介,实现供需互动和平衡。古人早就说,"有菽粟者或不足乎禽鱼,有禽鱼者或不足乎菽粟,罄者无所取,积者无所散,则利不布、养不均矣,于是日中为市焉"。经济就是"开物成务",按万物的道理行事;就是"利用厚生",充分发挥资源的效用,使民众富裕。

在集市上交易,需要一定规则。"噬嗑"卦中叫"狱",《周易·噬嗑》说"雷电噬嗑,先王以明罚敕法",就是要有刑罚。所以,经济和商业既是交易和生意,也是"论罪量刑"的一套规则。

从元典文化的角度看经济问题,就要问:我们有没有遵循以市场为中心配置资源的原则? 有没有按照客观规律和公平一致的规则办事?

三是经济与社会角度。

一个国家,有负责挣钱的部门,有负责花钱的部门(如科教文卫和养老保障)。国家要繁荣稳定,无论挣钱还是花钱,都需要有效率,同时两者要保持平衡。如果挣钱没有效率,财富积累少,能花的钱就少,人民福祉就难以改善;如果花钱没有效率、乱花,就要挣更多的钱方能维持现状,这样企业负担不可能降低,反过来还会打击投资兴办企业的积极性。

由此看中国经济,挣钱方面的主要问题是国企部门吞噬的资源多,而效率低;花钱方面的主要问题是,预算不完整、不透明,支出的绩效缺乏评估,不知道很多钱花到哪儿了。同时,想吃财政、靠财政的倾向越来越明显,支出规模的增长越来越大。支出压力大,就要靠赤字,企业税负也无法从根本上降低,就算税降一点,非税负担会上升更快。

这里举一个例子。新华社从 2014 年起就不断追问"钱去哪儿了",包括:二三十万亿的土地出让金去哪儿了? 每年几千亿和居民相关的水电油价"附加费"去哪儿了?万亿级别的彩票资金去哪儿了?自1998年实行《住宅专项维修资金管理办法》至今收缴的好几千亿维修资金去哪儿了?每年几千亿元的科技支出去哪儿了?每年几千亿的高速公路收费去哪儿了?20多年收取的"民航发展基金"去哪儿了?和计划生育部门相关的几十亿"超生罚款"(社会抚养费)去哪儿了?全国几亿张正在使用的城市公交 IC 卡的押金层层被"截留"去哪儿了?车主在公共道路上缴纳的停车费至少一半没进政府财政,又去哪儿了?

大部分的钱肯定还是用于发展和建设了。但也有很多钱,作为"部门利益""集团利益",低效地沉睡,无当地流失和挥霍。

最后,众所周知,中国还有一些花钱问题,是新华社也无法触及的。

我常常在想:以中国企业和中国人挣钱的奋斗精神和工作强度,几十年如一日,为什么今天财政压力还是这么大?答案很简单:在挣钱方面,规模虽大效率仍低,"净积累"没有想象的多;在花钱方面,一方面或许存在超前消费(如各种新城新区新机场新地铁层出不穷,但越往后维持成本也越高),另一方面,也是主要的方面,是花钱的效率低、绩效差,没有在阳光和法治环境下运行,存在大量"跑冒滴漏"现象。

那么中国经济的希望在哪里?我的立场一直是政府、企业和社会要一起努力,以更高效和集约的方式创造价值。如果在批评政府时义正词严,而自己恰恰是缺乏自生能力、靠特殊资源和优惠政策存在的微观主体,那这种批评没有说服力。微观主体以各种名义"搜刮"政府,这样的情况也很多。

要让所有人都努力创造价值、提高效率,就必须坚持两个"搞对",一是把激励搞对,二是把公平搞对。缺乏激励,缺乏公平,一定出问题。搞对激励和搞对公平,涉及公共产品问题,政府是关键,所以最为重要的，是政府的角色要搞对，要当好守夜人、裁判员、服务员，而不是像邓小平1980年在《党和国家领导制度的改革》中所说的，"我们的各级领导机关，都管了很多不该管、管不好、管不了的事"。

从搞对激励、公平和政府角色的角度看，现在都有不少错位。在挣钱方面，对国有和非国有经济的待遇不一，公平出了问题；对国有经济有效激励不足，硬约束也不足。在花钱方面，政府采购对国企、民企、社会组织的待遇不一，不相信社会力量，公平出了问题；政府习惯于大包大揽，自己人花钱，既是监督不够、公开性不够的问题，也是激励问题，因为既然高效花钱、集约花钱、省钱不被激励，谁会在意怎么少花钱、花好钱呢？

综上所述，对中国经济发展的重大干扰，往往不是经济因素的问题。"八项规定"很有效果，但是管不到整个体制性的弊端和损耗。

问题三：政府为克服下行压力出台了各种政策，为什么压力还是这么大？

近年来，政府为克服压力出台了许多政策。有鼓励"双创"的，有促进制造业、互联网＋、服务业发展的，有促进消费的，有鼓励社会投资的，还有鼓励外商投资的。其心可鉴，也有成效，没有这些措施情况可能更糟，但为什么压力还是很大？我的看法是，新增的、新生的动能，目前的总量还不能抵消那些历史形成的"问题资产"不断瓦解的压力。

最近，我根据国家工商总局的数据研究了"双创"。"双创"是伟大的探索，现在全国新登记的市场主体平均每天超过4万户（其中个体工商户和企业比例大致6∶4），小微企业户均人数约7.7人，个体工商户户均人数约2.8人，如果没有他们自力更生去创业，中国会和欧洲很多国家一样，失业率在 20％以上，年轻人失业率在 40％甚至 50％以上。但是需要看到，每天新设立 1.46 万户企业的同时，也有 4800 户企业"死亡"（吊销执照），相当于"生三个，死一个"。同时，全国新设小微企业周年开业率为 70.1％，其中 78.7％实现了创收，两者相乘，大致可以说，新设企业开业一年并有收入的比例是 50％多一些。其中有多少盈利呢？没有找到相关数据。但我深感创业不易，小微企业和个体工商户意义上的"双创"，要拉动中国经济这艘大船奋然前行，暂时还难。

与其把希望寄托在"小微双创"上，不如把创业、创新精神广泛应用在庞大的政府部门、事业单位、大中型企业、教育、医疗等社会部门上。1985 年，彼得·德鲁克在《创新与企业家精神》一书中提出，美国在 1965 年到 1985 年间免受康德拉季耶夫周期衰退之苦的根本原因是大规模的企业创新，创新不只靠高科技，中科技、低科技甚至零科技也可以创新；创新不只是企业，一切组织都可以创新。正是这种蓬勃的创新造就了广义的"企业家经济"。

中国今天和当年的美国有些相仿，都是在一个高成长周期后的调整，美国是"二战"后高增长，中国是改革开放后高增长。不能把创造就业、创造财富的希望都压在"小微"那里，而应掀起全社会的创业创新潮，用创新思维、创新勇气和创新方法，提升整个社会和经济的效率。

在我看来，中国经济存量资产特别是国有资产的激活与创新，更为重要。最近看国务院研究室巡视员范必的文章，他用数据说明，2014 年、2015 年央企上缴利润与总资产之比为 0.26％和 0.25％，上缴利润与国有资本（即国有权益，央企资产总额减去负债总额和少数股东权益）之比为 1.03％和 1.10％，均低于同期银行存贷款利率，也低于同期通货膨胀率。国企资产规模很大，但缺少流动性，无法灵活退出低回报行业、投入高回报行业，也限制了国有资本增值的空间。

民胞物与。一切经济主体都是人民经济、共和国经济的一部分，都是价值的创造者，理应一视同仁。前面已经说过，经济的道理就是"开物成务"，明白和遵循事物规律，就能成就天下之物。《易经》说"开物成务，冒天下之道，如斯而已者也"，清代的薛福成在研究西方股份公司制度时说，西洋诸国，开物成务，"于是有鸠集公司之一法"，"纠众智以为智，众能以为能，众财以为财"，所以"可富可强"。而中国呢，"公司不举，则工商之业无一能振；工商之业不振，则中国终不可以富，不可以强"（《论公司不举之病》）。这都说明规律本身的重要性。

国企、央企的问题不是人的问题，是我们特有的"意识形态公司体制"不符合经济规律的问题，这种体制也桎梏了国企、央企中大量人才的能动性和创造力。由于国企效率低，只能不断倾斜地注入各种资源加以维系，间接又导致民企的资源成本高企，制约了民企的健康发展。

最近几年，中国的货币投放力度惊人，但刺激效果却越来越差，资产泡沫和金融风险越来越大，以至中央政府已经把防风险放到了更优先的位置。之所以出现这种难解的病症，根本上是国有经济部门的拖累。政府在简政放权上做了大量工作，但只有落实"机会和待遇平等"这一条，对非国有经济来说才是最大最根本的福音。

中国经济因市场化改革和非国有经济的发展而兴，但只有当国有企业真正"产权清晰、政企分开、权责明确、管理科学"，有充分自生能力和创新活力的时候，中国经济才能说没有后顾之忧了。国企改革的成败，将决定中国经济是再上高峰，还是落入陷阱。

在国企改革的同时，中国的非国有经济也有自我超越、优化、革新的问题。

中国特有的官商环境、政府干预和充斥着机会主义导向的文化气氛，使得中国经济仿佛是一个多层的空间结构，每一层都有赚钱的机会,而且相互之间常常可以互通。创新的机会,成本领先的机会,寻租的机会,交易的机会,体制套利的机会,攫取和掠夺的机会,监管部门逐利化的机会,利用土地市场和资本市场超常规敛财的机会,在同一时空多轨并存。这样的大环境,使得很多非国有经济也沾染了唯利是图、见利忘义,以金钱而不是价值论英雄的积习。中国不仅在几十年时间内浓缩了西方一两百年的工业化、城市化和信息化进程,也在同一时空中浓缩了创新型的企业家经济、权力庇护型的垄断经济、投机交易型的富豪经济、官商勾结型的寻租经济、不讲诚信的互害经济等赚钱类型,因此中国在创造了人类历史空前财富的同时,也对自然环境、道德环境、劳动者福祉等带来了结构性的、制度性的巨大伤害。资源分配中的"找市场不如找市长",社会流动性固化中的"拼爹",财富分配中的"踏踏实实劳动一辈子不如北上广深炒套小房子"……所有这些,和政府在经济方面的运作机理都有内在关系,也让信念、信仰的力量在现实面前脆弱不堪。

中国经济,有对不对的问题,有好不好、正不正的问题。在复杂的环境中,浊者自浊,往往不受追惩,甚至还能发迹。这就让清者自清需要更多勇气和坚持。但是时间总是最好的裁判,内心总是最真实的裁决,能否为社会真正创造出创新价值总是最长久的信心来源,因此,我们在呼吁政府主导的体制性变革和法治化进程加快的同时,必须从自身做起,从当下做起。

在历史赋予我们的机会面前,唯创新与责任不可辜负。

唯创新与责任不可辜负：
中国经济的根本问题在哪里？（中篇）

　　在《唯创新与责任不可辜负》的上篇，我回答了"中国经济何时是底""扰动中国经济发展的原因是什么""政府为克服下行压力出台了各种政策，为什么压力还是这么大"这三个比较宏观的问题。我的思路一以贯之，就是要按照"以市场为交换中介，实现供需平衡"的基本规律，开物成务，利用厚生，遵循公平一致的规则，既推动国有企业的变革，使之成为有自生能力和创新活力的市场主体，又推进非国有经济的自我超越、优化和革新。

　　我提出，中国特有的官商环境、政府干预和充斥着机会主义导向的文化气氛，使得在同一时空中浓缩了创新型的企业家经济、权力庇护型的垄断经济、投机交易型的富豪经济、官商勾结型的寻租经济、不讲诚信的互害经济等赚钱类型，我们在呼吁政府主导的体制性变革和法治化进程加快的同时，必须从自身做起，从当下做起。这也是我一直研究的商业文明与企业家精神的核心内容，就是制度变革为市场经济铺路，技术资本和人力资本为市场经济赋能，以"创新之结品、行为之底线、合作之秩序、文化之传承"为内涵的商业文明,则为市场经济启明、使明,解决方向性的问题。

在本篇,我会选择最近颇具争议的两个话题给出回答,它们分别对应着制度环境和技术变革的问题。而商业文明问题,将留到下篇回答。

问题四:曹德旺问题为何引起如此大的反响?

2016 年年底曹德旺在接受第一财经采访时吐槽中国制造成本在很多方面已高过美国,引发了全国性影响。李克强总理 2017 年 1 月 4 日在国务院第一次常务会议上回应说:"最近有声音认为企业税负过高,其实仔细掰开来算细账,主要是企业的非税负担过重。企业成本高在哪儿,还不是制度性交易成本太高?""有些根本没有名目的'费',监管者对企业是说罚就罚、说缴就缴,企业的成本怎么能不高?"

宗庆后在接受浙江卫视采访时说:"乱七八糟的费太多了,光我们这个企业就 500 多种费。"

针对企业的抱怨,李克强在国务院常务会议上说:"老子说,'天下多忌讳而民弥贫'。只有把束缚老百姓手脚的绳索都解开了,才能真正发挥 13 亿人的聪明才智和创造力!""过去有一些审批项目,比如'公章刻制',几个部门重复审批,导致正规的公章刻制流程异常繁复、耗时很长。然而假冒伪劣公章刻制却快得很。政府人员不能再坐在办公室里收文件、画圈圈了!要真正了解市场主体到底需要什么样的服务,切实转变政府职能!"

转变政府职能不是一个新问题。曹德旺所在的福建省,早在 1984 年就曾有 55 名厂长、经理向省委书记项南发出呼吁信,"请给我们'松绑'",要求政府放权。30 年后的 2014 年,30 位福建企业家以

"敢于担当、勇于作为"为题致信习近平总书记,曹德旺是在上面签名的第一人。习近平在回信中说:"当前,各级政府正在加快转变职能、大力简政放权,目的之一就是让市场更好发力,让企业创新创造源泉更加充分涌流,这是又一次重要的'松绑'放权,也是企业家更好发挥智慧力量的历史新机遇。"

2014年7月30日,曹德旺在"学习贯彻习近平总书记给企业家回信座谈会"上说,企业家必须讲真话:"有什么问题讲出来,才能帮你解决,不讲的话,习总书记怎么知道呢?"他说,福耀玻璃在福建省有三多,其中一个就是曹德旺意见多,针对宏观面做得不对的事情提意见,话比较多。

中国有个爱提意见的企业家曹德旺,所提问题能引起中南海重视,这是企业家群体的幸运。但同时也是悲哀,因为从松绑放权到简政放权,已经几十年,而权力任性乱作为、休眠不作为的状况还是得不到根本解决。

回顾中国历史上的治世,在经济上无一例外都奉行轻徭薄赋的惠民国策。以汉朝为例,西汉建立不久即定下"约法省禁,轻田租,什伍而税一"的制度,比秦朝"收泰半之赋"大大减少。汉文帝曾两次下令"赐天下民今年田租之半",就是从什伍税一改为三十税一,再减一半,甚至有13年时间"遂除民田之租税"。除了租税轻,劳役负担也轻。文帝"偃武行文","丁男三年而一事",农民的徭役每三年才服一次。景帝时又把17岁服徭役改为20岁开始,汉昭帝时再改为23岁。在让百姓休养生息的同时,朝廷厉行节约,文帝在位23年,《汉书》上记载,"宫室苑囿车骑服御无所增益","所幸慎夫人衣不曳地,帷帐无文绣,以示敦朴,为天下先",文帝的宠妃慎夫人穿粗糙的丝绸,衣衫短小,不能曳地。

李克强总理引述的"天下多忌讳而民弥贫",与西汉陆贾《新语》中倡导的"道莫大于无为",精神是一致的,就是尽可能把官僚体系的负担降到最低，避免对社会生产的骚扰和破坏，让其自然复苏。财政部财政科学研究所在对历时 41 年的"文景之治"的相关研究中指出，汉初"无为而治"的国策，并不是真正"无为"，而是积极有为地为农民建立平静稳定的生产环境，努力把对农民生活生产活动的干扰降到最低，努力保证农民的劳动得到稳定的报酬。

现代国家由于政府提供的公共服务越来越多，因此或多或少都有"大政府"倾向，政府支出不断扩大。但作为一种基本的财政思想，仍应坚持富民优先，把为民理财放在为国理财之前。"凡治国之道，必先富民"（管仲），"善理财者，不加赋而国用足"（王安石），"用于国有节，取于民有制"（苏轼），"善于富国者，必先理民之财，而为国理财者次之"（邱濬），古人这些思想，至今依然闪烁着智慧的光芒。

要富民优先，政府就要坚持"政在养民""以民为本"的思想，因势利导，创造条件，让人民把劳动创造的潜能发挥出来，"人各任其能，竭其力，以得所欲"；就要保护产权，"为民治产"，因为"民之为道也，有恒产者有恒心"。这样的话，社会的生产和流通就会像司马迁所写的："若水之趋下，日夜无休时，不召而自来，不求而民出之。岂非道之所符，而自然之验邪？"

国家发展改革委主任徐绍史在 2017 年 1 月 10 日的记者会上被问及曹德旺问题时表示，我们会进一步关注企业的诉求，进一步完善政策，简政放权、降税减费，进一步减轻企业的负担。但是也建议企业在现在经济下行情况下，在注意用好国家政策的同时，练好内功，加强管理，努力降本增效，这样双方的积极性都调动起来了，企业成本下降就会取得更快的进展。

在我看来，中国减税降费的空间很有限，因为税费背后是政府支出，而支出则关系到各方面的利益。支出增速减不下来，税费就会"按下葫芦浮起瓢"。

所以，曹德旺问题应该引发的更深入的问题是——能不能在财政支出方面通过阳光化、民主化改革和"有节有制"，提高支出效率？能不能在供给侧加快企业改革，让资源公平地朝向集约高效的企业聚集？能不能在税、费、制度性成本、法治环境等方面综合施治，让中国企业真正轻松一些？

前几天我在机场遇到一位物流行业"独角兽"的 CEO，他的企业正在高速增长，没有感到什么税费压力。他说他的痛苦在于"中国不是一个市场，是 N 个市场"，他们进入一个新的地区，想要发展业务，结果困难重重。目前他们干脆放弃了某大区域。

我们经常说中国政府是世界上最强的政府，但现实中有些方面，政府不仅不强，而且形同虚设。营造良好营商环境，这是政府应该有为的地方，但经常缺位。而吃拿卡要、推脱刁难这些应该摒弃的东西，偏有一些官员非常热衷。中国经济的无奈处，恰恰就在经济和政治、社会、司法等交界地带，多头都有责任又不知道找谁解决。我敢预测，下届政府还会说"制度性交易成本太高"，可能还是无解，更不要说靠发改委、财政部、税务总局去解决问题了。

问题五：宗庆后与马云隔空对战说明了什么？

"我认为除了新技术以外，其他都是胡说八道，他本身就不是实体经济，他制造什么东西啊？"

"企业没有实体和虚拟之分，只有好企业和坏企业之分"，"不是互联网冲击了你，是保守的思想、不愿意学习的懒性淘汰了你，是自以为是淘汰了你"。

上面这两段话，是 72 岁的宗庆后和 53 岁的马云在 2016 年年底的隔空对战。两个同在一城、一年出差时间远远多于在家时间、同属民企、同样不修边幅、同在市场营销方面执中国牛耳的两任首富用这样方式对战,除了显示出中国经济在公与非公的所有制差异外,又出现了虚与实、新与旧等结构性差异与矛盾。

宗庆后1987年抓住杭州上城区校办企业经销部向外转包的机会开始创业时,马云还在杭州师范学院外语本科专业读书。他外语成绩优异,这成为他的一种竞争优势,几十年后他在美国总统面前都能侃侃而谈;他善于做鼓动性的工作,当时是学校的学生会主席,后来还做过杭州市学联主席。

宗庆后创业的时候,有两件决定性的事情还没有发生——互联网的出现和80后的成长。宗庆后质疑马云——他制造了什么东西啊? 拿这个问题问苹果、谷歌、微软、亚马逊、Facebook、阿里巴巴、腾讯、Priceline. com、百度、Netfix,都可以成立。苹果稍微有点例外,但相比于付给富士康的制造成本,它更像一个品牌公司和上面跑着无数APP的平台公司。按照2016年年底的市值,这十大互联网平台性公司的市值超过了伯克希尔·哈撒韦、埃克森美孚、强生、摩根大通、通用电气、富国银行、美国电话电报公司、宝洁、雀巢、沃尔玛十大传统跨国公司。十大互联网平台公司平均年龄22岁,十大传统跨国公司平均年龄129岁。

整个全球经济的结构在发生变化。今天的数据公司、软件公司就是当年风华正茂的石油公司、钢铁公司、房地产公司。经济变轻了,十大平台经济体所有产品和服务的重量都赶不上一家普通的石油公司、钢铁公司、房地产公司的产品。这是数字化生存(being digital)的年代,它以比特为单位而不是以千克为单位。比特是"虚"的,但"虚"不是"无",虚实虚实,虚就是实。

每一个代际的基础消费是类似的,就是衣食住行、购物、娱乐、旅游、健康、教育等。但消费方式和消费偏好会出现重大变化。在智能手机这个"人体第六器官"出现前后的营销方式就大不相同。

比如同样是做休闲小食品,同样是安徽企业,洽洽食品在20世纪末崛起，小小的瓜子做出了大品牌，2002年已是"中国驰名商标"，2015年实现营业收入33.11亿元，2016年前三季度收入25.32亿元（同比略有增长）。"洽洽"用十七八年时间做到了三四十亿的规模，但就在它身边，2012年成立的互联网食品品牌"三只松鼠"，只用了5年就做到了50亿元的销售规模。

"洽洽"做得不好吗？不是。我和"洽洽"的创始人陈先保认识，他1982年从无锡轻工业学院（现为江南大学）毕业后分配到安徽省商业厅的糖烟酒公司，1995年辞去科长下海创业做"棒棒冰"，1999年做"洽洽"香瓜子。他善于创新，将炒瓜子改为"煮"瓜子，在包装袋里面放入金陵十二钗、世界杯足球赛的文化卡，"这一嗑，不悲伤""这一嗑，陪着你""这一嗑，不放弃""这一嗑，在一起"，还花了几百万元在央视一套做广告，在2000年前后一炮而红。

但为什么十多年后，"三只松鼠"这么快就超过了"洽洽"？因为赶上了移动互联网和消费升级，可以在超市、批发市场、沿街专卖店之外，基于互联网做一个全国品牌，而85后、90后消费者天然地有网购习惯和个性化品牌需求，昔日那些优秀企业在他们的新世界里并没有什么品牌积累。更重要的是，以前在线下超市、批发市场、专卖店市场卖再多产品，企业也不知道卖给了谁，不能精准地掌握用户特征。但基于移动互联网，像"三只松鼠"这样的企业卖的所有产品都可以数据化，可以实现产品的全流程追溯，用户如果对某个产品非常喜欢，就会拍照发到朋友圈，也就是说，产品可以自创、自带传播流量。

如果没有互联网，后起的"三只松鼠"大概永远没有机会超越作为上市公司的洽洽食品。是互联网和代际变化催生了新的商业玩法。"三只松鼠"不只是休闲食品，而是吃出来的IP符号、娱乐标记，这种基因让它可以跨界进入更多生活方式领域，包括线下的投食店、松鼠城，多频次创造利润。"三只松鼠"的线下店，主要不是销售产品的,而是用来创造体验的,可以上网、唱歌、喝奶茶、吃爆米花,顺带买点坚果。

新商业是以 IP 和社交化分享为核心的场景体验,看不见的是制造过程的全面数据化,看得见的是零售的娱乐化。至于是线上还是线下,是虚拟还是实体,其实是伪命题。因为不管线上线下,如果不能创造出符合用户偏好的新体验,都没有出路。能创造出新体验,都有前途。体验为王。

马云喜欢天马行空地讲话,他说的"新零售、新制造、新金融、新技术和新能源"没有一个词是新的,也不是阿里巴巴独有的,但是,"五新"作为一个整体,确实反映了商业的大变局和大趋势,就是要以消费者和用户为核心,基于互联网实现更高效、更少浪费和无谓损耗的资源配置和连接;通过数据的赋能作用、云计算和人工智能,重塑整个商业流程和产品思想,让利益相关者之间的精准互动与反馈成为常态。

虚有虚世界,实有实世界,虚中可有实,实中可有虚,虚实可结合也可不结合,这都不是最重要的。最重要的还是创新、提升效率和为顾客创造价值。

唯一不变的是变化。2013 年马化腾在中国企业家俱乐部说:"其实你什么都没做错,就错在你太老了。"他说往后的主流用户就是年轻人,应该多了解年轻人在想些什么。"现在有时候要问小孩:测试一下,你们会喜欢吗?你们的小伙伴喜欢吗?比我们看得还准。"他还说:"对于产品经理最重要的能力,就是把自己变成傻瓜,发现问题,然后想为什么这样,然后变成开发者。一秒钟傻瓜,一秒钟专业。"这里所谓"傻瓜",有点乔布斯在演讲中提到的"虚心若愚"(stay foolish)的意思,都是指,要对新的变化保持谦卑和敬畏,空杯自己才能拥抱未来。

中国经济很复杂,很多问题"一锅煮",煮到最后也不知道问题究竟在哪里。但复杂之中也有清晰的印记,在宏观上是政府和市场关系问题,在微观上是企业如何创新和超越的问题。微观主体的发展,有赖于宏观环境的改善,但更要依靠自身的创造性努力。

有些问题会更加复杂,比如围绕万科股权和控制权展开的争夺战,涉及市场和政府,资本和实业,股东、创始人和经理人关系。这个问题我将在下篇中从商业文明角度进行解剖。

万科大结局对中国经济意味着什么：
中国经济的根本问题在哪里？（下篇）

雄鸡一唱天下白，明珠一亮驱雾霾。

在 2016 年的最后一个月，董明珠一句"谁破坏中国制造谁就是罪人"惊动中南海，旋即引发一连串快速反应，意外地改变了自 2015 年 7 月 10 日宝能系首次举牌万科而引发的万科控制权之争的走向。从那时至 2017 年 3 月万科董事会换届，长达 21 个月引无数英雄竞折腰的万科之争，已没有悬念，深圳地铁集团和万科管理层共写一个新的相互支撑的"人"字，共创万科未来。

一个女人，决定了一群男人的命运

董明珠本人当然没有万科之争的"话事权"，但没有她，万科之争的走向还会扑朔迷离。

不是王石，不是傅育宁，不是姚振华，不是许家印，不是吴小晖，甚至不是马兴瑞和肖亚庆，不是他们决定了大战的结局，而是董明珠简单、直抒胸臆的声音，划破长空，引起中央重视，在"把防控金融风险放到更加重要的位置""着力振兴实体经济""保护企业家精神，支持企业家专心创新创业"（中央经济工作会议语）的大背景下，让万科之争方向立判，一锤定音。

一个女人普普通通但掷地有声的几句话，因为演变成政府意志，让一群代表强大商业权力的男人，以及那张花样不断翻新、一直打不完的牌桌，顷刻寂然无语。

"我不是搞金融的，但我认一个死理，有的股票炒得很高，有的翻了几十倍、上百倍，大家都知道，（但）它不值，那是资本市场需要这样的炒作，把股票炒高赚回，而制造业不能搞这个，我们作为企业的关键人，你时时刻刻想到的事情是事业第一，而不是个人利益第一。"

"真正的投资者应该通过实体经济获益。"

"如果成为中国制造的破坏者，他们会成为罪人。"

上面这几句话，就是前海人寿 2016 年 11 月 17 日至 28 日大量购入格力股票、持股比例上升至 4.13％后董明珠的反击。

其实，早在半年前，2016 年 5 月 19 日举行的 2015 年度格力电器股东大会上，针对有股东代表提出"野蛮人"举牌万科、"格力会不会成为下一个万科"的问题，董明珠就说过，"格力是制造业公司，没有全身心地投入到企业中来，制造业是做不好的"。"如果一个人通过搞资本运作，带有野心去发不义之财，社会也不会允许他们这样去做。"但这些话当时并没有引起太大反响，以至于在 2016 年 11 月前海人寿大量增持格力时，有人说"仅仅半年，险资就破门而入，在靠股权说话的年代，豪言壮语总是太过苍白"，"企业家，责任感，情怀，那都太虚无缥缈"，"也许不久后，姚老板是'解放军'的呼声又要响彻 A 股市场"。

但人们显然低估了董明珠这个守门员的强悍和超能，也对中国经济政策面的风向变化缺乏感知。

政府一出手,才知有没有

让我们看看前海人寿对格力"下手",董明珠愤然反抗后的一连串事件——

2016 年 12 月 3 日,证监会主席刘士余发出"土豪、妖精、害人精"论,"你用来路不当的钱从事杠杆收购,行为上从门口的陌生人变成野蛮人,最后变成行业的强盗,这是不可以的"。

12 月 5 日,保监会对前海人寿采取停止开展万能险新业务的监管措施,三个月内禁止申报新产品。

12 月 6 日,保监会明确,将于近日派出两个检查组分别进驻前海人寿、恒大人寿开展现场检查。

12 月 9 日,保监会暂停恒大人寿的委托股票投资业务。

12 月 9 日晚,前海人寿发布《关于投资格力电器的声明》,"郑重承诺:未来将不再增持格力股票,并会在未来根据市场情况和投资策略逐步择机退出"。

12 月 12 日,《人民日报》发表对万科总裁郁亮的专访。

12 月 13 日,中国恒大在港交所公告,无意进一步收购万科股份。

12 月 17 日,中国恒大向深圳市政府做出五点表态:不再增持万科;不做万科控股股东;可将所持股份转让予深圳地铁集团;也愿听从深圳市委、市政府安排,暂时持有万科股份;后续坚决听从市委、市政府统一部署,全力支持各种万科重组方案。

2017 年 1 月 12 日晚,万科发布公告,深圳地铁拟受让华润集团所属公司所持有的万科 A 股股份,约占万科总股本的 15.31%。

1 月 13 日,宝能发表声明:欢迎深圳地铁集团投资万科,宝能看好万科,作为财务投资者,支持万科健康稳定发展。

1 月 17 日,国务院国资委主任肖亚庆表示对华润转让万科股权很满意。

这就是中国特色市场经济的奇妙处,政府一出手,才知有没有。遥想 2016 年 6 月,宝能还提出议案要罢免万科董事会和监事会成员,11 月恒大还在增持万科,顷刻间他们的所有梦想都灰飞烟灭,恨不得说一句:"只要政府放我一条生路,什么都行!"

宝能恒大的败、错、冤

姚振华逆袭万科,许家印将万科股价托上高点,他们的意图都不是简单的财务投资,都有战略意图。和曾经的雄心相对照,现在他们都已是失败者。从财务看,剔除全部成本,宝能还有 100 多亿元的浮盈,最后能锁定多少,取决于和深圳市政府之间的博弈,但主动权并不大,底线应是不亏钱离场。恒大不仅浮亏了好几十亿,还把自己送进"野蛮人、妖精"的候选名单,这个烙印的代价比财务损失更加惨痛。

他们到底为什么败? 有什么错? 到底是不是"野蛮人、妖精和害人精"?

宝能始创于 1992 年,现有五大核心产业,物业开发、科技园区、物流、综合金融、医疗健康。按官网介绍,截至 2015 年年底,公司净资产逾 1200 亿元,市场价值超 5000 亿元,系统内员工近 6 万人。

恒大创始于 1996 年,旗下产业包括地产、金融、健康、旅游、体育等,是世界 500 强。按官网介绍,总资产达万亿元,年销售规模超 4000 亿元,员工 8 万多人。

根据万科 2016 年三季度财报,万科的总资产为 7559 亿元,落后于恒大。恒大地产全年销售额也小幅超过万科。但从负债率等企业健康指标看,恒大则逊色不少。

姚振华对财新记者说:"我是一个知识分子,干的都是踏踏实实的事。天天都是5+2,'白加黑',一心只是想把保险公司干好,给保民挣点钱。真是太冤啦,太冤啦!"我和万科一位董事交流时他有相似结论,即姚振华是一个超级勤奋、从早忙到晚、务正业的人。

许家印也非常勤奋,他直到现在每周日晚还召集集团例会,并通过视频让全国各地的管理层参加。有恒大的与会者告诉我,每次开会都表扬先进,批评排名最后的三个分公司,让其检讨。

从宝能和恒大的发展历程和总体状况看,得不出他们是"野蛮人、妖精、害人精"的结论。在中国民企中,他们排名前列,有很强的竞争能力。

那问题出在哪里? 由于保监会调查报告尚未出来,不知道最后究竟如何定性或定罪。但从保监会领导讲话释放的信息和媒体调查看,宝能系和恒大系涉及的问题可能在以下方面:寿险公司股权结构畸形,通过股权代持形成事实上的"一股独大";把寿险公司变成融资平台,通过多层次杠杆如万能险、资管计划杠杆、高息夹层融资杠杆等激进负债,严重偏离资产和负债的匹配关系;利用保费收入自我注资、循环使用,通过关联交易虚增资本,制造虚假偿付能力;等等。

通俗些说就是,按风险管理法规要求,你的身体条件只许挑100斤的担子,但你想方设法"炮制"身体指标,挑了1000斤担子。用保监会副主席陈文辉的话:"保险公司如果通过各种金融产品绕开监管,偿付能力监管、资本监管就变成了'马其诺防线',修得再好也没有用,绕开监管套利行为,严格意义上就是犯罪。"

为什么宝能、恒大在2016年12月"妖精论"出来后迅速服软? 除了知道是中央政府意志,也是因为他们绕过监管的高杠杆计划和关联交易,经不起严格推敲,更不用说是翻箱倒柜的调查。

现在我们站在宝能和恒大的立场上,揣测一下姚振华和许家印的心态,他们当然必须接受失败,但有没有喊冤的地方——

宝能最初买进万科的时候,千股跌停,市场罹难,买入就是维稳,投资标的有什么错？不该投这些价值被压低的蓝筹、为保险资金寻找好的匹配吗？

万宝之争开始后，保监会专门核查过合法合规问题，不是说"总体来看，前海人寿举牌万科股票没有违反相关监管规定，压力测试的结果表明风险可控""举牌是市场行为，在依法合规的前提下，监管不宜'干预'"吗？

险资投资二级市场，举牌上市公司，做长期机构投资者，不是为了响应保监会 2012 年提出的资金运用市场化改革目标、鼓励股权投资、不再满足于"做做存款，买买债券"等号召吗？

险资之所以对上市公司举牌 5％ 以上并争取派驻董事，是因为一旦如此，股票投资的记账方式可以由公允价值法转为权益法，从而缓解股价剧烈波动对险资财务报表和偿付能力的影响。不正是这种制度安排驱动了对低市盈率蓝筹的投资吗？

在投资手段上，中国资本市场的杠杆工具相比发达市场是少还是多？郁亮提到《门口的野蛮人》一书中 KKR 收购雷诺—纳贝斯克的案例，KKR 的并购资金中 99.94％ 是靠垃圾债券大王米尔肯的融资，比我们的杠杆率不知道高多少，为什么可以做成呢？一个不鼓励通过金融工具开展并购，不允许"蛇吞象"的市场，真的是一个好市场吗？

自险资投资万科后，万科市值才走上上升通道，而不是长期压在低位。险资发现和提升了万科的价值，华润也最终高价变现，国有资产大大增值。从中小投资者到利益相关者的市场价值，险资害了谁？大量央企国资对外投资"打水漂"的比比皆是，怎么从来没有听说过他们是对纳税人和全民利益不负责任的"害人精"呢？媒体可以一手拿着监管部门的报告，一手不断爆险资的料，但平心而论，谁没有一点问题？谁能经得起这样不断被质疑？

宝能和恒大都已是败军之将，付出了高昂的机会成本，声誉也损失不少。在此时候，当然要纠错和吸取教训，但采取痛打，过度苛责，也并不公平。

为何政府最终站在万科一边？

如上所述，宝能和恒大肯定有错。但如果不是董明珠效应，这些错可能属于"风险可控、不宜干预、加强引导"的弹性范畴，也可能属于"改革探索中的问题，可以在发展中解决"，而不会突然变成"不可饶恕的罪"。在中国特色市场经济中，这样的场景会不时发生。这些事总有一个大背景，比如铁本案中的戴国芳，宏观调控和清理过热投资是大背景，一定要有某个民企担责，锤一定要落地，故事一定会发生，至于到底砸到铁本还是建龙头上则有一定偶然性。为什么那么多民企老板都在家中或办公室建个小佛堂，天天上香？原因之一就是祈求平安，不要被突如其来的政策性概率事件击中。

万科之争的大背景是什么呢？我在万科系列的第一篇文章中指出，2015年是中国经济金融化、资产证券化、要素自由化、融资直接化、并购普遍化、投资国际化的里程碑，金融力量崛起，资本话语崛起，财富大爆炸，要重构整个商业。因此，万科之争的出现有必然性。这几年，金融控股公司大兴，牌照走红，壳资源紧俏，资金掮客左右逢源，资金端无节制扩张，资产端举牌现象丛生，都是资本时代到来的表征。

但是，在资本崛起的另一面，中国政经与社会还在发生另一场深刻的变化，就是我在"秦朔朋友圈"里的多篇文章中所说的，在财富来源、创富路径、财富分配等方面，抛弃过去那种唯 GDP、不择手段、不计社会成本、不考虑正当性、分配不公、分化严重的路径，在转变经济发展方式的同时，让财富创造变得更文明、更清洁、更和谐、更健康。从严治富的第一个信号是共同富裕；第二个信号是按照创新、协调、绿色、开放、共享的五大发展理念，转向质量效率型的创新驱动之路；第三个信号是构建"亲""清"新型政商关系，民营企业家要洁身自好，走正道，遵纪守法办企业，光明正大搞经营。

这样的信号对中国企业家意味着什么？从共同富裕的角度，意味着财富分享更具普惠性的公众公司会比寡头型的、私人控制度高而运营透明度低的公司，更令政府放心，也意味着政府会长期支持国有经济的发展；从五大发展理念的角度，意味着有品质、有品牌、受尊重、让利益相关者满意的好公司，是政府和社会鼓励的对象；从新型政商关系的角度，意味着"台底交易"和"勾兑寻租"的出路会越来越窄，不行贿、守契约、光明正大的正派商业文化会成为主流。

宝能和恒大当然不属于不走正道的公司，但在万科之争以及2016年下半年他们频频在资本市场进进出出、带着"有钱大晒"的气息与上市公司管理层龃龉不断、关闭社会沟通渠道、让外部平添无穷猜测等现象来看，他们很容易给政府和社会留下策动于内室、兴风作浪于市场、处处惹是生非的不良印象。因此失败是必然的，即使一时得逞，最终也难有好的收场。

我在2015年12月《再谈我的朋友王石，以及商业文明视野中的宝万之争》一文中说——我无意质疑高杠杆本身，我想说的是，即使他们的行为合乎目前监管条件下的商业规则，即使我们不去追究这些资金的源流，有一点也是无可否认的，即：保险资金"猎取"万科们的目的，不是创造价值协同，而是为了"获得"；不是帮助公司成长，而是看到了万科们账上丰厚的现金储备和优良信用，那可以帮助他们玩更大的资本游戏。

宝能和安邦通过正规市场的投资行为应当尊重，但是，靠急功近利，行妙手空空，图近功速效，这样的做法，我们不应该倡导。除非他们真正去理解万科，尊重万科的历史和道路，成为长距离价值创造的伙伴。

我们的社会要树立的，不是谁能得到万科这样的"所有权崇拜"，而是如何通过创新价值，通过深深地融入社会去创造正的外部性，让我们的商业社会更加和谐和健康。

遗憾的是，在整个万科之争中，宝能、恒大都不去回答投资万科之后究竟要干什么的经营性问题，所以无法赢得政府和社会的认同。他们比起 1994 年"君万之争"中对万科管理层提出一系列具体经营管理意见的君安证券的张国庆，相差不可以道里计。

我尊重资本，尊重规则（宝能和恒大恰恰都有违规的硬伤），我更强调文明。宝能和恒大，万科和格力，政府最后旗帜鲜明地站在后者一边，具有强烈的示范意义，值得中国企业界和投资界再三深思。

从商业文明视角看企业家

在万科之争中，我的观点一以贯之，也受到很多批驳，主要是说讲情怀不讲规则。对此，我在相关文章中做过回应。在这篇万科大结局里，从学术角度，再做一些分析。

我们经常说要善待企业家，也没有谁怀疑企业家是财富的创造者，但什么样的财富创造方式才是真正值得善待的？ 这一点才是关键。

企业家并不天然地有一颗关心社会、诚实守信的心。美国经济学家托尔斯坦·凡勃伦在 1904 年提出，企业家是以机敏的和创造性的方法增加自己财富、权力和声望的人，然而却不能期望他们都会关心实现这些目标的某项活动在多大程度上对社会是有利的，甚至这项活动对生产有害他们也不在乎。

英国经济学家霍布斯鲍恩 1969 年提出，在习惯上人们通常假设经济中的私人企业（企业家）有进行创新的自发倾向，实际上并非如此，企业家的唯一目标是利润。

诺贝尔经济学奖得主埃莉诺·奥斯特罗姆1988年指出，新古典经济学的市场机制并不能保证人们把资源都用于生产性活动和科技发展，从寻租中获得的经济效益将足以诱使经济企业家变为政治企业家。经济企业家就是寻求利润的经济人，而政治企业家则是寻求租金的经纪人。

......

1990年，纽约大学斯特恩商学院教授威廉·鲍莫尔做了一项开创性研究。他提出，企业家才能的配置和企业家活动的类型才是理解企业家对经济繁荣贡献的关键。

鲍莫尔把企业家才能区分为生产性才能、非生产性才能和破坏性才能三种，并非所有才能都是对社会有利的。三种才能都可以令企业家获利，成为富豪，但对社会总产出和真实价值的创造来说，其意义是完全不同的。

和鲍莫尔同属奥地利学派的著名学者伊斯雷尔·柯兹纳和大卫·哈珀，将企业家活动分为三种类型——套利、投机和创新。套利是对同一时间内存在价格差异的不同市场进行协调交易，投机是发现不同时间不同市场间的交易利润机会，创新是指通过新的生产方法、组织方法的运用，提供新的产品和服务。创新是最重要的企业家活动。

我并不否认套利和投机也是企业家才能，在某种意义上也有价格发现和消除信息不对称的积极作用，但我坚持认为，通过价值创新，实现产品与服务的真实产出的扩大，才是生产力发展的源泉。我在商业文明和企业家精神的研究中，一直希望中国进入以"企业家创新精神"代替"富豪机会主义"的"好人赚钱时代"；进入用好的资本代替权贵资本、投机资本、套利资本，从而驱动创新转型的"良心资本时代""善良资本年代"；希望企业家一端的"好人赚钱"，投资端的"良心资本"，能够良性互动，实现"共生主义"。这个过程不是放弃商业利润原则，而是要扬弃机会主义的商业原则、唯利是图的商业原则、尔虞我诈的商业原则、不计社会成本的商业原则。

何为"好人赚钱""良心资本"？很简单，"好人赚钱"就是通过在生产性活动中的创新，在做大蛋糕、创造增量的同时，实现财富增长。"良心资本"就是包含着生产性才能的资本，其目的在于帮助创造真实的、新增的价值。在这方面，我高度认同高瓴资本创始人张磊所说的："要相信美好的东西、纯粹的东西、扎扎实实专业研究的东西，要投资于价值，投资于未来，投资于人才，真正的投资家同样需要企业家精神，他们只是碰巧成了投资家。"

中国市场的一个可悲之处在于，"唯才是举"远远不如"唯利是图"流行。有钱就是最好的包装和对一切质疑的遮蔽，可以上榜、玩资本、做慈善、当教授、当委员、当代表、当明星，随便说几句话就被媒体炒成热点。中国经济的规模几年后就要超过美国，但依然大而不强，根本原因就在于，财富规模可以靠投资和负债堆上去，可以靠土地的价值重估估上去，而技术创新、价值创新则要靠扎扎实实的奋斗与坚持，忽悠和蒙骗都得不到。

正如企业家才能其实是高度类型化、本质完全不同一样，资本家对社会的价值与意义也大相径庭。我们需要好的资本，也需要对"门口的野蛮人"保持高度的警觉——"垃圾债券就像使人上瘾的毒品一样，它能使一个小收购者从事一个庞大的收购计划，从而改变这些默默无闻的小收购者在收购中的命运。垃圾债券不断膨胀，一旦经济转头向下，会无法清偿堆积如山的债务，投资者会变得一无所有。""这些人为什么如此关心计算机中的数据而不是工厂的产品？他们为什么如此热衷于拆散一家公司而不是去建设它？所有这些与商业精神究竟又有什么关系呢？"

好的市场经济依赖全社会的努力

在关于企业家才能的研究中,还有两个重要结论。一个结论是,社会的制度环境和报酬结构决定企业家活动的类型。制度是约束人们相互交往的行为框架,是保证交易顺利进行的必要条件,包括产权保护、法律体系、管制结构、激励条件等。不同的制度环境,会激励不同的企业家类型。

另一个结论是,社会信念、文化、宗教等非正式制度也会影响企业家对活动类型的选择。达龙·阿西莫格鲁(Daron Acemoglu)1995年对此有过经典表述——一个社会的主流商业文化和信仰会通过"社会合法性"或"社会一致性"(social consensus)来影响企业家感知到的精神报酬,进而影响企业家在寻租和寻利上的选择。比如,如果我们的社会不是以整个公司通过经营效率的提高创造出的真实价值去判定企业家的价值,而是以个人财富排行去判定企业家的价值,那么就会对企业家产生一种强烈的诱导,驱动他们更多地借助扩张型工具(高杠杆与高负债)与扩张型策略(多元化与资产交易),进行外延式扩张,这在某个阶段(如经济景气扩张期)和某些条件下(如政府给予特殊优惠和便利)是可行的,但根本上是难以持续的,如果不加以节制,总有"撑断资金链、撑死自己"的那一天,再大也没有用,规模越大问题越多。

写到这里,相信读者会理解,为什么在整个万科之争中,我始终坚持站在万科管理层一边。因为自1984年创立,他们一步一步地用实践证明,他们是生产性、创新性的经济活动的推动者,是"阳光下的体制"的建设者,万科文化是中国商业领域中积累的社会资本的代表之一。姚振华、吴小晖纵有再多财富,从这个角度看,距离万科这座代表中国民营企业治理典范的山峰还很遥远;恒大纵使规模超过万科，如果不发自内心地学习专业化、规范化、阳光化的特质，动不动就玩大的、赌大的、做别的，资本市场也会通过更高的债息和更低的估值对其进行约束与惩罚。我并不抹杀他们的企业家才能，我尊重他们的想象力和奋斗精神，但我愿意做一次郑重的提醒：单以财富论英雄的时代开始退场了，真实价值的创造与创新，这是未来的主流！

好的市场经济，创新型的企业家，以人为本、以价值创造为本的商业文明，这是我的选择。如果我的工作能成为新商业文明、新的文化和价值信仰的一部分，并通过这种传播间接去影响企业家、投资家在活动类型上的选择，大道光明，造福社会，就是我最大的满足。

好的结果与并不完美的方式

十八届三中全会《关于全面深化改革若干重大问题的决定》指出，经济体制改革是全面深化改革的重点，核心问题是处理好政府和市场的关系，使市场在资源配置中起决定性作用和更好发挥政府作用；国家保护各种所有制经济产权和合法利益，保证各种所有制经济依法平等使用生产要素、公开公平公正参与市场竞争、同等受到法律保护，依法监管各种所有制经济；鼓励金融创新，丰富金融市场层次和产品。

万科之争的大结局是我希望看到的，但这个结局不是来自市场在资源配置中起决定性作用，而是来自政府强有力的手。一方面，我们看到，更好发挥政府作用，在中国是需要的，是切实可行的，政府和市场的关系并不是矛盾对立的，而是互动并存的，这种并存具有长期性；但另一方面，我们又必须警惕，政府不是天使，裁判员、运动员集于一身的角色注定了错位也是长期的。因此，我们始终不能放弃追问类似下面这样的问题——

如果我们不相信宝能和恒大能成为万科的"合格股东"，不相信他们的承诺，我们为什么相信深圳地铁集团就是最合格的股东？

如果我们认为宝能和恒大不如万科更能代表生产性的、创新性的企业家活动，由政府直接配置资源、享受各种优惠、坐地生财的大型国企，其行为是否就符合企业家创新活动的标准？

如果我们认为宝能和恒大在收购行为中暴露了过于激进、风险敞口过大的问题，为什么不能通过金融创新，提供更有效的杠杆工具和并购贷款、并购债券，让资本市场有一种力量，冲击固化、低效或者价值低估的公司的治理与管理，而不是一直用"父爱主义"的保护、保卫，让再糟糕的公司也有巨大的壳价值？兴风作浪的市场，是否好过一潭死水的市场？

2016年7月，王石在接受新华社采访时说，我相信市场的力量，万科团队是非常优秀、尽责和自律的，应当摒弃鱼死网破的斗争哲学，在多元社会和市场经济的框架下，找到一种折中的、共赢的方案往前走。而2017年1月7日在中城联盟年会上，王石强调万科未来投资策略仍将坚持"走正道、傍大款、合伙人"。"谁是大款？就是大型国有企业。国策之下，国有企业一马当先。不和他们在一起，我们和谁在一起呢？"

我们究竟要和谁在一起？是和多元化市场经济中的公平规则在一起，还是回到以进国企为荣耀的岁月？如果万科的答案是后者，我们凭什么相信：他们的未来会继续充满内生动力和创新活力？

相信市场力量的王石，最终靠董明珠效应的外溢，笑到了最后。虽然赢了，但我们更需要强调的"国策"，应该是"保证各种所有制经济依法平等使用生产要素、公开公平公正参与市场竞争"，是"依法监管各种所有制经济"。而在万科之争的全过程，关于深圳地铁，可曾有过监督性、监管性的提醒？

赢家万科的身后，可能有一种巨大的隐忧，正在生长。

在《唯创新与责任不可辜负》的上篇中，我说中国特有的官商环境、政府干预和充斥着机会主义导向的文化气氛,使得中国经济仿佛是一个多层的空间结构,每一层都有赚钱的机会,而且相互之间常常可以互通。创新的机会,成本领先的机会,寻租的机会,交易的机会,体制套利的机会,攫取和掠夺的机会,监管部门逐利化的机会,利用土地市场和资本市场超常规敛财的机会,在同一时空多轨并存。

我的希望是,中国市场经济的演进方向,是《关于全面深化改革若干重大问题的决定》中所阐述的原则。如果我们不能从制度环境、法治环境、市场环境、社会文化环境等方方面面,共同朝着公平竞争、创新驱动、高效创造、清洁自律、依法监管的方向迈进,未来 10 年、20 年还沉浸在所有制的迷思里,那不仅不利于非公经济的发展,也不利于国企在市场压力倒逼下的改革与创新。

万科大结局对中国经济意味着什么?不是谁胜谁败,而是从政府到每个利益相关者,都要来思考:为了建设一个好的市场经济,我们如何更好地担当?唯创新与责任不可辜负,这是比输赢更重要的。

万科之争的大结局,用一种不那么市场化的方式,满足了我对于好的市场经济的期待。它会是我长期学习和受益的活生生教材。

曾国藩有言:"吾惟尽一分心做一日事,至于成败,则不复计较。……天下事焉能尽如人意,古来成大事者,半是天缘凑泊,半是勉强迁就。人贵自强,求人不如求己。"天缘凑泊,是说外部的机遇因缘;勉强迁就,是说死撑硬熬的坚持。

万科管理团队熬了一年多,不乱,不躁,无杂音,这是文化的力量。这种力量帮助他们坚持到了突然有一天,天边飘过董明珠的声音,一切从此不同。

宝能,恒大,该你们"勉强迁就"了。中国市场够大,只要洞悉时势变化,勇于自我革新,你们的明天也会更好。

你的、我的、我们的焦虑，如何一起走出？

人生是一本每天在写的书，但有些内容会折叠起来，只对自己打开，很少示予别人。人生也是一个实验室，那些被折叠起来的东西会一次次在脑海中浮现，我们在里面反复研究自己的想法、行为以及和外部的关系。所有"折叠"中，焦虑是永不消失的章节，没有谁能幸免。

社会性焦虑，源自社会的问题

当我选择焦虑这个题目的时候，首先想到的是社会性焦虑。4 年前，人民论坛问卷调查中心做了一次 6027 个样本的调查，近九成受访者认同"全民焦虑"已成当下的社会病，超六成受访者自认焦虑程度较深，过八成公众认为焦虑情绪会"传染"，可见焦虑之普遍。

中国人的焦虑从哪里来？很多学者从社会不公正、人与人的权利和地位不平等的角度切入，认为消除焦虑必须改变制度环境。比如为缩小城乡差距，要进一步放松对农民土地财产权的管制，扩大农村的金融自由。这没错,但今天是农村人还是城里人更焦虑? 很可能是后者。

也有学者说,焦虑的症结是贫富分化。贫富分化的确是人人都在说。但数据表明,中国贫困阶层的改善是明显的。按现有贫困标准(人均年收入低于2300元),农村贫困人口已从2010年的1.66亿减至2016年的4300万,农村贫困发生率从17.2%降至4.5%;截至2016年9月底,全国基本养老参保人数有8.71亿,基本医疗参保人数有6.98亿,失业、工伤、生育保险参保人数也都在增长;中国有1亿多企事业单位退休人员,他们的退休工资逐年上调,其中8000万左右的企业退休职工,月均养老金2010年为1200元,2015年达到2200多元。中国主要的焦虑人群可能不是穷人,而是中产者。

城市中产者为什么焦虑呢? 人民论坛的问卷调查显示,涉及个人的三大焦虑是:看不起病,养不起老;人际关系紧张、信任危机;工作压力大。公众对国家社会最焦虑的三个问题是:物价涨得比工资快;权力不受制约,腐败易发多发;食品、药品、产品安全缺乏保障。公众认为"全民焦虑症"的三大症结是:权力不受制约的不公正感、社会保障不足的不安全感、贫富差距过大引发的被剥夺感。

中国社科院社会学所2013年的全国抽样调查表明,72.8%的中产者认为食品安全没有保障,54.6%认为缺乏个人信息等隐私安全,48.3%认为缺乏生态环境安全,39.8%认为缺乏交通安全,28.5%认为缺乏医疗安全,22.5%认为缺乏劳动安全。该所2015年的调查数据显示,39.4%的中产者声称"生活负担很重、压力很大",62.9%认为"社会保障水平太低,起不到保障作用"。

最新的一个研究是中国人民大学国家发展与战略研究院于2017年3月发布的《国家治理创新报告》——你是否会因为无处可逃的雾霾而恐慌不安? 你是否会因为山东辱母案而质疑法院公信力? 你是否会因为买不起房子而烦恼不堪? 如果你的答案是肯定的,那么,你很有可能是"社会焦虑病"患者！报告认为，如何降低民众心理中的焦虑感，是治理现代化面临的三大难题之一，另外两个难题是如何将发展理念转化为国家治理的定位，以及如何消除干部选任中的"劣币驱逐良币"现象。

中产者焦虑：现实总赶不上梦想的翅膀

中国的中产者有多少？按世界银行"每人每天收入或者消费10到100美元"的标准，超过5亿；按国家统计局"家庭年可支配收入9万到45万元"的标准，中产家庭占家庭总数的24.3%；按社会学家"收入中位线的3/4到2倍区间为中产者"的标准，占人口的38%，近5亿（以上均为2015年数字）。所以大致来说，中国有3.5亿～5亿中产者。对照一下美国，皮尤研究中心的最新报告说，年收入4.1万～12.5万美元的家庭（三口之家）有中产阶级生活。

中产者比上不足、比下有余，其突出特点是"现实总赶不上梦想的翅膀"。他们有知识，掌握的信息多，生活目标不断提高。按照友邦保险的一项调研，包括中国在内的亚洲国家，中产者看重的前五大目标是健康、婚姻、职业成功、心理平静和财务自由。但现实总不如意，特别在购房、子女教育、医疗、养老方面，中产者的焦虑最集中。

在2017年3月举行的中国发展高层论坛上，美国学者提出，美国和中国一样都存在"中产阶级焦虑"。诺贝尔经济学奖得主马斯金表示，中产阶级焦虑的重要原因是自动化对原有高工资工作尤其是制造领域工作的破坏。亚洲协会会长施静书认为，中国和美国的中产阶级都希望自己的孩子能过上更好的生活、能出去旅行、拥有房产，还有医疗保险和养老保障等，要让他们对生活抱有愿景，应该给他们创造机会。中国社科院副院长李培林认为，中国中等收入者的焦虑类似于"成长的烦恼"，2016年中国人均GDP超过

8000 美元,已达到很多陷入中等收入陷阱的国家当年遇到的天花板,各种发展机会在相对减少。低收入者能否进入中产阶层,中产如何保住地位,都变得不确定。

因为有为和追求,所以焦虑

以上都是社会焦虑角度的调研和分析,但我更希望看看活生生的微观案例。按照社会心理学家库尔特·勒温的公式,"行为＝f(个人和环境)",即人的行为是个人与环境相互作用的结果。在总体一致的社会大环境中,每个人如何与焦虑相处呢?

感谢读者朋友的来信,使我得以从具体情境中观察。为尊重隐私,读者真实姓名均隐去。

▲ A君

个人简况:我是 80 后,普通人,现在在一家财富管理代销公司上班。我靠个人能力,不啃老,经过多年努力,2014 年年底 2015 年年初在上海金山买了二手房,花了 40 万元(现在要 70 万元左右)。我在浦东软件园上班,每天来回 4 小时,早上 5:45 起床,晚上 19:30 到家。已结婚,有一娃,现在收入能维持生活,爱人带娃,没上班。

现在的焦虑:1. 房子要不要卖掉? 换个近的,但价格又太高,压力会更大。不换房子上班耽误时间太多。2. 如果换工作,对于快35 岁的我来说忧虑重重,我没有金融行业贴金的标签如 CFA 等,创业就更难说了。3. 我不想安于现状,可又不能乱动,先安心储备知识体系,不知道未来会怎么样。有些东西,感觉能够得着又够不着,又迷茫……

▲ B君

个人简况:90后,在北京一档"高大上"的电视人物访谈栏目混饭吃。大学为暗恋女神写了部散文诗集,拍了部微电影。

现在的焦虑:1.为混沌的思想焦虑。大的层面,我确信吴建民大使所言的民粹主义会发生,还有反全球化运动会使思想混沌甚至混乱不堪;小的层面,对很多价值观和社会伦理遭受到的调整感到焦虑。比如,同性恋、7年婚姻制度(三季度"奇葩说"中的辩题)。2.为真诚的失散焦虑。我是一个渴望真诚的人,甚至把真诚当作自己唯一的追求。而现实是,我小小年纪要学习很多套路,虚伪得很,非常讨厌。3.为浮躁而焦虑。为无关紧要的事劳累,为不去不行的面子事劳心,为违心而做的社交事劳魂。

焦虑的原因:1.混沌思想的根源还是经济发展的不平衡,出现了比较严重的阶层分化。2.真诚失散的焦虑,手机是一个祸根,导致面对面交流缺乏。市场经济失灵,诚信缺失,真诚的成本增加。3.浮躁的焦虑,年龄是一个因素,另外是被整体向前疯跑的大环境给带偏。

如何缓解:喜欢访谈交流,面对焦虑我也试着用面对面交流来缓解。1.缓解浮躁带来的焦虑,与老人对话。2017年5月开始,参加崔永元老师在中国传媒大学的口述史研究中心活动,逼迫自己去倾听老电影人的口述,基本都是95岁以上的老人,从老人的口述中找答案,或许暂时没有答案,但让我有了一份对历史厚重感的体会与感悟。2.唤回真诚,与好友辩论。跟朋友辩论:"能否容忍爱人出轨,能容忍几次?"3.写日记,跟自己对话。

▲ C君

个人简况：在写这篇东西前的几分钟，我还在看有关柬埔寨的资讯，计划着4月底趁着公司长假去柬埔寨进行为期一周的背包旅行，实际上我早就买好了香港往返柬埔寨的机票。我今年27岁，身上连1万元存款都拿不出来，满脑子想的却全是去这里去那里玩。这就是现在的我。

现在的焦虑：27岁，是适婚年龄，但我还是单身一个人，面对父母严厉的逼婚，一方面遇不到自己真心喜欢的人，可年龄一年比一年大，30岁即将到来，即使真的遇见了很喜欢很投缘的人，我也没有钱结婚。要结婚，即将组建一个家庭，但可以为这个家庭带来什么呢？不很明白。

焦虑的原因：中学时，班里有一个女生，安静又普通，现在在一家汽车企业任职，也结婚了，生了一个女宝宝，当然也买了房子和车。平时她不觉得自己有多幸福，但每当她静下来想想自己目前的生活状态，就觉得很满足。我和她恰恰相反，我本来觉得自己目前也挺好的，去了中国很多地方，还去了几个不同的国家。吃了很多好吃的、怪异的甚至难吃的食物，看了很多壮丽的风景。我还是一个不错的摄影爱好者，拍摄的照片总能获得很多人赞许。但每当我静下来，想想自己目前的生活状态，我觉得很空虚，不踏实，不安稳。

▲ D君

个人简况：自由职业者，TMT行业退休，在做天使投资。

焦虑的原因：最近半年来为了儿子申请美高的事，焦虑了。焦虑大概就是对不可控事情的一种期望吧。

如何缓解：要缓解焦虑，写字最有效，可以释放幻想。

坦率地说，当我看到读者发来的焦虑案例时，我轻松了不少。他们都有工作，不像我在西班牙看到的无业青年和美国"锈蚀地带"的失业者；他们都有一些更高的追求，无论是换房、换工作、游世界、帮孩子留学，还是希望周围有更好的精神氛围，都是为了一种追求所产生的焦虑。我们可以称之为"有为的焦虑"，它比无为的安逸、绝望的焦虑要好得多。他们写字、写日记，和老人对话，想办法减轻压力；这是一种"建设性的缓解"，它比破坏性的、戕害自己或向外界发泄的解决方法好得多。

我的第二个感受是，从政府到社会，应该从战略高度重视中产者焦虑。这四个案例中的人，都不是在政府和事业单位工作。早在2013年，中国城镇新增就业人口的90%以上就是个体和私营企业解决的，和享有政策与资金成本优势的国企以及旱涝保收的事业单位比，一般企业特别是中小企业的压力始终如影随形。在这里工作的劳动者无论是住房、看病、子女教育还是未来保障方面，便利度和条件都远远不能和政府、事业单位、大型国企比，更不要说和权贵阶层比了。他们靠自己的力量丰衣足食，不给政府添麻烦，但他们的脊梁究竟能扛多少压力？能扛多久？

从这个角度出发，政府要早关心、真解决涉及民生的事，莫让"新三座大山"下"中产"变"中惨"，莫让机会和权利的不平等导致中产者产生"相对被剥夺感"，莫让民生小事久拖不决变成老大难。政府公信力的提升，不能靠民众忍耐力和宽容度的提升，而要靠切实改善民生，建设公平公正、可持续发展的经济环境。

每个人都可以和自己和解

焦虑是全世界的问题,是人类在与环境斗争和生存适应过程中发展起来的基本情绪。适当的焦虑并非坏事,它能使人凝聚精神,鼓舞斗志,直面挑战,迎难而上。由于中国人普遍进取心、好胜心强,焦虑会更多一些。中国变化背后的动力,或许就有焦虑成分的存在。

但是,如果焦虑大面积、持续地扩散,其危害又是巨大的,特别是当焦虑和社会不公正、机会不平等高度关联时,它就会成为动摇稳定的力量。

从个人的角度,如果要我给焦虑者(包括我自己)开一个药方的话,我最想说的是,追求而不苛求,好好与自己和解。

焦虑往往来自能力、绩效、获得感等方面和自己目标的落差。落差越大,焦虑越大。有两种方式可以调节落差:一种是通过努力,提升了能力、绩效、获得感,追上目标;另一种是调低目标。

焦虑本身不能解决问题,种瓜得瓜、种豆得豆,通过围绕目标而进行的点点滴滴的持久努力,把长期性问题的焦虑转移到每天具体的事情上,种好庄稼,慢慢就会接近目标,焦虑的杂草自然也会消除。

在另一面,适当地调低目标,不过分追逐世俗攀比的东西,适可而止,才能凝神聚气,心安理得。当下中产者的一大焦虑,是劳动性收入的增长赶不上房价攀升的速度,但如果已经安居,就没有必要因为没有赶上投资房产的列车而天天焦虑。人生中一定有比发财更重要的东西,幸福快乐的获得感和财富也不是"越多财富越多快乐"的因果关系。

人的眼睛长在前面,是为了朝前看,所以我们要有追求。人的心脏和大脑长在身体里面,是为了自省和自处,所以要根据自己的承受力设定自己的目标,不要过分苛求,自洽就好。人生充满对自己的挑战,也需要和自己不断对话,好好和解。

「未来在哪里」

美国大选余思:哪一句"中国话"最该让世界听到?

美国大选是一场吸引眼球的运动,每个总统候选人在选战期间都会拿中国当一下替罪羊和挡箭牌。特朗普也不例外,他说中国是"汇率操纵者",通过操纵汇率在贸易领域"扼杀"美国,"强奸"美国。但和历史上任何一位候选人不同的是,特朗普第一个公开说,中国在某些方面的表现比美国优异,相比之下美国领导人"太低能"。

他说,美国的机场太破了,中国的机场、高速公路、铁路等基础设施会让你大吃一惊。

用中国的发展反衬美国的落后,这在总统大选中是没有过的。以往是我们习惯说,中国是一个发展中国家,和发达国家比还有很大差距。

但特朗普的确说出了事实。数据显示,美国只有一半的高速公路处于良好状态;四分之一的桥梁要么需要大修,要么太窄不适合车辆通行;桥梁平均年龄 43 年,到第 50 年需要大修;半数公交车和轨道车辆已超期服役或在未来 6 年将超期服役。

用中国话评美国事

2016年的美国大选也是中国网民参与度最高的一次。我注意到一个现象，不少网民包括学者开始用"中国话语"评述这场闹哄哄的跨年度政治真人秀，他们激扬文字，指点美国，戏谑中不乏洞见，还提出一些被中国证明是行之有效的建议。

有政治学方面的学者撰文，说特朗普提出"我将把美国人民的利益和美国人的安全放在最优先位置"，邓小平提出"走自己的路，建设有中国特色的社会主义"，堪称特朗普"走美国人自己的路"的原版，若特朗普师从邓小平，他会真伟大。

有经济学者把特朗普的经济政策解释为"一个中心，四项基本原则"，即以经济建设为中心，减税、扩大基建、再工业化、促进就业四方面一起发力。

有自媒体看到特朗普的官方网站（greatagain. gov）公布要招聘4000人作为过渡团队，于是套用网络流行语，"特朗普的小目标：先招他个4000人，然后再花掉1万亿美元"，"美国版4万亿"的说法也不胫而走……

这是一些很有意思的信号。过去几十年中国的发展提供了中国经验，形成了中国话语，现在被拿来评说世界。那么未来，"中国话"能像"美国话"一样，在很大程度上成为"世界语"吗？

不少国家都有学汉语的热潮，接下来会不会有借鉴中国经验的浪潮？不只是第三世界国家借鉴，而是发达国家也来借鉴？

中国话是对自己有信心的话

中国是一个在挑战和变革中不断前行的国家。中国人对自己的环境并不满意,有人抱怨蝼蚁般的折叠生活,有人声讨权利被选择性地漠视,有人疾呼空气和水产品的污染,社交媒体上时时都有怨声戾气。对投资市场的无奈,让我们发明了"韭菜"一词自嘲。最近网上又流传开两个新成语——"人无贬基"和"中或最赢",其出处是外汇管理当局 2016 年 8 月以来的一系列说法——"人民币不具备贬值基础""人民币不具备持续贬值基础""人民币不具备大幅贬值基础",以及一些"砖家"无论面临什么情况都能得出"中国或成最大赢家"的结论。这些新成语的背后,也代表了人们的质疑和不解。

但是,和世界其他国家与地区相比,中国人又属于对国家最有信心的一类。

《经济学人》(*Economist*)官网 2016 年 11 月 24 日发表了 9 月 23 日到 10 月 7 日所做一项调查的结果。调查的问题是:你认为国家走在正确还是错误的道路上?你最大的担心是什么?

结果显示,认为国家走在正确道路上的比例,中国最高。90%左右的中国人认为国家走对了路,而 60%的英国人和 63%的美国人认为国家走错了路。很多国家的最大担心是恐怖主义(如美国)、失业(如加拿大、韩国)、犯罪和暴力(如墨西哥、阿根廷)、腐败(如俄罗斯、巴西)、社会贫富不均(如日本、德国),而中国人最大的担心是道德水准下滑。觉得道德还不够好,其实这也是个优点吧!

调查结论未必百分百准确,但说明在世界经济增长乏力、各国社会危机此起彼伏的背景下,中国人对自己国家的信心是最强的。中国当然也有问题,也潜伏着问题,但像恐怖主义、犯罪暴力、腐败、失业,以及可能大面积爆发、有硬着陆危险的危机,中国感染的程度还比较轻,这也证明中国解决这些问题的能力比较强。

比如反腐,这次特朗普当选的原因之一就是告诉美国社会"我们的政治系统已经溃烂了。想要改变美国,我们只能打破腐朽的政治系统",希拉里的"邮件门"就是基于反腐败诉求越弄越大的。看一下中国,大家对腐败也是深恶痛绝,但这几年的反腐力度和效果,国人都看得见。反腐不只是在党内,也未有穷期。2017年1月,中国开始就成立监察委员会进行地方试点,其目的是建立在党统一领导下的国家反腐败工作机构,实现对所有行使公权力的公职人员,不管是党员还是非党员的监察全覆盖。按照十八届六中全会公报,"各级党委应当支持和保证同级人大、政府、监察机关、司法机关等对国家机关及公职人员依法进行监督"。这里,"监察机关"与人大、政府、司法机关并列提出,很显然,设立监察委员会这"一委",本质是要加强对政府、检察院、法院这"一府两院"的监督。

中国反腐正向着体系化、制度化方向深化,这种自我净化、自我更新的探索,对政党、政府权力相对集中的国家特别有借鉴意义。

关于社会贫富分化,这也是大选中特朗普一直利用的武器。在2016年10月22日的葛底斯堡演说中,他说,"4500万美国人吃不起饭,4700万美国人生活于贫困之中。旧城区已被抛弃,许许多多非裔美国人和拉丁裔美国人仍生活在贫困之中"。而他推行的经济发展计划"将会在未来10年,为美国带来2500万工作岗位","我们一定会尽快改变这个局面,请相信我"。特朗普的这些话非常走心,这也是他胜出的重要原因。

相比之下,虽然中国的人均收入水平还不高(按世界银行2016年人均国民收入排名,中国在214个国家和地区中排第96位),但在减少贫困人口方面的成就公认是世界第一。联合国发布的《千年发展目标2015年报告》显示,全球极端贫困人口已从1990年的19亿降至2015年8.36亿,中国的贡献有多大?贡献率超过70%。美国著名新闻博客网站赫芬顿邮报2014年发表过《世界贫困人口20年内减半是谁的功劳?》一文,文章说,"如果我们能从中国过去15年间的努力中汲取经验,在全球创造另一个中国奇迹,那么甚至可以说,我们将永远带领人类走出贫困"。

中国在社会保障"托底"方面的经验同样可圈可点。2016年11月17日,国际社会保障协会(ISSA)将"社会保障杰出成就奖"(2014—2016)授予中国政府。截至2015年年底,中国养老保险覆盖8.58亿人,医疗保险覆盖超过13亿人(职工基本医疗保险、城镇居民基本医疗保险、新农合),工伤保险覆盖2.14亿人,失业保险覆盖1.73亿人,生育保险覆盖1.78亿人。中国从2005年起连续12年上调企业退休人员基本养老金,城乡居民养老保险待遇标准也有较大幅度提高,职工和居民医疗保险报销比例分别达到80%和50%以上,失业保险支出项目和待遇水平近5年平均增长14.2%。这样的保障体系,没有强有力的政府支持是无法想象的,2015年各级财政对各项社会保险基金的补助就达7656亿元。同样无法想象的是,社保不托底,中国将会怎样?

中国的改革开放快40年了,看看今天困扰世界的很多问题,如恐怖主义、贫穷、失业、腐败、贫富不均,中国都有一些成功的处理经验。中国经验走出去,中国话成为世界语,这是势所必然。

千言万语一句话,就是经济要发展

中国能够处理好困扰世界的诸多问题,根本原因是什么呢?

2016年年末我在中央电视台参加《对话》节目的录制,碰到刚从Uber加盟今日头条的柳甄。我在2016年去了很多国家和地区采访,她也刚从欧洲回来,聊起感受,都觉得中国的创业气氛很蓬勃,而欧洲很多国家都破败落寞。柳甄说去看希腊的文明遗址,到处残破不堪,从银行取现金的额度限制为100欧元以内。可见金融危机和主权债务危机的影响还没散,在希腊,问题严重的时候60%多的提款机提不出钱。

经济不发展,再好的福利也兑现不了,口惠实不至,什么危机都可能爆发。

现在有很多外企高管跳槽到民企,我跟他们聊天,普遍的看法就是民企活力强、增长快、事情多得干不完、激励和压力都大,而外企受官僚化影响,决策链条过长,办公室政治很多,在竞争能力上已经落后了。如果外企继续这样下去,面临的就不是在中国落后的问题,是在全世界都会慢慢落后的问题。

我平时采访最多的是中国企业家,几乎每一次都能强烈地感受到他们永不满足、永不罢休的创业精神。记得到新疆采访东方希望集团的新疆基地,和 40 后的刘永行分手我飞回上海,他又去了山西晋中视察工厂,第二天就是中秋节。到京东采访刘强东,他前一天才从美国飞回来,为倒时差,喝着咖啡,向我描绘京东第二个 12 年的图景,那是一个零售全面智能化、物流全程无人化,以云计算、人工智能、机器人技术为核心的智能化商业体。采访完,没有多余寒暄,紧接着就是下一个安排。在北京耶鲁中心采访"那么有钱还要那么拼命"的沈南鹏(周鸿祎语),他说,年龄虽然要"奔五"了,但还是保持着对世界的好奇心。一采访完,他就直奔机场。

80 后创业者在拼搏方面一点也不落伍。2014 年去今日头条采访,听张一鸣说有 2000 多台服务器,当时我感慨"机器比总编辑更重要",两年后在《对话》录制现场见到他,他说现在有 2 万多台服务器,2017 年会达到 5 万台,而且都是大存储空间的。数字的背后,是数据量的快速增长。同时,今日头条开始在全球布局,他们投资了印度的 Dailyhunt,希望把个性化推荐的算法应用到国际市场。

这一天,曾经是张一鸣老板的陈华也来参加节目录制。陈华是北大毕业的,在微软当过软件工程师,2006 年创办了"酷讯",做生活搜索,张一鸣比他小 5 岁,是他招的第一位工程师。酷讯因为摊子铺得太大,投资方有意见,最后陈华出局,公司被卖掉。他加入了阿里巴巴。但到 2011 年,移动互联网起来了,陈华不想错过,于是辞职,拿到 200 万美元融资，再次创业。一开始陈华做电商导购方向，一年时间折腾出了四五个产品，都不成，后来他天天外出和别人讨论产品方向，最后选择了 K 歌方向，当时整个团队有 11 人，其他 10 个人都不怎么认同，但在陈华的坚持下，他们终于做出了唱吧。

和硅谷类似，中国互联网充满了创业文化、风险投资文化、开放流动的文化，人才不断流动，公司生生死死地裂变，好的、强的、新的总是能冒出来。

中国的创业创新浪潮堪称世界之最。世界上的活跃经济体，平均每 20 个人开一家公司，中国目前各类市场主体接近 8400 万，平均每天新登记超过 4 万户（其中个体工商户和企业比例大致为 6∶4）。按这个进度，到 2018 年中国的市场主体会上亿，相当于每十三四个人拥有一个市场主体。所以，中国是世界上拥有最多创业者、劳动者最愿意努力付出的国度。如果说欧洲国家的咖啡文化是休息，中国的咖啡文化就是创业和创意。

中国创业潮起于 40 年前，至今不衰，且更加澎湃，不断给经济社会注入新的流动性，让创造的活力生生不息，这是中国经济最可宝贵的，也是让世界羡慕的强大动力。

中国有机会成为创新驱动的领导者

我研究经济和公司比较多，发现最近一两年，国外对"中国式创新"的好评越来越多，不再只把中国当成"汗水工厂""拷贝大国"，而是开始向中国学习。

今天国际著名的财经报刊，如果哪一天没有来自中国的报道，反而极其意外。在中国擅长的高铁、航天、电力、家电制造，特别是移动互联网和智能硬件领域，中国公司已成为世界媒体的宠儿。

比如阿里巴巴旗下的淘宝，它时不时会遭遇诟病，但世界银行正在研究淘宝村现象。我在世界银行的官网上看到世行中国、蒙古、韩国局局长郝福满(Bert Hofman)的一个讲话,说淘宝村、阿里巴巴集团和中国的数字化发展始终处于当前世界各地正在发生的数字革命的前沿。淘宝大幅降低了协调成本,提升了中国经济的效率,也可以说是提升了世界经济的效率,并且据估计提供了上千万个就业岗位,占中国劳动人口的1.3%。以徐州市睢宁县沙集镇东风村为例,2006年,村里一名返乡农民工开了一家销售简易家具的网店。他的成功让其他村民纷纷效仿,这里建起了板材加工厂、五金配件厂、物流运输公司等,家具产品销往全国各地甚至周边国家。

郝福满说,电子商务使得乡镇和农村生产者得以参与国家乃至全球经济,不仅帮助提高农村收入水平,而且也使购物的效率更高,并催生了大批提供快递服务的物流企业。由于每笔交易都增加了对经济和消费者行为更好的了解,这种信息又支持了新的业务,比如基于自动信用评估的小额贷款,这样也能推广普惠金融。在他看来,正像阿里巴巴是一个全球性的电商平台一样,淘宝村也可以成为一种全球现象。

我希望淘宝进化的速度更快一些。仔细想一下,中国不就像世界商业领域的淘宝?千千万万人在上面创业,一开始拷贝,靠价格便宜,再慢慢超越,比服务质量和产品个性化,最后要做品牌、要创新,并走向世界。据说2017年的"天猫双十一"晚会要到境外开呢。

中国有全世界最多的移动互联网人口,随着万物互联,中国未来可能会消耗全世界一半以上的数据。而这种在应用服务方面的优势,终将倒逼中国产生架构式、平台式等根本性的创新,因为以前的架构完全满足不了海量的数据要求。

由于中国市场存在着激烈甚至残酷的竞争,这又倒逼中国公司在管理效率上不断提升。最近我看到有的制造型公司正在运行的管理软件,已经接近"完全实时管理",就是在每个时点都能清楚地知道公司一切环节的运转数据和所有被考核人员的实时业绩与成本费用,计算出此刻公司任何一种产品的盈亏状况,非常精确。我相信,在巨量的用户规模与用户反馈驱动下,以及不断提高效率的鞭策下,中国公司的竞争力将越来越强。中国因为有更多的数据,所以会有更多的改善,这种力量循环不息,无比强大,最终助力中国从吸取型的"创新海绵"迈向原创型的"创新引擎"。

如果只能选一句,我会选"爱拼才会赢"

中国话不是都能走向世界,让世界倾听。我们身边也有很多假大空的官话套话,假恶丑的坑蒙拐骗,"放卫星"的吹嘘,以及鲁迅所说的"中国人的不敢正视各方面,用瞒和骗,造出奇妙的逃路来,而自以为正路"。有些中国话,内涵是有的,但表达有问题,应该说得更好,比如人民币的"人无贬基",就说明外汇管理当局和市场以及社会的沟通存在着不畅顺、不对称的问题。人民币也是中国经济的语言,人民币汇率和外汇储备的变化,既是中国过去增长方式的产物,也折射出对未来中国经济结构的预期。如果我们能够接受和认同自己的历史轨迹,如果我们对于经济结构的调整有信心,那么人民币的持续贬值就没有基础。

所以在世界开始学习中国话的时候,中国应该把自我反省和自我超越作为自己永远的课程。但是,也一定要看到,中国发生的变革正在激发国际社会的变革,中国经验开始成为国际社会借鉴的经验,这让我们欣慰,并珍视已经走过的道路。

几十年前,很多美国话被中国听到,成为中国进步的借鉴。斗转星移,我相信未来一定会有越来越多的中国话被世界听到,让世界爱听。

　　是哪些中国话呢？发展是硬道理？解放思想、实事求是？100年不动摇？两手抓？如果只能选一句，我会选"爱拼才会赢"。

　　人本主义心理学之父卡尔·罗杰斯说："当我看着这个世界时，我是悲观主义者；当我审视这世界的人们时，我是乐观主义者。"几十年前，没有多少人会想到今天中国的模样，但中国人凭着永不衰退、坚毅图强的奋斗精神，正在走向世界的最前边。爱拼，爱奋斗，中国一定行！

38 年前与后：中美新耦合，还是再脱钩？

历史不断终结，又不断开始。以为历史终结的时候，它可能只是用新的形式开始。一些特殊时刻，如柏林墙倒塌、苏联解体、"9·11"袭击，会成为独特的界碑，但历史并未中断，仍在延续。

特朗普时刻，是影响大历史走向的变异时刻，还是像浪花一样，眨眼就不见踪迹？这要看怎么理解世界的格局与秩序，以及是什么力量在塑造这种格局与秩序。

力量即秩序

从本质上说，世界格局就是世界上各种力量的对比关系，是影响和支配他人的各种权力的配置，包括政治、经济、金融、军事、科技、文化、自然资源等。而世界秩序，不仅是各种权力通过协商达成的道义承诺，更是强大一方主动做出的制度安排。

道义和正义如心中的灯塔永远闪耀，但现实中，灯塔和航路更多是由权力以及权力的博弈建成的。

力量即秩序。19世纪英国在世界经济中的主导权,来自它是最强的工业国、最大的制成品出口国和资本输出国,英镑是最广泛使用的货币。第二次世界大战后,美国的工业生产能力占资本主义世界的56.4%,1948年达到英国的5倍;美国的出口贸易超过西欧全部国家的总和;美国的对外投资远超英国,而1938年时只是英国的一半。这种力量加上政治、军事等方面的影响力,最终建立了美国主导的经济金融秩序。

1943年4月,美国和英国同时公布了战后的国际货币计划,但当年秋天在华盛顿举行正式会谈时,美国的"怀特计划"大获全胜,英国的"凯恩斯计划"被抛到一边。此后,由布雷顿森林体系驱动的,以国际货币基金组织(1947年3月1日正式开业)、世界银行(1946年6月25日正式营业)、关税及贸易总协定(1947年10月签订)为三大支柱的战后资本主义经济秩序得到确立。这一秩序又推动了"二战"后经济全球化的新浪潮。

"二战"后的经济全球化,到今天为止,可以分为两个部分,就是没有中国参与的全球化和有中国参与的全球化。上半场和下半场的分界线,就在38年前。

38年前的中美耦合

38年前,1979年1月1日,邓小平在美国驻中国联络处举行的招待会上举杯庆祝两国正式建立外交关系。他在当日出版的《时代》周刊上签下自己的名字,并宣布将对美国展开正式访问。

那一期《时代》周刊的封面,是年度人物邓小平。

这之前的1978年12月,从文献角度看,有两篇文献深刻改变了中国的走向。

一篇是12月13日邓小平在中央工作会议闭幕会上的讲话——

《解放思想，实事求是，团结一致向前看》，这个讲话实际上是12月18日到22日举行的十一届三中全会的主题报告。

邓小平说，全党工作的重心转到实现四个现代化上来，今后看一个经济部门的党委善不善于领导，领导得好不好，"应该主要看这个经济部门实行了先进的管理方法没有，技术革新进行得怎么样，劳动生产率提高了多少，利润增长了多少，劳动者的个人收入和集体福利增加了多少"，"这就是今后主要的政治。离开这个主要的内容，政治就变成空头政治，就离开了党和人民的最大利益"。

另一篇影响中国未来的文献，是北京时间12月16日上午10时、华盛顿时间12月15日晚上9时同时发布的《中美建交公报》。公报再次强调了1972年尼克松访华签订的《上海公报》的各项原则，包括：双方都希望减少国际军事冲突的危险；任何一方都不应该在亚洲—太平洋地区以及世界上任何地区谋求霸权，每一方都反对任何国家或国家集团建立这种霸权的努力；任何一方都不准备代表任何第三方进行谈判，也不准备同对方达成针对其他国家的协议或谅解；美利坚合众国政府承认中国的立场，即只有一个中国，台湾是中国的一部分；双方认为，中美关系正常化不仅符合中国人民和美国人民的利益，而且有助于亚洲和世界的和平事业。

中国告别"以阶级斗争为纲"，确立以经济建设为中心的新路线，与中美建交，在同一个时点发生，并不是偶然的。事实上，从那时起，中国就融入了经济全球化的进程。

38年前的耦合，是看到了自己的差距

现在当我们回顾38年前的岁月，还会看到——

1978年2月，国务院提出"有计划地组织干部到国外去考察"，派了三路干部到境外考察，一路是副总理谷牧委托国家计委和外贸部

组成的港澳经济贸易考察团,考察后提出把靠近港澳的广东宝安、珠海划为对外产业基地;一路是赴罗马尼亚和南斯拉夫考察社会主义国家的改革;一路是谷牧亲自带队,到法国、瑞士、比利时、丹麦、当时的联邦德国五国考察。

1978年春天,为抗御旱灾,安徽不少生产队实行了包产到户。

5月11日,《光明日报》发表《实践是检验真理的唯一标准》。

谷牧带队的考察团,从5月2日开始到6月6日结束,去了西欧五国25个城市的80多个工厂、矿山、港口、农场、大学和科研单位。他们看到当时的联邦德国的一个露天煤矿年产褐煤5000万吨,职工只有2000人,最大的一台轮斗式挖掘机只要5个人操作,一天产量就达40万吨。而中国当时露天煤矿的生产水平,年产5000万吨煤大约需要16万名工人。他们在瑞士参观了一个水力发电站,装机容量为2.5万千瓦,职工只有12个人,而中国江西的江口水电站,当时装机容量为2.6万千瓦,职工却有298人。

当时的联邦德国总统谢尔接见考察团时说,我们的莱茵河很"勤奋"。谷牧说,我们的长江比莱茵河长,但运量小得多,不是我们的长江不"勤奋",是我们的工作没有做好。

谷牧回国后向中央汇报:西方资本主义国家的经济运作,对社会矛盾的处理手段,"已不是我们从苏联列昂节夫《政治经济学》上获得的那些老概念了"。

10月,邓小平说,我们派了不少人出去看看,使更多的人知道世界是什么面貌。关起门来,故步自封,夜郎自大,是发达不起来的。"现在是我们向世界先进国家学习的时候了。"当时,辽宁省为儿童编写的英语教科书描写了"一个住在伦敦的可怜的英国女孩"的生活,把英国描写成狄更斯时代那样贫穷,他得知后批示:"此类材料,在英国会成为笑话。这是编者和出版社对外国无知的反应。"

邓小平迫切希望了解外部世界。1979年1月1日中美建交,

1月28日,大年初一,他就踏上了访美的旅程。他用行动表明,推行改革开放首先就要对美国开放,不对美国开放,对任何其他国家开放都没有用。

1979年1月24日,邓小平访美前说:"我们相信中美关系正常化能为美国用先进的东西帮助我们实现四个现代化创造更有利的条件,这点对美国来说也是有利的。"

38 年间:全球秩序,中国奋斗

按世界银行 WDI 数据,1978 年、1979 年中国经济总量占世界的 2.32％和 2.49％。按中国国家统计局数据,2015 年中国经济总量占世界的 15.5％。这一历史性的倍增成就,正是在中美耦合的大背景下实现的。

1979 年中美实现耦合之后,中国得以聚焦于发展。全球化,资本流动,贸易、科技与知识的快速传播,给中国带来了资本(FDI,即外商直接投资)、知识、技术、管理经验。不断扩大的市场导致了分工的深化与学习曲线的快速改进,FDI 和中国劳动力的结合推动了中国工业化和城市化的进程。如果说美国主导的经济全球化给全世界带来了一种外溢的秩序的话,那么中国是利用得最好的国家。就此而言,"中或最赢"在昨天是一个客观事实。

还有一个更深刻的问题是:为什么美国主导的秩序在全球外溢,中国却是最大赢家?为什么全球化的正面作用在别的很多经济体没有在中国这么显效?

这一定是因为,中国在国家治理、政府对经济发展的推动、政策与制度的安排、人力资本和社会文化等方面,有一些鲜明的特征,特别适合和全球化浪潮相结合。

在 2016 年 1 月 4 日《人民日报》刊登的《七问供给侧结构性改

革——权威人士谈当前经济怎么看怎么干》一文中,权威人士提出了推进供给侧结构性改革,排除干扰,心无旁骛,必须牢牢把握住的中国特色社会主义政治经济学的几个重大原则——

一是坚持解放和发展社会生产力。这是中国特色社会主义政治经济学的核心,要始终坚持以经济建设为中心不动摇,主动研究发展规律,不断推进科学发展,持续改善人民生活。

二是坚持社会主义市场经济改革方向。深化经济体制改革的主线,是让市场在资源配置中起决定性作用,这是生产力能否解放好、发展好以及供给侧结构性改革能否取得成效的重大原则性问题。对于政府作用,强调"更好发挥",不是"更多发挥",要集中精力抓好那些市场管不了或管不好的事情。

三是坚持调动各方面积极性。人是生产力中最活跃的因素,必须充分调动人的积极性,充分调动中央和地方两方面的积极性,当前要注重调动企业家、创新人才、各级干部的积极性、主动性、创造性。

这些原则,就是支撑中国奋斗的核心动力,也是中国在经济全球化进程中名列前茅的根本原因。

38 年后,美国发生了什么变化?

38 年过去,《时代》周刊的 2016 年年度人物是美国当选新总统,但不是合众国总统,而是分众国总统(Divided States of America)。

特朗普会逆转全球化进程和中美之间的耦合吗? 在他正式执政前还无从判断,但他比中美建交后任何一位美国总统都信口开河,则是确定的。同时,他已经组建了一个混杂着保守、老龄化、白人、CEO、高盛系色彩的执政班底——

白宫高级顾问史蒂夫·班农,他曾说:"全球化的支持者们摧毁了美国工人阶级,却在亚洲创造了一个中产阶级。"

白宫办公厅主任普利巴斯是"挺台派"先锋,曾两次赴台并宣称支持对台军售。在他主导推动下,"对台六保证"纳入共和党党纲,声称美国要协防台湾。

新成立的国家贸易委员会主席纳瓦罗,他出版过名为 *Death by China* 的书,同名纪录片在网络上流传,把美国所有的经济问题都归咎于对中国的贸易逆差(按照美国商务部统计,2015 年美国对中国贸易逆差为 3656.9 亿美元)。

商务部部长罗斯曾和纳瓦罗合写过一篇文章,提出"中国是世界上最大的贸易骗子"。

这样的执政班底,让美国政府从贸易自由化的积极推动者、自由贸易秩序的提供者转向贸易保护的趋势变得明显。那么,美国在经济上会采取什么措施,直接或间接影响中国呢?

——可能判中国为汇率操纵国,并以此为由向中国出口产品征收特别关税,最夸张的说法是 45%。

——肯定会坚守美国本土贸易的优先性地位,调整美国的经济区域一体化战略,退出 TPP(跨太平洋伙伴关系协定),退出北美自由贸易协定。

——用优惠税率鼓励企业的海外利润回流,鼓励制造业回流,以实现"苹果手机美国造"。

——调整财政政策,减少企业所得税和个人所得税标准,鼓励企业扩大投资。

——刺激内部需求尤其是基础设施方面的投资需求,未来将有 1万亿美元投入。

——加强知识产权保护,将不遵守规则的中国公司列入黑名单。

特朗普的很多想法与实际情况大有出入。比如,中国对外贸易中仍有 25%左右的加工贸易,这部分天然是中国的顺差,但只收取简单加工费,利益不在中国手中。如将加工贸易进口额剔除,中国的顺差没有那么大,出口竞争力也没有那么明显。中美贸易逆差中还有一部分来自美国对华投资企业的出口。比如苹果,苹果手机是在中国制造,但苹果公司所做的远不只是制造,而是形成一种生态,基于苹果手机系统的 App 就为美国创造了 200 万以上的工作岗位。在政策刺激下,占用人工少的制造业,可能会加大在美国的投资,但占用人工多的制造业,如同乔布斯当年对奥巴马所说,"永远也回不到美国本土了"。

不过,在中美贸易中,中国对美国的依存度更高。2015 年,中国对美国的货物出口占出口总额的 21%,美国对中国的货物出口占出口总额的 7.7%。如果双方在贸易方面交恶,中国的压力更大。在严格知识产权保护、迫使中国进一步开放农产品和服务贸易市场、提高中国出口产品标准以及关税等方面,特朗普政府将会有所作为,其他发达经济体也可能会比照美国方式给中国施压。目前,中国在资本账户方面的外流压力已经很大,如果贸易方面的顺差也大为减少,人民币的贬值压力就会更大。

以上还只是经济方面。在台湾问题、南海问题、东北亚问题上,特朗普都有可能采取一些激进的做法。

全球化本身也在遭遇危机。2008 年之后全球贸易对全球经济的驱动力开始停滞,贸易自由化被保护主义和各种监管所代替;由于没有更平等地分享利益,发达经济体的劳工阶层成为反对全球化、自由化的主力;资本主义"变得太资本主义,到了对其自身有害的地步";发达经济体从"税收国家"到"债务国家"到"紧缩国家"的演变,加剧了人们对全球化红利的信心的流失。

在这个时点上,"二战"后驱动全球化的"美国秩序"本身正在发生变异。究竟变异多少?如何变异?还需要一段时间观察。

38 年后，中国有哪些变化？

38 年后，中国的发展路径有什么变化？

从总体上，中国的基本发展路线是一贯的，中国特色社会主义政治经济学的几个重大原则也没有变化。习近平主席 2016 年在杭州的二十国集团工商峰会开幕式主旨演讲中，用"这是探索前行的进程""这是真抓实干的进程""这是共同富裕的进程""这是中国走向世界、世界走向中国的进程"来概括中国的改革开放进程，并提出中国的新起点，"就是中国全面深化改革、增加经济社会发展新动力的新起点，就是中国适应经济发展新常态、转变经济发展方式的新起点，就是中国同世界深度互动、向世界深度开放的新起点"。

与此同时，通过"一带一路"、亚洲基础设施投资银行、金砖国家新开发银行、丝路基金、人民币的国际化、区域全面经济伙伴关系（RCEP）等路径，中国正在世界经济秩序中描绘新的色彩。如果说之前中国主要是世界秩序的"接受者"，那么今天，中国也在参与塑造世界秩序。

所以，从历史的大逻辑看，越往后，全球化的秩序中就会有更多基于中国力量的中国意图，这是肯定的。但前提是，中国自身要发展得更好。否则，中国连自身竞争力不强、发展不平衡、贫富差距大、环境脆弱、社会保障水平低等难题都解决不了，怎么可能有很大力量去影响世界？怎么继续做大蛋糕、做好蛋糕、分好蛋糕？在这些问题的具体操作中，有一些不尽如人意的事情正在发生。

比如做大蛋糕，以经济建设为中心，聚精会神搞建设，一心一意谋发展。在现实中，不少干部和企业管理者的感觉是，现在的目标责任越来越多，用于经济发展的精力在减少。

比如做好蛋糕，本质上是要驱动经济资源向着更高效、更集约的生产和服务部门聚集，不断提高生产率和附加值。在现实中，金融资源、行业准入、政府采购，还是极大地倾斜到国有部门和政府主导的项目，要素双轨制和待遇歧视性反而在增加。低效部门拿到更多的资源，使整个经济的活力不是上升而是下降，并滋生"央企地王"这样的不良示范。

国有经济要做强做优，在治理结构和管理机制上必须优化。人是生产力中最活跃的要素，但是国资委对全部央企领导人采用几乎一样的激励方式，而它们的行业壁垒、竞争强度、政策受惠程度都不一样，这如何能形成有效激励呢？让市场在资源配置中发挥决定性力量，企业领导人不就是最关键的资源吗？

在新常态中，中国经济仍然有很多机会和发展空间，但如果不遵循市场经济的基本原则和规律，就会错失良机。

创造新耦合，避免再脱钩

世界在新时点上，中美两国也在新时点上。中美是形成新耦合关系，还是再脱钩、关系大倒退，取决于两国的理性判断和智慧选择。

今天的中国，和38年前的中国，和苏联解体时的中国相比，强大了太多。特朗普对中国采取贸易战等措施，也可能在一段时间对中国经济有一定杀伤力，但已经无法动摇中国发展的根基。中国有庞大的内部市场，失去了这个市场，美国一批500强企业的根基反而会动摇。

而对中国来说，要清除体制性、结构性的弊端，真正转变发展方式，就要继续抓住"重要战略机遇期"，不急躁，不激进，中心工作不旁移。

古希腊历史学家修昔底德认为，一个崛起的大国与既有的统治者霸主竞争时，双方面临的矛盾冲突多以战争告终。哈佛大学肯尼迪政府学院首任院长格拉汉姆·阿里森组织过一次研究，从16世纪上半叶开始的近 500 年间，有 16 组有关"崛起大国"与"守成大国"的案例，其中 12 组陷入了战争，只有 4 组成功逃脱了"修昔底德陷阱"。

习近平主席 2015 年在美国访问时说："世界上本无'修昔底德陷阱'，但大国之间一再发生战略误判，就可能自己给自己造成'修昔底德陷阱'。"

当美国黑石集团主席苏世民看到格拉汉姆的研究结果时，他意识到未来中美之间关系恶化的概率为 75%，而这是不能接受的。"我能做些什么，来帮助降低两国之间关系紧张并趋于恶化的概率?"为此，他捐出 4.5 亿美元，在清华大学设立了"苏世民书院"，以培养了解中国的未来领导人。

如果中美两国的有识之士，更多具备致力于消除"修昔底德陷阱"的"苏世民意识"，而不是用"假想敌"的态度加剧猜疑和对抗，那么，两国之间并不必然脱钩和分裂。

20 世纪美国和英国在全球舞台上的权力更迭，发生在意识形态完全一致而且有巨大历史传承性的两个国家之间。21 世纪美国和中国的全球共舞，无疑是更大的挑战。对双方来说，都需要在立足自身的同时又超越自我，构筑新的世界观。如同习近平主席所说的，中国倡导的新机制新倡议，不是为了另起炉灶，更不是为了针对谁，而是对现有国际机制的有益补充和完善，目标是实现合作共赢、共同发展。没有哪一个国家可以独善其身，也没有哪一个国家可以包打天下。只有坚持创新型、开放型、联动型、包容型方向，世界经济才能走上强劲、可持续、平衡、包容增长之路。

1979 年，有中国的全球化开始了，全球化的中国起步了。融入全球化的中国和没有全球化的中国是不一样的，有中国的全球化和没有中国的全球化是不一样的。38 年过去，相信中美之间会找到新耦合的逻辑、利基和必要性，如果脱钩和倒退，将是一场谁都无法估量损失多大、损失多久的悲剧。

在 CES 聊聊未来和投资是怎么一回事

　　每一年的炫酷时刻,从 CES(Consumer Electronics Show,消费电子展)开始。

　　作为全球规模最大的消费电子展,50 年来,CES 聚合了科技巨头们最前沿的消费电子产品,从 20 世纪 60 年代末的晶体管收音机、立体声音响和黑白电视机,70 年代的盒式磁带录像机(VCR)、汽车多媒体和家用游戏机,80 年代的数字手表、光盘、个人摄像机、游戏娱乐设备、家庭影院、无绳电话,90 年代的个人电脑、个人数字助理(PDA)、手机、卫星电视,到 21 世纪 00 年代的数码、影音、游戏的互联网化、网络购物、蓝光技术、便携数码相机、机器人、3D 技术,21 世纪 10 年代的智能手机、手游、无人驾驶和电动车、人工智能、VR、LED 显示……创新永远不停,生活永远激动人心。

　　CES 是"科技改变生活"的风向标,也是各路资本洞悉未来投资方向的瞭望哨。自 2016 年起,兴全基金和东方财富网选择在 CES 期间举行"中国投资人酒会",聚合产业界和投资界专业力量,研判未来走向。兴全基金总经理杨东说:"趋势最重要,我们搭建这个平台的目的,就是关注趋势、把握趋势,我们会一直坚持,使它成为一个头脑风暴的舞台,让中国投资人与世界科技创新的力量同步。"

前来参加"中国投资人酒会"的美国消费电子协会(CEA)副总裁Brian Moon 说,CEA 是 CES 的主办方,它是总部在弗吉尼亚州的一个非营利组织,目前有 2200 个公司成员,包括中国的长虹、海尔、海信、华为、康佳、乐视、TCL、中兴等。在过去的 50 年,CES 推广了大约 70 万件新产品。CES 越来越国际化,2017 年 18 万名参展人员中有 5 万多名是从美国以外的地区来的,2017 年 6 月 7 日到 9 日还将在上海举行 CES ASIA。

中国的力量,连接的时代

2016 年和 2017 年我都参观了 CES,最大的感受是两个 C。第一个 C 是中国力量的崛起,第二个 C 是连接时代的到来。

谈到第一个 C,中国参展商虽然目前更多还是制造型企业,而非品牌和技术创新的引领者,但假以时日,CES 必定有更强的 China 色彩。

第二个 C 是连接(connectivity),连接将无时不在、无处不在、无物不在、无缝存在,同时还是高度智能化的。全连接和智能连接,将深刻地改造一切,让孤立的产品和设备变成有数据可循、有响应能力的"聪明之物"(smart things),让家庭变成智能化生活空间,让汽车变成聪明驾驶的智能化移动空间,让城市变成智慧城市,让生产变成智能生产,让医疗变成精准医疗和远程医疗。由此将在终端(多屏、多端、穿戴设备等)、传感、显示(AR、VR 等)、带宽(5G)、人机互动(语音控制、机器人等)、人工智能等方面引发持续的改进和革命,而大数据、云计算、新能源、新材料则是背后的物质支撑。

趋势即商机。比如,当汽车驾驶越来越智能化,3D 激光雷达、3D

高精度地图、虚拟触屏和生物特征识别技术等驾驶辅助系统的需求就会大大增加。

商机在生活。在全连接和智能连接时代，谁能够从具体行业、具体应用角度找到好的切入点，谁就可能率先引爆市场。

而电子通信领域的进步，可能在不久的将来与生物科技、生命科学方面的发展相融合，电子波和生物波关联，不再需要智能手机或者眼镜，而用视网膜直写、脑神经直通的技术直接汇通连接。

比较 2016 年和 2017 年的 CES，并没有太多激动人心的变化，但这也许就是科技的常态。当大趋势明确后，究竟通过什么产品、技术、材料、软件、系统去突破，不可能预先规定好。这是发明创造者、企业家、风险投资家们的用武之地。

科技大未来吸引资本大投入。孙正义的软银集团 2016 年 10 月和沙特主权财富基金(PIF)合作的软银愿景基金，规模预计高达 1000 亿美元，投资者十分踊跃，开放到 2017 年 1 月底就会封闭，预计未来5 年软银至少投资 250 亿美元，PIF 投资 450 亿美元，其目标是成为全球最大的科技投资基金之一。

资本投入又会加速科技创新与商品化。也许用不了几年，智能连接时代又会出现新的重大飞跃，就像 2007、2008 年苹果手机和安卓系统所带来的移动互联网的大爆发一样。

投资的下一个风口在哪里？

2017 年的"中国投资人酒会"，我担任主持人，邀请了实业界、投资界的几位嘉宾一起讨论投资风口问题，其中的干货整理如下：

根据趋势寻找产品和公司

兴全基金固定收益首席投资官石伟：

投资是朝向未来的,投资者的工作就是从市场上成千上万的标的中去芜存菁,通过专业深入的调研,从不确定的未来中寻找趋势,让资本与优秀的企业共同成长。纵观国内外资本市场,能保持高速、可持续增长的都是与未来趋势契合的公司。为什么我们每年都来CES,并让兴全基金的投研人员到现场亲身感受前沿科技和消费趋势?就是为了更好地理解未来的经济增长点。

自 1967 年创始以来,CES 一直是全球科技界消费电子的风向标,就像米兰 T 台影响着全球街头巷尾的时尚。1994 年摩托罗拉的汉堡包大小的手机,1996 年飞利浦的 DVD 光盘,2000 年松下的电话,都曾在 CES 上精彩亮相。我们在 CES 上捕捉趋势,就是希望根据趋势寻找能改变我们生活的伟大产品和公司。

从卖产品到卖标准

比亚迪公司高级副总裁李珂:

1997 年我第一次代表比亚迪参加 CES,当时中国企业就是一个小摊位,最多的产品就是某个小电器。而今天中国占据了 1/3 的展位,很多产品都走到了创新前沿,比如自动驾驶,百度在世界上绝对是前三位。

我看了 CES 的汽车展馆,大概有十多家汽车厂家展示自动驾驶、智能驾驶以及和电动车相关的技术,百年传统汽车行业正在面临颠覆性变化。变化有两个方向:一是从传统燃油车到新能源车;二是自动驾驶,电脑通过深度学习来建立可靠的数据模型。在变化过程中,会涌现出各种各样的小公司、新公司。有的刚从谷歌出来,成立一个小公司,有一个新想法,很快就被收购了。此外,汽车产业也在"人车融合",云计算、机器人、VR 被广泛应用在生产过程和体验中。

从新能源车的角度，中国发展电动汽车的目标是在 2020 年占整个汽车市场的 10%。让车更智能化、更安全，坐起来更舒适，让汽车变成移动的房子、移动的办公室，这些革新会对传统汽车进行从头到尾的洗牌。

CES 有 50 年历史，比亚迪只有 21 年历史，从 20 人创业、35 万美元启动资金开始，到今年销售收入超过 1000 亿元，有 20 多万员工，感触非常深。

1996 年、1997 年我到欧洲和美国推广比亚迪产品的时候，讲得最多的是我来自中国，产品又好又便宜，服务还快。而过去四五年在海外推电动大巴，很多国家都没有听说过，有的国家的电动大巴法规、测试标准、充电体系标准都是比亚迪帮助制定的。20 年时间，从卖一个产品到卖行业标准、卖技术，让电动大巴跑到北美洲、东南亚、欧洲的大街上，成为美国最大的电动巴士供应商，靠的是技术的力量。我们的三大核心技术，动力电池、电机、控制软件系统，都是自己开发的。我们已经从做 product copying(产品模仿)到用核心技术引领行业发展，现在是很多人在拷贝比亚迪，比如以前美国的快速充电系统每开 20 英里就要充一次电，比亚迪充一次电可以跑 150 英里。

比亚迪只是众多中国公司中的一个代表，我的体会就是：只要坚持在技术研发上的投入，一开始可能会慢一点，但越到后面，成长速度会越快，因为你掌握了核心技术，应对市场变化的能力就强。

应该投资什么样的技术

美国喜马拉雅资本执行董事及首席营运官常劲：

我想从价值投资的角度来看一下技术。很多人说价值投资是不投技术公司的，比如巴菲特就不投技术公司。这是一个非常武断的结论。李录先生(喜马拉雅资本创始人)在他的文章中曾经讲过,真正推动社会经济进步的动力,就是科学技术加上市场经济。他还提出,社会分工和交换能创造更高的价值,是1+1>2;而在现代的知识经济时代,由于知识可以积累,不像物品、服务的交换比较难积累,不同的思想交换的时候,交换双方不仅保留了自己的思想,获得了对方的思想,而且在交流中还碰撞火花,创造出全新的思想,这就是1+1>4。知识本身的积累性质使现代科学技术在和自由市场结合时,无论是效率增加、财富增量还是规模效应,都成倍放大。

20世纪90年代初,当时美国经济不太好,我大学本科毕业出来找的第一份工作是在一家电脑公司做销售。1996年从哥伦比亚大学商学院硕士毕业,正好是美国经济突飞猛进时期,很多科技公司都有超预期的表现,当时有两家公司在我心中是至高无上的,一个是英特尔,另外一个是微软。英特尔1996年的年销售额已经差不多200亿美元,微软销售额将近100亿美元。但是从那时到现在,如果你投资英特尔的话,可能会是disappointing(令人失望)的,因为它的表现还不如标准普尔500指数,从1996年年底到2016年年底的年复合回报率大概是6%左右,而标准普尔是8%左右,微软的回报率大概是在12%、13%左右。

英特尔在技术方面的投入,对整个IT行业翻天覆地的革命起到了重要作用,微软在技术突破上可能没有英特尔做得那么好,但投资回报比英特尔更好。很多年我一直在想这个问题:到底技术类公司的安全边际(margin of safety)在哪里?安全边际的意思就是,你有持续的竞争优势,其他公司没有办法突破,这样就保护了公司的经济价值,从而能够给投资者带来回报。

我的看法是,技术作为一种工具,可以创造很大的价值,但不见得能给投资者好的回报。什么样的技术能带来好的回报?第一,是技术创造出的产品或服务,能够更好地适应市场要求,让用户、消费者对其产生依赖性;第二,是技术本身能够产生规模效应,通过规模效应大幅度降低成本;第三,是技术会给人类社会的组织形态带来影响和变化,比如减少人力使用,提升效率。如果技术能够从这些方面大幅度提高公司的竞争优势,或者突破一些行业的门槛和障碍,可能就是值得我们投资的。

CES更多是消费电子方面的技术,像人工智能究竟能带来什么变化,这是无法想象的。但另一方面,在健康护理方面的机会大家也应该考虑,中国这方面需求巨大,"看病难"的问题也许可以通过技术去解决。

要投资穿透力长的东西

兴全基金专户投资部总监陈锦泉:

我们主要的投资还是在A股,这些年来印象最深刻的是A股市场对所有新进的东西都是积极拥抱,几乎每一个风口都不落下。

最早是新能源电池,然后是智能手机供应链、3D打印,再然后是无人驾驶、无人机、机器人。新能源、新材料是特别广泛的,过去两三年VR、AR又热起来。资本市场非常慷慨,非常愿意给这些公司比较好的溢价。其中有穿透力的一条线索,是新能源汽车、新能源电池,从2009年持续穿透到现在,有时涨,有时落,但一直在延续。我们看到目前电动车的市场渗透水平还是很低的,而在自动驾驶、辅助驾驶方面正在出现一些明显的进步和变化。

投资主题,也就是风口,有时很虚,有时很实,但是革命性的东西,穿透力是很长的,我们会对这些领域非常重视,长期关注。对于有革命性、变革性的企业,我们愿意做出一些新的评估,而不是用传统的注重安全边际的价值投资方法去看待其价值。

看好智能驾驶和人工智能

兴全基金新三板投资部总监王海涛：

2017 年是我第三次参加 CES，第一次来拿了个 3D 打印的小礼物回去，感觉做得太粗糙了，怎么也想不到这个风口可能会发生；第二次来，看大疆无人机，有点技术含量；这次是第三次，主要看了汽车，和做自动驾驶的专家有比较深入的交流。

中国的新三板已经有 1 万多家企业，不少都是所谓新兴产业。我个人比较看好智能驾驶，还有人工智能，阿尔法狗已经战胜了全世界的围棋高手。这两方面是未来 5～10 年甚至更长时间里我们投资关注的地方。

智能驾驶，大家预测 2021 年可能进入商用，真正到家用普及，从 10％的覆盖率到 30％甚至 50％，可能再经过 5 年甚至 10 年的时间。也就是说，智能驾驶未来 15 年到 20 年都有非常好的发展空间，对应的是万亿级的市场。

追求长期的价值投资

在中国资本市场，兴全基金的口碑不仅来自于优异的投资业绩，也来自于客观和负责的价值判断。2006 年 1 月，兴全基金在致基金持有人的信中说："经历了将近 5 年的熊市折磨，真正的牛市可能已经悄然开始，目前来看，中国的股票是各种资产中最有增长潜力的品种。"2007 年 10 月，兴全基金在致基金持有人的信中说："我们不得不承认 A 股的泡沫化程度已经相当高了……如果您仅仅是因为相信基金肯定不会损失而投资的话，我们建议您全面认真地考虑；如果您出于风险因素(的考虑),赎回了基金,我们也能理解。"2015 年 4 月底,兴全基金旗下基金在一季度报告中集中提示风险:"泡沫按照这样的速度不断膨胀,让我们不得不开始考虑可能很快会来临的再一次泡沫的破灭,由于巨额杠杆资金的进入,这一次的股价崩溃对投资者的伤害甚至可能超越 2008 年。"这三封信都已载入历史,成为资本市场上真正对投资者负责的不多印记之一。

谈到 2017 年的 A 股投资,兴全基金的管理层也比较务实和理性。

王海涛说:"我个人在投资回报率方面比较保守,对我来讲每年有 15%左右的回报已经是不错的了,期望值不应该太高。随着全社会的无风险收益率下行,我认为可能每年 10%的回报是比较合理的。如果赶上好年份,当然很开心,但如果看复利,10%应该是很不错的收益。"

陈锦泉说:"我是负责专户投资的,主要的客户都来自于银行和保险,他们对于收益率的预期,如果能够比较可靠地获得 5%~10%的收益率,已经很满意,超过 10%以上的收益率是锦上添花的事。同时,我们发现现在有一些客户愿意用更长时间做投资,比如愿意用 3 年或者是更长的时间,而不是像以前那样希望每年能够 20%、50%地回报。"

陈锦泉认为,随着房地产市场投资属性的下降,随着"非标资产"热的降温,人们对于资产配置的需要会上升,这也有利于价值投资的普及。在中国经济中,即使在传统行业里,最龙头的企业也出现了一些比较好的投资特征,它们估值相对比较低,分红率也在提升,拥有这些资产还是可以获得价值的。过去四五年间,关于价值投资和成长性投资的波动,两年左右发生一次,此起彼伏,很难简单下结论。比如,创业板的估值比较高,但是也有很多企业充分利用资本市场,很快做大,很多老板非常进取,有魄力、有眼光。所以,无论是价值投资，还是新兴产业的主题投资，都有投资机会。但是，盲目追逐风口的危险也很大，猪摔下来的时候也很惨，还是要寻找优秀的公司，尤其是在市场环境不利的时候，优秀的公司反而显得更加突出。要有比较长期的心态，真正把工夫放在研究公司上，寻找有优势的公司，要理解、明白它为什么值得投资，这才会有好的回报。

李珂说，比亚迪历史上曾经被资本市场错杀过几次，有一次几天时间市值跌了1/3。但是也有一些投资者就是在那个时候大笔买进，最后获得了大的回报。所以，如果公司是有价值的，就不要怕一时的波动。

在中国投资人酒会上，我又见到了李录，上一次是在巴菲特年会上。他创立的喜马拉雅资本的资金来源主要是美国的长期资本，包括查理·芒格的大笔资金，但投资方向主要是中国公司。在李录看来，以科技为主导的经济可以持续地累进增长，但具体到某个公司，则存在很大变数。柯达发明了摄影和摄像技术，施乐公司发明了复印技术，AT&T发明了电话，今天都已风光不再，说明现代经济的进步是和"创造性的摧毁"（creative destruction）结合在一起的。投资者在看到大趋势的同时，要寻找具备长期价值、可持续发展价值的企业与企业家。

"唯一不变的是变化。"用这句话描述科技创新的世界再合适不过。但万变不离其宗，这就是公司通过不断创新、创造出消费者真正需要的价值的能力。能为消费者持续创造价值的企业，才是有投资价值的企业。

走出掠夺与膨胀，中国好市场离我们还有多远？

2017年5月，我出差美国，先是参加巴菲特年会和中国投资人酒会，接着顺访几个城市。在这个过程中，我经常被问到类似问题：美国梦很伟大，美股也连创新高，中国梦很伟大，而且经济增速是美国的两三倍，但中国股市为何"跌跌不休"？

更确切地说，这个问题是：中国经济规模很大，增长很快，为什么没有很好、很强的资本市场？

当时我的回答无外乎这么几个角度：一是美国股市可以反映经济的基本面，而中国股市不能完全反映经济的基本面，像腾讯和阿里巴巴，2017年以来股价都上涨了百分之三四十，京东的股价从25美元涨到40多美元，涨了60％多，新浪和微博也都创了新高，但都不在A股上市；二是美国股市以机构投资者为主，市场相对理性，中国股市的"散户化"还比较严重，大起大落，暴涨后就是暴跌，暴跌后总要比较长的时间平复伤痛的心，很难迅速展开一轮轰轰烈烈的爱；三是中国上市公司业绩不稳定，靠天吃饭，持续创造价值的能力不强，比如2017年第二季度工业企业的盈利改善，90％

是靠PPI（工业生产者出厂价格）回升，和企业创新能力、管理能力基本无关。

"融资越多越好，却不考虑有效回报"

这些说法应该都没错，但进一步思考，我意识到，中国资本市场的深层次问题还是和制度设计有关，就是它更重视融资者利益，而不看重投资者特别是中小投资者能否获得良好回报。这种"融资越多越好，却不考虑有效回报"的问题，与整个中国经济"高投入、高消耗、高杠杆"的增长模式恰恰是一致的。客气点说，这样的市场和增长难以持续；严肃点说，这些模式本质上就是掠夺和浪费，前者是掠夺投资者的资源，后者是浪费经济要素、环境和社会资源。

先来看一个案例，就是2011年1月13日上市的华锐风电，它的发行价是90元，2017年5月份的股价则在1.5元左右，名字也改为"＊ST锐电"。这家公司2010年的净利润是28.56亿元，之前几年的盈利都是高倍增长。而上市第一年，业绩即大幅下降为5.99亿元，还出现了用伪造单据等方式提前确认收入、虚增利润总额的情况。接下来的2012年、2013年，分别亏损5.83亿元和37.64亿元。2014年神奇地实现了每股1分钱的盈利，解除了退市风险警示。然后2015年亏了44.52亿元，2016年亏了30.99亿元。统算下来，当年号称要做"世界风电第一"的华锐风电，上市后累计亏损金额已远远超过IPO募集的93亿元。"＊ST锐电"有超过30万股东，那些在发行价附近买进的投资者，亏得是一干二净。

再看一下证监会在2017年5月处罚的江苏雅百特科技股份有限公司。雅百特于2015至2016年9月通过虚构海外工程项目、虚构国际贸易和国内贸易等手段，累计虚增营业收入约5.8亿元，虚增利润近2.6亿元，其中2015年虚增利润占当期利润总额约73%，

2016 年虚增利润占当期利润总额约 11％。依据《中华人民共和国证券法》第一百九十三条第一款规定,证监会拟对雅百特处以 60 万元罚款。

一个小学生都知道考试作弊抄袭会被取消成绩,而中国的资本市场,虚构、捏造、集体性作弊是家常便饭,罚款几十万也就能了事!这是在鼓励和引导什么?类似华锐风电、雅百特这样的公司是怎么上的市?

好市场,就是好好保护投资者的市场

"投资有风险,入市需谨慎。"靠着这句永远不停传播的口号,资本市场哪怕再多"骗子"出没,投资者哪怕"血流成河",似乎也是自己的事,谁叫你投机,不长记性?

但一个好的资本市场,必须充分保障中小投资者的权益,不能听之任之,仅仅让市场去教育。原因很简单,他们是市场上处于信息劣势的那一方。同时,如果没有他们的参与,市场交投将迅速冷清,甚至"三板化"。

同一个人,作为消费者和作为投资者,他的市场力量是不同的。作为消费者,参与实物市场特别是消费品市场时,他基本是理性的,希望买到放心的肉、安全的奶粉、可靠的家电。如果不满意某种商品或服务,受过伤害,下次就不会选择,不管企业怎么吹牛。也因为如此,消费品市场容易实现优胜劣汰。但当一个人作为投资者进入资本市场,情况就复杂了,因为他常常是通过买卖之间的价差来获利的。他会受整个市场情绪的影响,也会有击鼓传花的"博傻心态"。这种"动物精神"让他的行为往往带有非理性,比如他会买一些自己完全不熟悉的"题材",他会追涨杀跌,同样的股票,越高越买,越低越卖。

由于投资者在市场上的信息弱势和非理性,一个好市场的天职就是"抑强扶弱"——它要抑制信息优势一方的机会主义行为,同时帮助中小投资者获得尽可能多和尽可能准确的信息,让决策趋于理性。

但相当长的时间里,因为立足点更多偏向融资者,中国资本市场对公司信息披露的不真实、不准确、不及时,是相当宽容或者选择性忽略的。A股市场不乏提议高送转的大股东转眼就变成减持人、再过不久公司就预亏的例子,大股东利用和上市公司的关联交易剥夺中小投资者,中介机构、公募私募配合上市公司进行"市值管理",更是司空见惯。有些"信息"就是"挖坑",真实的不披露,披露的不可信,却堂而皇之地可以不受处罚,更不要说像美国安然公司造假事件那样,被罚到公司破产,会计师事务所解体。

美国橡树资本管理公司创始人霍华德·马克斯在其著作《投资中最重要的事》中说,他曾经问一个飞行员朋友,当飞行员有什么感受。朋友说,"我大部分时间是无所事事,偶尔会胆战心惊"。霍华德·马克斯说做投资也是这样,大部分时间无所事事,偶尔胆战心惊。而中国市场呢?上海著名投资人王国斌从1992年进入股市,他说在中国做投资这么多年,感觉是"大多数时间胆战心惊,偶尔无所事事"。原因有二:一是市场规则老变,甚至是半夜来变;二是公司"黑天鹅"事件频出,上市公司造假屡见不鲜。

专业投资人尚且"大多数时间胆战心惊",普通中小投资者伤得多了,麻木了,大多数时间是心灰意冷。

哪里都有掠夺者,谁都可能是掠夺者

资本市场是财富放大器,可以把一块钱利润放大成几十乃至上百倍市值。在这种赚钱效应面前,如果没有法治化的制约和无缝隙的监督，谁都可能产生掠夺心态。

2010 年的博鳌亚洲论坛，我主持的圆桌会议上有位嘉宾是英国历史上最成功的基金经理、富达公司的安东尼·波顿。他是和格雷厄姆、巴菲特齐名的投资家，在管理富达旗下基金的 28 年中取得了平均年化收益率 19.5％的辉煌战绩。当时，他刚刚信心满满地移居香港，花了 7000 多万港币在香港半山买了一套房子，开始运作富达的一只专门针对中资公司的基金（Fidelity China Special Situations），他甚至认为这将是他投资历史上最激动人心的一页。但 3 年后，波顿黯然退出中国基金。截至 2013 年 6 月 18 日，富达中国基金收益率为－14.42％。

波顿落败的一个主要原因是他按照在英国养成的习惯，排斥大型国企，而喜欢中小规模的私营企业，原因是"国有企业并不是以股东回报最大化为经营目标的。相对于私营企业而言国企的风险较小，但我不认为未来几年国企会是市场上的明星"，于是他购买了很多民营的消费类、服务类公司股票，但没有想到竟频频触雷。霸王中药洗发水被检出含致癌物质，博士蛙曝出涉嫌财务造假，宝姿公告"漏报"了向大股东、子公司董事及关联人士提供了约 7.8 亿元人民币免息贷款，双威教育 CEO 拿走了公司印章、涉嫌资产腾挪，西安宝润被控欺诈……在一连串打击下，波顿最终体会到"很多数据、信息可能都是不真实的，尤其是一些中小股票"。他感叹，"错误不在我的交易策略，也不在于这个不成熟的市场，而是我把自己的策略放在了这个不成熟的市场"。

波顿的教训表明，不管哪个市场都有掠夺者，不管国企还是民企，也都可能成为掠夺者。相对来说，亚洲地区的家族企业包括华人家族，在公司治理方面的表现更加薄弱。他们的财富企图心更强，也更容易通过关联交易或造假账剥夺中小投资人的利益。

著名经济学家乔治·阿克洛夫和保罗·罗默在关于通过破产来牟利的"所有者掠夺"的经典论文中指出，由于有限责任制度给予公司所有者以盘剥债权人的可能性,所以所有者可能故意使一家有清偿能力的企业破产,破产牟利由此成为"比最大化真正的经济价值更具吸引力的策略"。他们强调,"如果企业有动力不惜牺牲社会以破产来牟利,而不是全力以赴获取成功,那么经济黑幕活动就会冒头。如果糟糕的会计制度、松懈的监管以及对违规行为惩罚不力促使所有者为自己获取多于公司价值的收益,继而拖欠债务,破产牟利的行为就会发生","不幸的是,并不只是被政府担保的企业才会面临这种严重的激励扭曲。掠夺可以共生地蔓延至其他市场,致使充斥着不当激励的地下经济活动堂而皇之地大行其道"。

中国资本市场一直存在一种"比差效应",某公司治理出了问题,不是痛改前非,而是抛出另外一些公司的案例——"为什么他可以,我不可以?"掠夺几乎成为一种集体无意识。

钱颖一教授 2005 年在《避免坏的市场经济,走向好的市场经济》一文中指出,任何一个市场经济都潜在地存在掠夺,"坏的市场经济的共同点是对私人掠夺和政府掠夺约束不够。对私人掠夺约束不够,往往发生在政府无能或者无为的情况下;对政府掠夺约束不够,根本原因是政府权力过大,政府做了很多不该做的事情"。他把掠夺具体分为三种情况。

一是私人掠夺,包括:偷别人的东西;基金管理人通过很复杂的手段把投资人的钱、存款人的钱、国家的钱变成自己的;对消费者承诺提供某种服务,交了钱后不给服务,或者给一个质量低的服务;拖欠工人工资和供应商货款等。

二是政府掠夺,包括:乱摊派、超过公共服务需要的费和税、行政规定订报纸和杂志等;通货膨胀也是一种政府掠夺;一些官员利用各种审批权力把财富转移到自己手中,则是作为腐败的掠夺。

三是私人通过政府权力进行掠夺,比如一些行业寻求垄断,游说政府对潜在竞争对手设定市场准入的限制;又比如企业由内部人控制、证券公司挪用客户保证金,这都需要政府去补窟窿,或给予低息贷款来变相补贴,实际上用的都是老百姓的钱,是对老百姓的掠夺。

掠夺显然是一种不公平。同时,如果人们发现社会上的私人掠夺与政府掠夺很多,那么任何一个有理性的人都会减少创造财富、提高效率的活动,而会仿效掠夺和寻租。

为什么中国一批正直的经济学家、法学家一直强调"好的市场经济是法治经济"? 因为法治既限制政府掠夺,也限制私人掠夺。但无论政府还是私人,对法治往往都是叶公好龙。

中国繁荣的迷失和出路

当一个经济体充满着疯狂赚取财富的气息,当每一个经济细胞都被调动起来,人人向钱看,它的经济总量势必蒸蒸日上,充满活力。但如果不能很好地解决掠夺问题,大量企业通过掠夺可以获得比创新更多的财富,而不是为长期竞争力的提高进行投资,那么这样的经济体不可能强大,甚至可能是"信心空心化"。

有朋友或许会问:中国经济的宏观负债水平越来越高,资本投入的效率越来越低,甚至低于成本之下,为什么还可以持续呢? 因为资源约束还没有到头,还有资源可以进行配置。中国的城市化仍在继续,政府调动资源(尤其是土地)的能力依然强大,建立在政府信用基础上的金融信用依然可靠,数以亿计的劳动者和创造者还在生生不息地努力,中国经济因此还有继续投入的能力。至于产出效率低,那是一个老问题,还不至于让隆隆向前的车轮出现逆转。

回顾改革开放这几十年,中国经济的增长何时处于比较良性的阶段呢? 答案很清楚,就是当中国经济更多依靠全要素生产率(TFP)的提高、走集约发展道路的时候。

日本一桥大学经济学教授伍晓鹰在对中国工业经济 1980—2010

年间全要素生产率(TFP)的研究中发现,中国这30年的TFP平均年增长率非常低,只有0.5%,而2001年年底中国加入WTO之后到全球金融危机之前的6年时间,则出现了可能是中国经济史上最快的TFP增长。

中国加入WTO,促使中国进入一个更开放、更自由竞争、经济法治化程度更高的阶段。这种制度上的变迁,为效率提升创造了条件。

为什么是开放?因为不开放的经济一定落后。钱颖一教授在2005年通过对100多个国家的研究发现,相对于不开放的政策,开放政策大约可以使GDP每年多增长2%。

为什么是自由竞争?因为自由市场存在的竞争压力迫使企业不断进行创新,包括内部系统化的创新、行业中所有企业在生产新产品和创建新工艺过程中争先恐后的竞争、企业间在创造和运用创新技术上的协作(如交叉授权)。创新竞争类似于军备竞赛——每一方都担心另一方将对自己发动军事攻击,因此一直认为有必要最低限度地保持与另一国同等的军事支出——同样地,每一家企业都认为,在创新上至少付出同等的努力和费用,是生死攸关的一件事。自由竞争的经济体,必然出现连续不断的创新浪潮。(威廉·鲍莫尔)

为什么是法治?因为只有通过法治,才能为生产性(productive)的企业家活动提供激励,抑制企业家才能向非生产性或破坏性的财富积累活动分流。如果制度安排将更多报酬给予大胆寻租的活动或破坏性的活动,将较少报酬给予生产性的创新活动,那么一个经济中的企业家资源将被配置在更具生产性的事业之外。(威廉·鲍莫尔)

今天中国在多个制造领域和互联网服务领域构筑了强大的竞争力,根源是充分的竞争和企业家精神、创业精神的发扬。这是令人欣慰的。但和2001年加入WTO、在压力下参与全球竞争的那几年相比,金融危机后的中国经济,过快开始了向"资产性繁荣"的大扩张。地产大跃进和金融大爆炸比翼齐飞,互相推动,主导了中国新一轮的增长。中国很多富豪的财富都因"资产重估"而攀上了新台阶,那些更早圈地的人都成了财富赢家。

在我看来,这就是中国繁荣的迷失。当整个社会的资源和兴趣"超配"到"资产性繁荣"中,要素成本迅速被抬高,在某种意义上又形成了对生产性活动和劳动价值的挤压与掠夺。

如果中国经济的发展模式继续被要素投入和资产繁荣的模式锁定,如果中国的财富大佬和市场新贵越来越偏离创新的生产性活动,尽管中国经济还会增长,但不可能真正走出掠夺和膨胀,中国的资本市场也就不可能真的成为对投资者友好和有效的市场。

走出掠夺与膨胀背后的"病商"环境,中国好市场离我们还有多远?

——谨以此文纪念著名经济学家威廉·鲍莫尔教授,

他生于 1922 年,于 2017 年 5 月 5 日去世。

参考文献

1. 钱颖一. 避免坏的市场经济,走向好的市场经济[J]. 协商论坛,2005(1).

2. 威廉·鲍莫尔. 创新的微观经济学:市场经济的增长引擎[J]. 南大商学评论,2006(10).

都在谈创新，中国新空间究竟在哪里？

2017 年 6 月上旬的最大商业新闻应该是阿里巴巴的股价大涨到 140 多美元。6 月 9 日（周五）收盘时，阿里巴巴的市值达到了 3528 亿美元，跃居亚洲第一，世界第七。股价最高时，148 美元以上，市值冲过 3750 亿美元，距 4000 亿美元大关不远。

以 6 月 9 日的收盘价计算，全球公司中，市值在阿里巴巴之上的有 1980 年上市的苹果（市值 7768 亿美元）、2004 年上市的谷歌（6570 亿美元）、1986 年上市的微软（5429 亿美元）、1997 年上市的亚马逊（4676 亿美元）、2012 年上市的 Facebook（4336 亿美元），再加上巴菲特掌舵的伯克希尔·哈撒韦公司（4193 亿美元）。

这些世界级商业标杆全部来自美国，但未来很可能被"阿里巴巴经济体"一一超越，如同中国在全球经济中地位的跃升一样。中国成为全球最大经济体，中国公司成为全球市值最大公司，这是大概率事件。全球投资者对阿里巴巴估值的调高，客观上也反映出对中国市场增长的信心。

新空间：来自人口和市场的红利

6月8日阿里巴巴股价大涨那天，我在深圳平安国际金融中心采访。这是全世界单体面积最大的办公楼，高度接近600米，不锈钢结构，为防台风防地震做了特别处理。在观光厅眺望四周，我不胜感慨。因为一个月前我刚去了芝加哥的西尔斯大厦(Sears Tower)观光，那里曾是世界第一高楼，距地面442米，钢结构，特别注意防风(芝加哥是"风城")，天晴时站在顶楼能看到美国的4个州。

1974年西尔斯大厦建成时，深圳在哪里？还没有出现。直到20世纪70年代末80年代初，它还是个小渔村。

1990年之前，世界前十大高楼有9座在美国。今天，世界已建成和在建的前十大高楼，中国有7座。

从小渔村到大都会，同一块土地，几十年间却长出了全新的空间，每天都演绎着不同的故事。我被这种感觉击中了——中国有无数新空间，它们代表了变化和进化。那么，它们是怎么来的呢？

我想到了马云。2014年9月19日阿里巴巴上市那天晚上，在纽约曼哈顿42街的Cipriani餐厅，开上市庆祝宴会。马云致辞时说，他在创业前到处借钱而不得，为借3000美元，连着几个月反复被拒绝，所以他下决心一定要帮助小企业，帮助年轻人。这是他创办阿里巴巴的初衷。在和我们几位媒体总编交流时，马云说："昨天晚上，我们合伙人在一起吃饭，都很放开。说实话，我们没想到会走到今天，也没准备走到今天，可能也不应该是我们走到今天。我们这些人的能力是在漫长的过程中，不断被拉长了。我马云没这个能力，是被逼成了今天这个样子，我们没有选择，只能往前走。"

我觉得马云说得很客观。记不得是美国哪家财经媒体在评述阿里巴巴和腾讯的增长时说，它们的成功可以归结于中国庞大的用户所给予的红利。

　　更准确地说,它们的成功是在服务如此之大规模的用户的过程中,被逼出来的。拿支付宝来说,2003年淘宝网之所以提供担保交易的功能,是为解决卖家担心货发出去收不到钱,买家担心钱付出去收不到货的问题。由于早期大部分买家还是通过银行和邮局汇款方式付款,所以支付宝的员工每天要盯着他们在银行开设的对公账户,用手工方式记录每一笔进账,根据汇款信息里备注的淘宝ID和订单编号,在匹配买家的实名信息、核对无误后再通知卖家发货。但是有的买家汇了钱没有备注,有的有备注,经过跨行转账到支付宝账户时却不见了,导致无法通知发货。这样的困境倒逼支付宝后来推出了虚拟账户体系。这套账户体系后来又成为数据积累的基础。

　　市值最大,这是一个结果;其过程,则是通过互联网不断帮用户解决问题。以全世界最大的制造能力为依托,帮全世界最大的用户群体解决了网购问题,自然就成了市值最大的公司。

新空间:来自被忽略的存在

　　除了这些,还有没有其他原因呢?我突然想到,连马云都没有想到自己能走到今天,说明阿里巴巴的诞生与成长,主要是自由企业、自由市场、自由竞争、自由生长的产物,而不是政府部门去规划、国有资本去投资、监管部门去监管的结果。

　　中国今天最优秀、最有价值的互联网公司几乎全部在海外上市,它们所代表的,可能也是中国经济中最具活力的一大片新空间。

　　学者方兴东曾撰文说,中国政府对互联网的掌控能力是严重被高估的。

　　第一,1997年组建的CNNIC(中国互联网络信息中心)并不在工信部(曾经的邮电部、信产部)等政府部门手中,而放在学术性的中科院。

第二,中国互联网领军企业都是 VIE 结构(可变利益实体,也称协议控制),走海外上市之路,真正运营网络空间的主力军不是政府,而是掌控数亿用户的互联网企业,其实际行使的权力远超政府。

第三,互联网从一开始就不是哪个单一政府部门主管,事实上是"去中心"的。1995 年,中央没有让邮电部或电子部管互联网,而是由跨部委的国家经济信息化联席会议办公室牵头(后改为国务院信息化工作办公室),制定互联网管理规定。

第四,政府对于互联网的管理主要是"底线"思路,应急、救火式的事务为主,只要不是突破底线的危机、失范、违法犯罪等,中国互联网的自由度很高。

近年来,中国对互联网的整体管理在加强,更加注重顶层设计。这是必要的。但我想到的是,如果从互联网进入中国起,就采取严密的、规范的管理,阿里巴巴、腾讯们还能不能发展到今天的格局?举个很简单的例子,阿里巴巴和腾讯的第一大股东都是外资(当时只有外资风投愿意投互联网公司),如果一开始定一条规定,互联网关系国家主权,必须内资绝对控股,那么中国互联网能不能像今天一样繁荣?

互联网是新生事物,谁都不熟悉。我们既可以说,政府明智地采取了先发展、先探索的包容与促进态度,也可以说,当时互联网规模很小,在某种程度上被政府忽略了,没有纳入传统的管理模式。

最近我在研究美国商业文明的发展历程。我发现美国历史上财富最多的几个人,洛克菲勒、卡内基、摩根都出生在 19 世纪 30 年代。为什么?因为他们而立之年在商界打拼时,正是南北战争结束,北方所代表的城市化、移民、工业资本主义、雇佣劳动等大行其道之时,铁路和工厂越来越多,大规模生产和大规模消费并行。但除了这些客观因素,还有一个重要原因,即罗恩·切尔诺在《洛克菲勒:罪恶与圣洁》一书中所说的："联邦政府在战前仅有 2 万名雇员，无力对工商业进行有效管理。与欧洲不同，美国没有那种扼杀企业家精神的专制政体或教会特权。政府的软弱和权力的制衡使美国商人有了巨大的发展空间。另一方面，美国拥有支持现代工业化所需的法律制度和政治制度，私有财产和契约得到尊重；人们既能获得有限责任公司的执照，也可以申请破产；银行信贷谈不上充足，但在一个银行林立的环境下还是可以得到的；为抑制垄断和保护竞争，美国政府会适时修改资本主义所需的游戏规则。不过，在约翰·D.洛克菲勒等人开始聚敛财富时，缺乏明确的规则反而有助于提高经济的活力。"

在南北战争后的工业化加速期，政府的松散管理让企业家有巨大的空间。这段历史于今仍有借鉴意义。当然，在洛克菲勒形成行业垄断后，最高法院在 1911 年判决他的标准石油公司解体，这是后一段故事。

新的空间在哪里？在我们一开始都不熟悉，风险很大、看不清楚的处女地。这样的地方，从创业模式到投资模式，到试错改进、迭代演进的成长模式，再到行业管理方法，都和传统不同。一位投资界的朋友说："我去过好几个几十亿、上百亿规模，政府牵头主导的产业投资基金，发现两三年都投不出一个项目，几万块钱的事情都要审批几个月，因为国资不能犯错误。媒体宣传得很起劲，今天某某基金起航了，明天某某基金获得多少亿授信了，实际很难投出去。"

创新总有风险，试错就是常态。对于监管者来说，对陌生的新领域，多一些忽略，少一些以制约为导向的监管，反而是明智的态度。历史证明，被忽略的存在，往往是更容易生长的存在。

新空间：来自让渡，也来自争取

西尔斯大厦是落成时的名字，今天它的准确名字叫 Willis Tower

(韦莱大厦)。Willis 是一家总部在伦敦的一家保险经纪集团,2009年因为大比例租用西尔斯塔获得命名权。查资料发现,Willis 成立于 1828 年,至今已经 189 年了。

从 Willis Tower 到平安国际金融中心,我还想到,有 29 年历史的中国平安已经是全球保险业翘楚。今天,每 1000 个中国人中就有一个是平安人,每 10 个中国人中就有一个是平安的客户。而 29 年前,这个公司还没有出生。

在深圳,我访问了曾在袁庚身边工作过的顾立基,1984 年 1 月邓小平参观蛇口,袁庚让时任蛇口管委会办公室主任的他做好记录工作。当时,关于特区有一些不同的声音,有文章甚至以"旧中国租界的由来"来影射深圳。袁庚在招商局蛇口工业区办公大楼七楼会议室向邓小平汇报。邓小平走到窗前,指着蛇口港码头问:"码头是什么时候建成的? 能停多少吨位的船?"袁庚回答后,邓小平说:"你们搞了个港口,很好。"袁庚还说:"我们有个口号,叫'时间就是金钱,效率就是生命'。"邓榕听后用四川话向父亲提示:"我们在路上就看到了。"邓小平说:"对。"

这些故事以前我也知道,但顾立基对我讲了故事背后的故事。码头和口号为什么重要? 因为当时对深圳有一种指责,就是不好好搞生产,只建了一些楼。而从铝厂到集装箱码头,让小平同志看到这里不只是盖高楼。"时间就是金钱,效率就是生命"的口号当时也有很多争议,袁庚为了让邓小平看到,让人做了好几个架子,在车子经过的路段都放上,希望得到肯定。

袁庚在蛇口创造了很多"第一",从"大锅饭"到定额超产奖励,从干部调配到公开自由招聘,从"铁饭碗"到聘请制。在袁庚的支持下,1987 年,中国第一家股份制商业银行招商银行在蛇口工业区结算中心的基础上成立;1988 年,中国第一家股份制保险公司平安保险在蛇口社会保险公司的基础上成立。

当年要在中国人民保险公司（"人保"）之外办第二家保险公司很不容易，前后跑了近两年时间。虽然有些领导支持探索，但人保很不愿意看到有个对手出现。后来平安保险成立了，中国人民银行——当时中国人民银行负责保险业的监管，同时也是人保的"婆婆"——给了允许平安做车险的批文，但由于动了人保的蛋糕，于是人保深圳分公司和深圳市公安局联合发文，如果车主不在人保办理汽车保险，公安局将不给老车办理年审，不给新车办理牌照。"官司"打到公安部，回文是："根据《国务院办公厅关于加强保险事业管理的通知》精神……深圳市平安保险公司在国家没有新的规定之前，不宜办理上述业务。"几经争取，1993 年 1 月深圳市公安交通管理局才同意平安保险开办特区机动车辆险。

过去几十年中国的新空间，是改革开放的结果，是传统的高度集中的结构向新生事物让渡生存空间的结果。下放，放松，放宽，允许，本质都是让渡出一块天地，可以去探索。像袁庚这样有资历的老同志，为了赢得试验权，也要费心思争取最高领导人的支持，平安保险的创业者们为了找到一片天更是费尽周折。但如果没有这种为了做成一件自己想做的有意义的事而不怕周折的精神，中国今天可能就不会有招商银行、中国平安，也不会有股份制商业银行和股份制保险公司这样的新物种。

1984 年 7 月 30 日，纽约大学经济学教授柯兹纳在澳大利亚的一次演讲中说：企业家需要什么激励？答案是他所需要的并不是特别的激励，他所需要的只是保证他能够去追逐他所觉察到的机会。这就是很简单的企业进入自由（freedom of entreprenial entry），即取消一切妨碍发现的因素。当然，在那些担心因新进入企业的竞争而失败的人们的压力下，也存在着建立这种障碍的趋势。换句话说，企业家创新活动要想顺利展开所需要的只是取消特权，拥有企业进入的自由。

过去中国商界一直有着让人徒叹奈何的事,一些不三不四不务正业没长期打算的人,靠乱七八糟的手段能拿到特许权,真正有梦想有理想想做事的人却会被挡在"进入"的壁垒前,洒下辛酸泪。1999年,时任国家计委主任的曾培炎视察吉利,李书福说:"请国家允许民营企业家做轿车梦。如果失败,就请给我一次失败的机会吧。"此前,由于汽车行业未向民营企业开放,李书福不管找他所在的台州市政府还是浙江省机械厅,得到的答案都是"不可能","你去北京也没用,国家不同意,工厂不能建,汽车就是生产出来也不能上牌"。没有痛楚的经历,绝对说不出"就请给我一次失败的机会吧"这句名言。

新空间:来自人民之勤,也来自政府之宽

新空间在哪里?在佛山,我又有了一些新的感受。2016年,佛山的 GDP 是 8630 亿元,人均 GDP 是 11.6 万多元,接近 1.75 万美元。

佛山欧神诺陶瓷董事长鲍杰军曾是江西的一名老师,1992年到佛山创业。他说在佛山最大的感受是,佛山有企业家经营的土壤,大环境特别好。"这片土地上的人特别勤劳,每个人都想当老板。我最早来的时候在一个陶瓷厂工作,下班后有技术的工人就去帮别人做第二职业,没有技术的就去开'摩的'载客,这种勤劳的精神打动了我,让我不断勤奋努力,创新创造,才走到今天。"

佛山正大力弘扬企业家精神和工匠精神。2017年6月19日,佛山市委隆重表彰了一批企业家。我在各地接触过很多企业家,佛山可能是企业家谈到政府时最没有怨言的一个地方。佛山 2016 年出台了国内首个城市关于"政商关系"的交往守则和指引——《佛山市政商关系行为守则》(以下简称《守则》)和《佛山市政商交往若干具体问题行为指引(试行)》(以下简称《指引》),以解决个别干部担心"做多错多担责多",以政策、纪律为借口不见企业的人,对企业的合理诉

求和合法权益不关心、不回应、不作为的问题。为出台《守则》和《指引》，佛山市纪委以实事求是的态度，调研 3 个多月，走访 18 个镇（街）、90 多家企业。《指引》一共 15 条，"鼓励正常交往"有 4 条，比如：公职人员应多渠道了解企业困难，经批准可以参加社会团体、行业协会、商会及企业在本地举办的年会、春茗会、茶话会等旨在交流信息、听取意见、推动发展的公开商务活动；公职人员上门服务企业时，要提高工作效率，尽可能在工作时间完成服务企业相关工作，确有需要时可由企业提供工作午餐，用餐不超过当地公务接待标准；为加强沟通、提高效率、节约时间，公职人员可以邀请企业人员到政府部门通过工作餐会形式进行商议。

在佛山禅城区行政服务中心，大屏幕上显示着企业办事的几个简单步骤，走完整个流程就可以回公司上网看审批过程。目前对外服务有 24 个窗口，可以办理工商、食药监、卫计等 20 个部门共 570 个法人审批服务事项，六成以上事项可以通过互联网办事模式提出申请，做到企业网上办事，到现场一次办结。

一位基层官员说，我们对企业并不护短（比如淘汰造成污染的落后产能，力度很大），但基调是爱护和保护，比如一般不允许税务部门对企业苛责，"企业的税收如同一棵树上掉下的叶子，该掉的时候就会掉下来，政府捡起来就行了，不要天天去摇树"。

政府藏富于民，则人民就会更有动力去创造财富，政府和社会最终也是赢家。

新空间：从问题中汲取教训，但不是一棍子打死

我回到了上海。听说我去了深圳，一位做投资的朋友问我：是不是要写恒大将其持有的万科 A 14.07％的股权转让给深圳地铁？在之前的一次微课中，也有同学问我输家赢家的问题。当时我觉得，赢

家是深圳地铁和万科管理层,从财务回报看华润也是赢家,考虑到和深圳市的一系列带有"对价"性质的合作交换,恒大也是赢家。那么,输家真的只有姚振华吗?

做投资的朋友告诉我,他曾经和姚振华在宝能写字楼的办公室里谈过几个小时,从晚上9点到凌晨2点,姚振华对万科项目的情况非常了解,看得出下了很大功夫。我在广州还听一位和姚振华认识的上市公司老板说,姚振华对万科早已不存控制之心,现在也只能听"天"由命了。

中国正在进行一场以防范金融风险为目的的全面大整顿,波及方方面面。很多地方包括以金融业发展见长的城市,现在都停止批准PE机构,过去两年颇为兴旺的境外资产配置近乎停摆。这个大气候的形成,固然是金融本身的一些乱象和恶果(如形形色色的非法集资)所致,但也和万宝之争的巨大影响触动了领导层的神经有关。如果知道投资投成这样一个结果,相信姚振华绝不会去碰万科、格力。

对照保监会2017年1月24日《关于进一步加强保险资金股票投资监管有关事项的通知》,姚振华通过自有资金、保险资金、资产管理计划三管齐下,一致行动,举牌万科超过20%股份以上的做法存在违规之处。按通知,应该提供包含保险公司及非保险一致行动人相关信息的备案报告,姚振华一方的几次报告也不充分。但是,具体到2015年姚振华开始投资万科的时点,千股跌停,买入有投资价值的蓝筹股,并没有错。万宝之争后,监管专门核查过宝能系的合法合规问题,结论是"总体来看,前海人寿举牌万科股票没有违反相关监管规定,压力测试的结果表明风险可控""举牌是市场行为,在依法合规的前提下,监管不宜干预"。虽然保监会在2017年1月24日对保险公司举牌进行了进一步的规范,但至今无论保监还是证监等相关部门均未对姚振华(前海人寿)举牌万科做出违规或违法的定性。

我在过去的文章中质疑前海人寿用"万能险"激进负债的危险

性，对于姚振华一方的收购资金，一直存在争议。但在吴晓灵、王忠民牵头，很多专家学者所做的《基于"宝万之争"视角的杠杆收购研究》中指出，宝能系在对万科股权的收购过程中，组织了银、证、保、信各方面的资金，杠杆率高达4.2倍，在现在有关法规下，资金的组织不违规。不过，资金组织的方式蕴含了很多风险，需要监管方面针对现在监管的漏洞来加以弥补。报告认为，万能险本身是一个成熟的保险品种，它不应该是一个短期的资金。很多人在合同当中，通过降低提前退保的成本，把万能险短期化，从而造成把短期资金用于长期投资，加大了流动性风险。现在监管当局已经对保险产品短期化的问题做出了监管上的一些规定，以此来防范这样的现象。

姚振华已经被撤销前海人寿任职资格并禁入保险业10年。过去几年，保险业"万能险"狂飙突进，是相当普遍的现象，而姚振华因为万宝之争，所受牵连最大，也被处罚得最重。

中国的市场监管，一直摆脱不了"笼子模式"，笼子何时大何时小，具有相当的弹性。目前金融领域"笼子"很小，甚至有很多"一刀切"。并购重组是资本市场的重要功能之一，姚振华固然可能激进，但如果因此给并购重组打上"另类标签"，那就会遏制市场应有的活力和生机。

要找到经济新空间，更需要的是法治化的轨道，而不是带有相当大的弹性、人治色彩强烈的笼子。中国经济需要从笼子经济走向轨道经济，让预期更确定。金融整顿，应该从问题中汲取教训，但不是一棍子打死，甚至在创新方面举步不前。

从深圳到佛山、广州，我对中国新空间有很多思考。中国之"新"，从昔日没有的空白地带蓬勃长出，从昔日已有的存量地带艰难让渡，从奋斗与创新中喷薄，也从教训中找到更恰当的轨道。归根结底，新空间系于富有企业家精神的人们的创造，无论他是商人，工厂主，还是实事求是、进取向前的政府官员。

王健林不堪"负重",中国经济能否"变轻"?

出门排场、保镖护卫的中国首富王健林看来要选择过一种轻松的生活。2017 年 7 月 10 日,他把万达旗下 76 个酒店和 13 个文旅项目 91% 的股权和债务,以 631.7 亿元的价格卖给了孙宏斌掌控的融创集团,回收的资金全部用于还贷。

刚收了风雨交加的乐视,再收下万达这么大一笔资产,孙宏斌大概率地会成为 2017 年的中国年度商人。孙宏斌喜欢独来独往,出差连个秘书也不带,吃饭常常就在酒店里叫个汉堡包。如果他再收几笔这样的大型资产,中国商界或许会演绎这样的桥段——天上飘着马云,地上跑着孙宏斌。马云说过要让阿里成为世界第五大经济体,孙宏斌说话声音不大,简明扼要,但看其行事作风,可谓"气吞万里如虎"。

哪个猜想是对的?

万达的风波是从 6 月 22 日那个立夏之日开始的。当天在资本市场上,万达突陷"股债双杀"。起因很快明确。不久前中国银监会电话通知，要求各大银行"提供对海航集团、安邦集团、万达集团、复星集团、浙江罗森内里投资公司的境外投资借款情况及风险分析，并重点关注所涉及并购贷款、内保外贷等跨境业务风险情况"，于6月8日前反馈情况。部分银行主动避险，对万达的相关债券进行了减仓，主要是银行理财资金委托外部投资的部分。

银监会审慎规制局官员22日下午在境外媒体吹风会上说，银监会对部分大企业的系统性风险感到担心，一些大企业涉及的银行敞口大，可能传导到其他机构。

万达在22日股票收盘后声明，目前公司财务状况良好，日常运营一切正常。中国工商银行22日晚间对媒体表示，市场过度解读了相关信息；工商银行对海外有业务的客户进行信贷数据统计和并表管理是一项日常工作，并没有抛售债券和压缩授信。

和万达情况类似的是复星。6月22日及其后，复星系股票在资本市场也出现了"跳水"，郭广昌数次辟谣，表示公司一切正常。

万达和融创的交易宣布后，交易双方、业界和媒体有多个版本的解释——

降低负债与轻资产转型说。王健林说，转让项目能大幅降低万达商业的负债，万达商业计划2017年内清偿绝大部分银行贷款。万达集团战略会随之做出调整，首先是全力发展创新型、轻资产业务，如影视、体育、旅游、儿童娱乐、大健康、网络、金融等。

融资安排说。整个交易中，万达文旅项目维持品牌不变、规划内容不变、项目建设不变、运营管理不变。这不像是股权过户的交易，更像是一种暂时性的融资安排，即由融创代替万达让原有的负债能够延续下去。

承债式收购说。商业地产如商场、酒店的贷款，原则上以"经营性物业贷款"为主，期限一般较长，按道理不需要短期清偿。万达和融创如此大的交易，在如此短的时间内匆匆完成，应该是万达遇到了比较急迫的还贷压力,否则就是对所转让的业务"突然"失去了兴趣。说"突然",是因为之前万达一直表示要在文旅领域大做文章。

A股上市说。万达商业正在A股排队IPO,此时排在65名。回A股市场的最大不确定性在于被定性在"房地产板块",目前房地产公司IPO几乎停滞,轻资产运作有助于万达商业尽快回A股上市。

在港借壳上市说。据《万达商业私有化募资推介书》对赌协议,如果退市(指从香港退市)满两年或2018年8月31日前未能实现在境内主板市场上市的目标,万达集团以每年12%的单利向A类(境外)投资人回购全部股权,以每年10%的单利向B类(境内)投资人回购全部股权……A股排队可能来不及,所以万达此举是打包旅游业务,通过融创中国在香港整体借壳上市。

战略重组说。融创收购万达文旅,在开发领域实力大增,可持续发展能力增强了;万达接手融创控股的乐视,直接以乐视网为载体回归A股,聚焦文化产业轻资产模式,弥补万达院线只有线下没有线上、只有大屏(银幕)缺乏中屏(电视)和小屏(手机终端)流量入口的短板;乐视也有个大财主入主,实现产业联动。

金融运作说。万达正在探索从房地产的产销模式向金融深化模式演变,把"低活"的不动产变成"高活"的动产。融创今后也可能把万达此次批发的资产拆分,以REITs(房地产信托投资基金)的名义零售出去。

……

林林总总,莫衷一是。我的看法是,此次万达把资产剥离给融创,而保留管理经营权,和其2016年开始强调的"向轻资产运作转型"的方向是一致的,但以这种速战速决的态度,大规模出售资产和回笼资金,显然是从激进、进取、深入的经营模式向稳健、安全、轻松的模式做了一次大调整,从攻到守,从重到轻,应该还有更复杂的不得不如此的原因。

中国金融和经济的场景变化

现在让我们从更大的视野,梳理过去半年多来的一些变化。

前两年在资本市场叱咤风云的一些民营金控集团、某某系,以及险资新贵们,纷纷进入调整期、整顿期。以保险业为例,在"保险业姓保、保监会姓监"的大背景下,安邦 2017 年 1—5 月的原保费收入分别为 852.58 亿元、777.96 亿元、243.53 亿元、13.44 亿元和 5652.76 万元,从 850 多亿元跌到 5600 多万元,断崖式下跌,靠开发万能险产品推动保费规模增长的路子行不通了。

房地产龙头企业恒大宣布自 2017 年开始,从"规模型"向"规模＋效益型"转变。恒大通过引进战略投资者,努力降低净负债率,截至 2017 年 6 月 30 日赎回了全部"永续债"。恒大 6 月发行的 66.24 亿美元债和要约交换债,利率最低 6.25％,而之前的利率是 12％。

复星,过去多年来给外界的印象是一个充分利用保险资金的低成本优势、不断对外扩张投资边界的大型投资集团。但最近,复星宣布其定位是"智造全球幸福家庭",聚焦到健康快乐家庭的综合解决方案上。郭广昌说,复星集团整体负债率在降低,负债结构得到了很大改善。

潘石屹的 SOHO 中国,2017 年 7 月 4 日宣布启动北京光华路 SOHO2、上海凌空 SOHO 两个项目的整售。潘石屹说,从租金回报率看国内的资产价格处于高位。租金回报低,同时银行的利率在提升,所以目前是出售项目的"高点"。当被问及是否应该在北京买房时,潘石屹表示,"使用比拥有更重要",现在连自行车、汽车都没必要自己买了,随着共享经济的发展,未来的住房还需要买吗?他还表示,SOHO3Q(共享办公业务)会往二、三线城市拓展,因为大量的房子都在过剩,以后 SOHO 中国不会再拿地开发新项目,也基本不会收购改建。

……

从以上这些变化，你会看到怎样的走向？

中国的民营企业们开始去杠杆了！

中国房地产整体性大升值的天花板越来越近了！

房地产领域的狂飙突进者，哪怕是最有实力的大公司，现在得到的金融支持也越来越有限，在边际上实际处于递减之中。

中国仿佛有一道有力的紧箍咒，正在强有力地制约一些东西。制约什么？制约激进负债之后的激进投资，制约房地产领域的高负债和高投资，制约到国外"买买买"买资产，制约金融市场里荒唐无比的"萝卜章""老鼠仓""做假账"和"空转套利"……

从外延扩张到价值创新

从 21 世纪初到 2014 年，中国金融市场总体上处于放松管制、放弃过度干预、让利率和汇率形成机制更多地由市场决定的金融深化阶段。这一阶段至今仍未结束，金融创新在中国仍有巨大空间。

也是在这一阶段，以银行理财为龙头、带有影子银行特征的大资管行业迅速崛起，截至 2017 年 6 月，整个资产管理行业的总规模在 120 万亿元上下。中国的金融业增加值占 GDP 的比重（2016 年年底为 8.4%）已经超过了美国、日本等发达国家。

金融深化本身有其合理性，特别是对中国这样居民储蓄率高、投资渠道相对单一的国家来说。但是，当金融深化遇上了中国特有的增长模式，问题就出现了。

中国增长的一个显著特色是以土地为中心。地方政府把土地注入融资平台，以土地来质押融资，搞基础设施建设；用"招拍挂"模式高价提供商业用地，卖地成为地方重要的收入来源；用低价提供工业用地,靠工业带来 GDP。

这种以土地为中心的增长模式,事实上是把土地当成了增长中枢和信用中枢。土地价格不断上升,才能抵押出更多资金用于经济建设,也才能补充地方财政。于是,只涨不跌的房地产成为中国经济的强大引擎,演绎出资产升值的超级大戏。

宽松的货币环境和对管制的放松,加上房地产的"涨涨涨",使得资金过多涌向和房地产相关的资产领域,房子的资产属性越来越强,实体经济的吸引力越来越低而成本越来越高。这显然难以为继。纵然暂时还不会引爆,但几乎人人都感到不安,感到危机离我们越来越近。华为素以高工资著称,但任正非也抱怨"生活设施太贵了,企业承载不起;生产成本太高了,工业就发展不起来"。马云公开表示,房地产行业在过去 20 年经历了飞速发展,不断地将房价推高,也不断地产生大批炒房者和投机者,而零售行业的服务和制造业的变革却长期遭受忽视,这是极不正常的。

最近一两年来,中国对房地产调控的力度空前加大,对资产管理市场的监管力度也空前加大,其指向非常明显,就是防风险、强监管、降杠杆、去影子银行,疏通金融进入实体经济的渠道。

可以说,整个金融政策已经从"去管制"或"轻管制"向"强管制"或"重规范"过渡。

虽然房地产依然是支柱产业,但在"房子是用来住的"这一点明确之后,降杠杆的各种政策必然会波及开发商。目前,房地产行业的贷款越来越难。金融一收紧,资金成本一提高,开发商就生病,这是规律,永远显效。

外延扩张的坐地生财模式,过去是可以的,因为有金融弹药的支持。现在,囤地挖坑,在很大程度上会埋了自己。聪明的,就要赶快跳出来。

负债越多越好、买的资产越多越好的思维,正在被理性负债、创新价值而不是盲目扩大资产负债表的思维所代替。

这个规律和趋势,不仅对房地产商适用,对乐视这样高杠杆扩张的企业也适用,对魏桥集团这样习惯高负债的企业同样适用。根据深交所网站的披露,魏桥集团旗下的山东宏桥新型材料有限公司拟发行的 100 亿元可续期公司债券已经终止发行。

如果能够合理地降杠杆,同时打破"刚性兑付",让一批早该退出市场的企业依法退出,那么中国经济的宏观负债率就会降低,中国经济会变轻。如果延续以资产价格上升为依托的债务驱动增长模式,中国经济会越来越重,负债累累,总有一天会无法再前行。

1993 年 7 月 5 日,中国举行过一次全国金融工作会议,那是一次整顿金融秩序、严肃金融纪律、推进金融改革的重要会议。

2017 年 7 月 14 日,五年一度的全国金融工作会议在北京举行。在这个会议之前,一些决定性的事情已经发生,比如明确金融与实体的关系,明确新型的政商关系,明确中国要建设创新型的国家。

王健林不堪"负重",把 631.7 亿元资产卖掉,只是这个大时代转型中的一朵浪花。而中国经济能不能真的"变轻",变聪明,变清洁,还有漫长的路要走。至于孙宏斌,这个比王健林小 9 岁的扩张者,他为什么还在大刀阔斧地疾进?他为什么对房地产前景显得更加乐观?他要在融创、乐视互联网电视和影视内容、万达文旅和酒店业务之间做怎样的产业嫁接和价值创造?这是另一篇文章的内容了。这些问题我没有问过他,我只知道他内心里是一个对挑战上瘾的人,54岁的他觉得自己还年轻。

莫让"人民的名义"变成"名义的人民"

电视剧《人民的名义》是一部在恰当的时间，以恰当的方式出现的现实主义力作。作为观众，最大的遗憾就是它应该来得更早。我们已经习惯了屏幕上的抗日、谍战、情感、偶像、宫斗、穿越等主题，已经久违了《人民的名义》这样的作品，甚至不再奢望。因此，它成了中国电视剧在 2017 年的最大惊喜。

这四年打的"老虎"是以前 30 年的总和

亿万观众的欢迎是有理由的。这就是对十八大以来推进全面从严治党、严厉惩治腐败方面的充分肯定。

十八届六中全会公报指出，失去人民拥护和支持，党就会失去根基。坚持问政于民、问需于民、问计于民，决不允许在群众面前自以为是、盛气凌人，决不允许当官做老爷、漠视群众疾苦，更不允许欺压群众、损害和侵占群众利益；必须加强对领导干部的监督，党内不允许有不受制约的权力，也不允许有不受监督的特殊党员；要坚持有腐必反、有贪必肃，坚持无禁区、全覆盖、零容忍。以此对照，《人民的名义》无疑是一部与时代精神同频合拍的正能量之作。

应该说，作为一种要求和规定，中国共产党历来强调反腐倡廉。但从践行的力度和持续性来看，毫无疑问，十八大以来的工作和成效是最突出的。

可以做一些数字比较：1982—2011 年的 30 年，因违犯党纪政纪受到处分的党政人员有 420 余万人，其中省部级官员 465 人，被追究司法责任的近百人；十八大以来的 4 年，共处分 119 万人，其中中央纪委立案审查的中管干部 240 人，给予纪律处分的 223 人，已移送司法机关的 105 人。十八大之前，纪检监察机关每年处分的县处级以上干部为几千人（2009 年 3743 人，2010 年 5098 人，2011 年 4843 人），2016 年则处分了省部级干部 76 人、厅局级干部 2781 人、县处级干部 1.8 万人、乡科级干部 6.1 万人。这些数字说明了什么？从被追究司法责任的省部级官员看，这 4 年打的"老虎"是以前 30 年的总和。从被处分的县处级干部看，现在的 1 年相当于以前的 4 年。

正是以这样的力度和决绝的姿态，通过系统化的努力，包括追逃追赃的国际合作，中国反腐败斗争的压倒性态势正在形成，"不敢腐的震慑作用充分发挥，不能腐、不想腐的效应初步显现"。

对于这样的时代主题，电视剧领域长期以来却没有反映，像《永远在路上》《打铁还需自身硬》这样的反腐纪录片都是由中纪委方面主导推动的。这不能不说是很大的遗憾。如果在十九大之前没有一部这样的作品，真不知道整个电视剧行业如何向历史交代。

民心是最大的政治

《人民的名义》之所以广受人民欢迎，是因为它用生动的方式诠释了一个朴素的道理：民心是最大的政治，执政党和政府最重要的产品就是民心。自然,民心也是收视率的最大保证。

剧中最为感人的镜头是老同志陈岩石给省委常委上党课,讲自己入党的故事。队伍打岩台,不是共产党员就没有资格背炸药包参加尖刀班,背炸药包是共产党员才有的特权。陈岩石当年只有15岁,为了参加尖刀班虚报了两岁。尖刀班16个同志,一场攻坚战牺牲了9个,16岁的二顺子牺牲时只有一天的党龄。陈岩石说:"和他们相比,我够幸福的了,背过炸药包就该伸手要官要待遇了?我一生都为抢到这个特权而骄傲!"

靠冲锋在前、吃苦在前,共产党赢得了民心,建立了新中国。但是,太平日久,为官者很容易忘记历史,忘记权力的正当性来源,从公仆变成官老爷。如此下去,"人民的名义"就有可能变成"名义的人民",如同剧中的上访者,匍匐在光明区信访办居高临下的小窗口底下。

中国古代的《韩非子》讲,尧统治天下时,住得很简陋,茅草盖的屋顶不加修剪,栎木做的椽子不加砍削,吃粗食,喝野菜羹("茅茨不翦,采椽不斫,粝粢之食,藜藿之羹"),看门的人都不会比其条件更差("虽监门之服养,不亏于此矣");禹统治天下时,亲自拿农具干活,给百姓带头,累到即使是奴隶也不会更苦("臣虏之劳,不苦于此矣")。由于做天子是如此辛苦,所以把位置传给谁也不值得赞颂。而到了战国,一个县官死了,子孙就能世袭乘车,所以就很看重官职("一日身死,子孙累世驾,故人重之")。人们"轻辞古之天子,难去今之县令",是因为里面的利益不同,薄厚有异。

韩非子的话,大概是对权力异化的最早论述。扛炸药包是共产党人的权利,是类似尧、舜那样吃苦受罪的权利。而公权私用的干部的权力,则类似韩非子说的,是为子孙后代牟私利的权力。

虽然历朝历代统治者口头上都说"民可近,不可下;民为邦本,本固邦宁""民为贵,社稷次之,君为轻",但一旦天下在手,大权在握,就开始只考虑"庖有肥肉,厩有肥马",而不管"民有饥色,野有饿殍"了。晚近历史上最典型的是洪秀全,他领导农民起义,撰写《原道救世歌》用以布教,要建立远古那样的"天下为公"的盛世,但一入主"天王府"当太平天子,就过上了后妃成群的帝王宫廷生活。按《江南春梦笔记》所载,天王府"约有妇女千百",王后、妃嫔计 1168 人,服役女官、女司计 1200 人,总计 2300 多名妇女陪侍洪秀全。清朝嫔妃最多的乾隆皇帝有 50 多个嫔妃,而洪秀全则有 80 多个,"幼天王"洪天贵福被俘后就说他有 88 个母后。洪秀全 41 岁进南京,52 岁自尽,沉湎宫中,从未出过城门一步。

中国共产党的宗旨是全心全意为人民服务,人民立场是党的根本政治立场。毛泽东在 1929 年就提出"共产党员要像和尚念阿弥陀佛那样,时刻叨念争取群众,密切联系群众,一刻也不能脱离群众",1945 年在接待黄炎培等人时更脱口说出跳出历史周期律的新路就是民主,"只有让人民来监督政府,政府才不敢松懈。只有人人起来负责,才不会人亡政息"。当时,黄炎培这样写下对毛泽东回答的感想:"这话是对的。只有大政方针决之于公众,个人功业欲才不会发生。只有把每一地方的事,公之于每一地方的人,才能使地地得人,人人得事,用民主来打破这个周期律,怕是有效的。"

回顾国史党史,一个政权要长治久安,根本立足点只有一个,就是民心,就是权为民所赋、权为民所用、情为民所系、利为民所谋的宗旨。

当然历史总是曲折的。根据巴巴拉·塔奇曼所著《史迪威与美国在华经验(1911—1945)》一书记载,当一些记者从延安采访回到重庆,向宋美龄高度赞扬中共廉洁奉公、富于理想和献身精神的时候,宋美龄曾说:"如果你们讲的有关他们的话是真的,那我只能说他们还没有尝到权力的真正滋味。"从某种意义上,宋美龄说的并没有错,真正握有权力而不受其诱惑,实在太难了。

《人民的名义》启示我们，要不被权力腐蚀，就必须要摆正权力和人民的关系，就必须建立全方位无漏洞的监督体系，就必须时刻对人民群众的问题做出响应。

从"管制型政府"到"响应型政府"

不能指望权力拥有者都有完美的人格和能力，但是，如果他们能认真响应人民的呼声，就会走在阳光大道上，可以通过沟通、互动、改善，让执政水平不断提高。在《人民的名义》中可以看到，社会、民生、经济、政法，很多问题都非常复杂，矛盾的解决都非一日之功，政府官员自身的认识也存在许多盲点、空白点。不过，只要无私无畏，真心面对，问题总是都能妥善解决，至少大大缓解压力。换言之，人民并不要求官员是"万能答题者"，只是要求他们不做高高在上的管制者、发令者、推诿者，而是做问题矛盾的"共同面对者""共同解决者"，这种态度甚至比解决问题的具体办法更重要。

响应，是政府责任的体现。政府对人民的需求的响应性越强，与社会方方面面的合作越主动、越密切，善治程度就越高。如果政府真正意识到，"公民不只是顾客，他们是'所有者或主人'"，就会定期、主动征询民意，建立与社会的合作机制，及时、负责地回应公民发出的信号。

陈岩石老人之所以可敬，就是因为他以退休之身，仍在响应群众的呼声。

在学术界关于公共管理的研究中，最近这些年强调的要点就是彻底变革政府对社会的响应方式。传统政府通过说"是的，我们能提供那种服务"，或者说"不，我们不能提供那种服务"，以此来响应社会、公众需求；新公共服务理论则要求，官员和公共管理者不只通过说"是"或"否"来回应，而应该说"我们先来一起想想该怎么办，然后再来付诸实施"。在这个过程中,公务员不仅扮演调解、中介、申说、裁判的角色,而且以促进、协商、解决冲突的技巧,取代管理控制型的传统做法,实现合作共治,实现政府与社会之间"响应—参与"的良性互动,以从根本上防止政府误读甚至侵蚀公共利益。

中国近年来群体性事件不少,究其原因,和政府信息不公开不透明、响应性不够、先入为主下结论是分不开的,和官员习惯当管制者、自上而下唱独角戏、和民众长期疏离也是分不开的。近期四川泸县一名中学生意外死亡引发舆论强烈关注,这件事情本身并不复杂,但在政府部门"管制大于引导、被动多于主动、对立多于对话、回避多于回应"的习惯性处置下,一封堵,就将良性沟通的渠道先堵上,再张口,信的人就少了。

《人民的名义》中既有贪官又有庸官。王亚南在《中国官僚政治研究》中将官僚主义区分为技术性官僚主义和社会性官僚主义两类,以此对照,前者就是孙连城这样的,后者就是祁同伟这样的。技术性官僚主义是任何科层制组织中都存在的讲形式、打官腔、办事刻板、遇事推诿等作风,属于行为方式范畴;社会性官僚主义则是指侵夺公民权利、压迫和剥削人民的官僚主义,它与特定的制度环境——官僚政治有关,这种政治的本质是"政府权力全把握于官僚手中,官僚把政府措施看为为自己图谋利益的勾当",官僚政治会"逐渐把它自己造成了一种思想上、生活上的天罗地网,使全体生息在这种政治局面下的官吏和人民、支配者与被支配者,都不知不觉地把这种政治形态看为最自然最合理的政治形态"。

因此,要根除官僚主义,铲除贪官腐败,既要解决"门难进、脸难看、事难办"、形式主义、繁文缛节的问题,也要解决制度问题,建立科学的权力结构和监督结构,推动民主法治建设,从群众看病上学到办企业、打官司等方方面面都一视同仁而不是官位优先,如此才能从"管制型政府"走向"响应型政府""服务型政府"。

人生的价值与意义

人民是一个集体名词。按照马克思主义观点,人民是一个科学的、历史的范畴,其主体始终是从事社会生产的广大劳动者。"不是国家制度创造人民,而是人民创造国家制度","整个所谓世界历史不外是人通过人的劳动而诞生的过程"。

《人民的名义》肯定和弘扬了以大风厂员工和像王大路这样正派经商的民企为代表的人民群众的历史主体地位,摆正了执政党、各级官员和人民的关系,鞭挞了贪官污吏的"设租"和奸商盗商的"寻租"、巧取豪夺、压榨群众等丑陋行径,它还让每个观众都不能不思考人生的价值与意义问题。

在剧中刚现身时风风光光的一批有权有势者、财富骄人者,随着剧情发展,最终纷纷落入冷酷的法网,身败名裂。抛开弄权违法的教训不说,《人民的名义》也是关于人生的深刻一课。

近现代社会的物质文明发展是建立在肯定和满足人的欲望这一价值观基础上的。从曼德维尔对私欲的辩护,到亚当·斯密"无形的手",莫不赋予了人的欲望以合理性。《人民的名义》则促使人们特别是为官和经商者,思考欲望的边界问题。如果欲壑难填,甚至不惜违法乱纪以满足私欲,那么人生反而因欲望而毁灭,如同霍克海默和阿多诺在《启蒙辩证法》中所说的,"人类不是进入到真正符合人性的状况,而是堕落到一种新的野蛮状态"。

长期以来,朱熹的"存天理灭人欲"被认为是禁锢人的自由的错误思想。但究其源,朱熹所反对的是泯灭天理而为所欲为,所主张的是明理见性,不被过度的私欲所蒙蔽。朱熹并不反对"饮食男女,人之大欲存焉"和"食色,性也",《朱子语类》卷十三说得很清楚,"饮食者,天理也;要求美味,人欲也","夫妻,天理也,三妻四妾,人欲也",

他反对的是泛滥的、不用天理约束的人欲。他甚至说，"人欲也未便是不好"，"道心以御之"，"未便是不好"。和朱熹同时代的袁采也说："饮食，人之所欲，而不可无也，非理求之，则为饕为馋；男女，人之所欲，而不可无也，非理狎之，则为奸为淫；财物，人之所欲，而不可无也，非理得之，则为盗为贼。人惟纵欲，则争端起而狱讼兴。"

朱熹说，在"口之于味，目之于色，耳之于声，鼻之于臭，四肢之于安佚"这些欲望方面，"圣人与常人皆如此，是同行也"，区别在于"圣人之情不溺于此，所以与常人异耳"。可见，朱熹真正反对的是一种欲望的沉溺，只是他把批评对象搞错了，古往今来，那些有条件溺于欲望的人，基本上都是权贵或富有阶层。

恩格斯说过："人来源于动物界这一事实已经决定了人永远不能摆脱兽性。所以问题永远只在于摆脱得多些或少些，在于兽性与人性程度之间的差异。"《人民的名义》展示了性欲、权力欲以及拜物主义贪欲对人的征服和毁灭，它所叩问的，不仅是制度问题，也是文化与价值观问题。就此而言，法治和德治都不能少，法律是成文的道德，道德是内心的法律。如果每个人都崇德遵法，则中国的党风、政风、社会风气等方方面面都将焕然一新。

《管子·牧民》有言："仓廪实而知礼节，衣食足而知荣辱。"这诚然是不错的，但是，中国今天的富有程度远超几十年前，为何很多人却离礼义廉耻越来越远？甚至在小学校园里，钱本位也通行无碍！可见物质丰裕并不能自动导向文明正义，不"以义制利""义利并举"，则再多金钱，也无法将人生拉出苦海。

《人民的名义》这部大剧，让作为集体名词的"人民"感受到公平正义的阳光终将普照。天理就是社会的普遍正义，实质就是民心。同时，对每个个人、每个公民来说，关于生命，关于欲望，关于价值，关于意义，《人民的名义》也留下了一串绵长的问号。剧中每个人的命运都像一道选择题，你选择哪里，就走向哪里。

没有书生气，会有更文明的中国？

　　电视剧《人民的名义》中几次讲到"书生气"，均偏贬义。教书匠出身的高老师听别人说他书生气，就怒，"我都离开学校 20 多年了，早没书生气了"。似乎，有书生气就不适合走仕途，搞政治。高书记接人待物很儒雅，但除了职业化的微笑，他离教书育人、传道授业的价值偏得已不可以道里计。

　　几乎所有贪腐官员都是高学历、高权力和低情操、低道德的混合体。这当然和缺乏监督的体制高度有关，但如果他们身上多一些有一说一、正直独立、尊重科学而非趋炎附势、泯灭是非、丧失底线的书生气，是不是至少可以做到夜夜安枕？

　　我们可能是世界上少见的一个国度，一方面高度强调读书和读书人的价值，一方面又会习惯性地嘲笑、周期性地惩罚读书人。这两面实际是相关的，就是把读书完全工具化、功利化、经世致用化。如果有助于功利目标的实现，则"书中自有千钟粟，书中自有黄金屋，书中自有颜如玉""万般皆下品，唯有读书高""学好文武艺，货与帝王家"；如果靠满腹诗书、书生意气实现不了功利目标，则"十有九人堪白眼，百无一用是书生"。

在社会上，书生气的贬义，大体来自"书呆子""迂夫子""腐儒""学究""傻气"，和不明利害、不懂变通、不通人情世故、知书不知人是同一意思。读书人"食古不化"是有的，但绝大部分情况下，他们之所以被贬低，是书本上学到的"应然之理"敌不过现实中的"实然之力"，而他们还要"一根筋""认死理""眼中不揉沙子"，挡人家的道，拆人家的台，于是便被"污名化"、酸腐化。

读书的目的是什么？

从知识分子立场来说，读书的目的并不是功名利禄。胡适说过三方面的理由：第一，读书是接受人类的知识遗产，在这基础之上建立更高深更伟大的知识；第二，读书是为了多读书，读更多的书；第三，读书可以帮助我们解决困难，应付环境，并可获得思想材料的来源。

流俗的看法，总是说读书人尚空谈，坐而论道，不了解实际，其实读书人的抬杠和固守己见，往往是因为他们亲自做了调查研究，尊重事实，见解独立，不肯昧着良心苟同与迎合。当年胡适跟大学生讲"学问"，说"注重观察事实与调查事实这是科学训练的第一步"，"自己去采集标本，自去观察调查，例如本地的人口、风俗、出产、植物、鸦片烟馆等项的调查——还要注重团体的互助，分工合作，做成有系统的报告"。受过科学训练的读书人，一般不会昧于事实发言。多少年来，我们看到的问题主要是，秉笔直书的东西常常被当成书生气，揣测迎合的东西却总是游刃有余。

胡适观点的核心，是把读书和知识的传承联系起来。他说："蜜蜂虽能筑巢，能发明，但传下来就只有这一点知识，没有继续去改革改良，以应付环境，没有做格外进一步的工作。人呢，达不到目的，就再去求进步，而以前人的知识学问和经验做参考。如果每样东西，要各个人从头学起，而不去利用过去的知识，那不是太麻烦了吗？"

除了传承知识，读书人还要关注和捍卫超越个人利益之上的社会公共价值。"士不可以不弘毅，任重而道远。仁以为己任，不亦重乎？死而后已，不亦远乎？""风声雨声读书声，声声入耳。家事国事天下事，事事关心。""衙斋卧听萧萧竹，疑是民间疾苦声。""先天下之忧而忧，后天下之乐而乐。"这是中国读书人的传统，士的传统。倘若没有这种关切，不维护社会公义，那就不是真正的读书人。南宋时的陆象山曾说："若其心正、其事善，虽不曾识字亦自有读书之功。其心不正、其事不善，虽多读书有何所用？用之不善，反增罪恶耳！"在他看来，"士大夫儒者视农圃间人不能无愧"，这和德国宗教改革领袖马丁·路德的观点——"一个不识字的农民远比神学博士更能认识上帝"——可谓异曲同工。读书人如果丧失天道良心，就会堕落，用王阳明的话，"今世士夫计逐功名，甚于市井刀锥"，"士皆巧文博辞以饰诈，相规以伪，相轧以利，外冠裳而内禽兽，犹自以为从事于圣贤之学"。

看看今天知识界经常冒出的师德沦丧、论文造假、斯文扫地等新闻，真不知道，他们视农圃间人，能无愧乎？

书生气是专业精神和专业能力

我们还可以从社会分工的角度理解书生气。我理解的书生气，是一种专业精神和专业能力。现代社会赖分工而兴，其原理非常简单，就是亚当·斯密说的，"请给我以我所要的东西吧，同时，你也可以获得你所要的东西"，"在一个政治修明的社会里，造成普及最下层人民的那种普遍富裕情况的，是各行各业的产量由于分工而大增"。

分工带来专业化和效率的提高，促进生产力的发展。但如果各行各业的信用、信任不能建立，交换的效率就会大受影响。这就需要发挥"无形的手"的作用，通过自由交换实现优胜劣汰。而长期来看，优胜者必定是具备更高更好的专业能力的人。日本的大前研一在《专业主义》一书中强调，专业人士需要具备丰富的专业知识和专业修养、丰富的经验、不断学习的意志、勇于承担授权风险的能力，特别需要"对顾客信守诺言，以顾客为中心的道德观和修养"。他援引"希波克拉底的誓言"以说明，道德操守是专业人士(professional)必备的品质。

《人民的名义》中多次闪现检察官誓词。各行业的誓词就是标尺、镜子、行动指南。各行业分工不同，但所有誓词的精神是一致的，即现代文明中以人为本的价值观。

由以上这些梳理，如果我们把书生气界定为一种知识传承能力、为公共服务的理想和专业的精神与态度，则今天中国的行行业业，不是书生气太多，恰恰是太少。像1957年的黄万里那样，在三门峡工程即将动工时，舌战群儒七天，反复申述水库建成后很快将被泥沙淤积，因为黄河下游河床的造床质为沙土，即使水库放出的是清水，也会将河床中的沙土挟裹而下，因此"圣人出，黄河清"的说法毫无根据……像他这样的读书人，是多了还是少了？当年黄万里上书说，三门峡问题并无高深学问，而1957年三门峡70人会上，除他之外无人敢讲真话。"国家养士多年，这是为什么？"类似这样的"黄万里之问"，今天在许多方面，比如吏治方面，仍可问出许多。

读书人心情舒畅，能充分发挥作用，方为国家民族之福。

书生气代代不绝

黄庭坚说:"士大夫三日不读书,则义理不交于胸中,对镜觉面目可憎,向人亦言语无味。"这是书生气。

1923年,20岁的吴国桢从美国格林内尔学院获得经济学硕士后,申请到普林斯顿大学攻读政治学博士。教务长面试时看到一脸孩子气的他,说:"年轻人,你还没有成熟。"吴国桢答道:"先生,依照年龄来判断一个人是否成熟,本身就是一种不成熟。"他因此言立即被录取。这是书生气。

1929年,在哈佛大学读硕士的贺麟在日记里写:"以后务须随时随地牺牲一切保持自己的内心自由和 self-respect(自尊心),要无一时忘掉了以诚接物,更要无一时忘掉了求真理说真理的使命。"这是书生气。

蒋梦麟在怀念北大老校长蔡元培的文章中说:"先生日常性情温和,如冬日之可爱,无疾言厉色。处事接物,恬淡从容,无论遇达官贵人或引车卖浆之流,态度如一。但一遇大事,则刚强之性立见,发言作文不肯苟同。故先生之中庸,是白刃可蹈之中庸,而非无举刺之中庸。先生平时作文适如其人,平淡冲和。但一遇大事,则奇气立见。"这是书生气。而环顾今天的高校,校长院长,对上对下态度不一样是常态,遇到大事没有主见定见、但求唯上而无过是常态,他们知识很多,但书生气很少。

2002年12月,中国工程院院长徐匡迪公布2003年院士增选计划时说,如地方领导为使本地专家当选为院士而"打招呼",其结果只能适得其反。他举例说,某省一直没有专家当选院士,该省领导迫切希望能在增选过程中实现"零的突破",就主动向工程院学部打了"招呼"。本来该候选人可以当选,却因这个小动作被取消资格。另一位候选人已通过资格审核，"几乎当选"，却被揭发曾向主席团成员赠送了一件礼物，因"贿选"之嫌被当即取消资格。这是书生气。

如果我们身边充满择善固执的书生气，明天是否更好？

书生气有助政治清明

我相信，政坛有更多书生气，政治会更加清明，官员离习近平的"不忘初心、坚守正道""去庸俗、远低俗、不媚俗""修身慎行、怀德自重、清廉自守"的要求，会更近。在习近平看来，"把学习作为一种追求、一种爱好、一种健康的生活方式"，就可以"避免陷入少知而迷、不知而盲、无知而乱的困境"，有了学习的浓厚兴趣，就可以变"要我学"为"我要学"，变"学一阵"为"学一生"，"哪怕一天挤出半小时，即使读几页书，只要坚持下去，必定会积少成多、积沙成塔、积跬步以至千里"。读书有何益处？习近平说："读书可以让人保持思想活力，让人得到智慧启发，让人滋养浩然之气。"

浩然正气是孟子最早提出的观念，"其为气也，至大至刚，以直养而无害，则塞于天地之间。其为气也，配义与道；无是，馁也"。就是说，浩然正气要用正义去培养，一点都不加伤害，就会充满四方，浩然正气要和正义、正道相配，否则就没有力量了。"居天下之广居，立天下之正位，行天下之大道""富贵不能淫，贫贱不能移，威武不能屈""生，亦我所欲也；义，亦我所欲也，二者不可得兼，舍生而取义者也"，这都是孟子所说的浩然正气。

书生气有助商业文明

我相信，商界有更多书生气，商业会更加文明。私利是人的本性,富与贵是人之所欲,贫与贱是人之所恶,商业发展就是要用和平交换的方式满足人之所欲。但是,取之无道,不义之财,唯利而求,其结果必然"上下交相诈",害人终害己。所以,中国古代向有义利兼顾、义利统一的传统,对于富贵,"不以其道得之,不处也"。近代中国资本主义工商业文明发轫之时,以张謇、范旭东、穆藕初、卢作孚为代表的企业家,也都是"文化先于财富""道在利先、以义驭利",这和美国 19 世纪后半叶那批白手起家的"强盗大亨"(robber barons)并不一样。正是这批以实业报国为理想的读书人,奠定了近代中国企业家商儒一体的形象。

和今天中国相当多富豪"言而无文,惟利而已""财富先于文化"不同,张謇、范旭东那代人,办企业的第一目的并不是赚钱,而可以说都是带着书生情怀踏入商海。范旭东曾说:"我们办实业的人,要具有世界的眼光和为人类服务的精神,我们为救国家的危亡而办实业,在环境许可之下,不问事业的大小,努力地往前干去。"张謇办企业时已 43 岁,翁同龢给他创办的大生公司题字,叫"机杼之发动乎天地"。作为中国最后一个状元,张謇经商的动机是"中国须振兴实业,其责任须在士大夫""富民强国之本实在于工"。他曾这样自述心路历程,"张謇农家而寒士也,自少不喜见富贵人,然兴实业则必与富人为缘,反复推究,乃决定捐弃所持,舍身喂虎。认定吾为中国大计而贬,不为个人私利而贬,庶愿可达而守不丧。自计既决,遂无反顾"。现在看,这种轻商贱富的思想并不正确,但张謇身上那种不为私利而为天下大计的决绝,还是让人动容不已。

今天中国很多学者、教授像生意人,张謇那一代的商人则像书生。经商成功后,张謇把积累的财富几乎全用于教育和家乡建设,20多年用在公共事业上的工资、分红有 150 多万两,加上一起办企业的哥哥所捐,超过 300 万两。在他的倡导和推动下,家乡南通建设成了一个带有自治性质、非常现代化的模范城市。而张謇自己每餐就是一荤一素一汤，没有特别的客人不杀鸡鸭。他应邀去日本考察，买三等舱客票，最便宜，因为"三等舱位有我中国工、农、商界有志之士。一路与他们叙谈振兴实业之大事，乃极好良机，求之不得"。

像张謇这样"文化先于财富"的企业家，在他生活的那个年代，能在报纸发起的"成功人物民意测验"中，成为"最景仰之人物"。而环顾今天不少首富，都像是石破天惊冒出来的"齐天大圣"，似乎不需要文化传承，他们的人生价值就是富豪榜上的排名。

书生气有助社会进步

我相信，有更多书生气，社会也会更和谐进步。

研究中国历史上国家治理的学者大都认可，基层的士绅阶层对维系社会和政权稳定起到了重要作用。他们受过圣贤之道教育，参与过科举，可能是读书人、私塾老师、宗族里受尊敬的人，等等。用费孝通的话，他们是"沟通政府和民众的枢纽"。以中国之大，全由官府去治理社会的角角落落，成本之高难以承受。从宋到清，中国人口不断增加，官僚数量的增幅则不大，在很大程度上是靠宗族与士绅在基层承担了"扶济族众、化解纠纷、教化子弟"等责任，"把原归官吏处理的部分职责揽纳过去，大大节省了行政治理的成本，延缓了官方严刑峻法对乡村的渗透范围和程度"。

在今天，社会的发育，社会的进步，同样离不开各种中间力量、中介力量、基层自治力量、学校、工会、企业组织、社会自组织的努力。没有这种社会自觉和自我管理，凡事仍交由政府，则政权日重、政费日繁都是必然。事实上，大量社会的事务，政府是管不胜管、无力去管的。诸如维护社会公共秩序，制止公共空间的不良习气，靠法治，也靠自觉与自治。而我们周围，见义勇为的似乎越来越少，明哲保身的似乎越来越多，书生的耿直越来越少，变通的圆滑越来越多。

　　最后，对我们每个人来说，有原则、有定力、不同流、不随意的书生气，有助于更好地发现自己，实现自己。"书犹药也，善读之可以医愚。"书生气让我们永远知道自己的不足而怀谦卑之心。书生气更是一种超越性的精神，引领我们向着有尊严的理想飞升。

参考文献

　　1.杨念群."士绅"的溃灭[J].读书,2014(4).

图书在版编目 (CIP) 数据

文明寻思录. 第二辑, 中国新商道与商业新未来 /
秦朔著. —杭州:浙江大学出版社,2018.5
ISBN 978-7-308-17622-4

Ⅰ.①文… Ⅱ.①秦… Ⅲ.①商业文化—中国—文集
②企业家—企业精神—中国—文集 Ⅳ.①F72-53
②F279.23-53

中国版本图书馆 CIP 数据核字(2018)第 064117 号

文明寻思录(第二辑):中国新商道与商业新未来
秦　朔　著

策　　划	杭州蓝狮子文化创意股份有限公司	
责任编辑	黄兆宁	
责任校对	杨利军　刘　颖	
封面设计	张志凯	
出版发行	浙江大学出版社	
	(杭州市天目山路 148 号　邮政编码 310007)	
	(网址:http://www.zjupress.com)	
排　　版	杭州中大图文设计有限公司	
印　　刷	杭州钱江彩色印务有限公司	
开　　本	880mm×1230mm　1/32	
印　　张	8.875	
字　　数	239 千	
版 印 次	2018 年 5 月第 1 版　2018 年 5 月第 1 次印刷	
书　　号	ISBN 978-7-308-17622-4	
定　　价	45.00 元